U0900153

旅游抽样调查资料

2014

国家旅游局政策法规司

中国旅游出版社

《旅游抽样调查资料》
编 委 会 名 单

主　　编：邵琪伟

副 主 编：王志发　杜一力　杜　江　刘金平　吴文学

编辑委员：周久才　单钢新　张吉林　李世宏　彭德成
　　　　　薛桂凤　刘克智　魏洪涛

编辑人员：黄雅萍　张　梅　李　翔　周　鲲　王　羽

编者说明

本书是反映2013年入境游客在华（内地）花费和国内居民国内旅游情况的资料性年刊，分为上下两篇。上篇为入境游客抽样调查资料，由综合分析报告和调查分类数据两部分组成，分类数据包括：入境游客的主要特征、入境外国人、港澳台同胞的花费水平和花费构成、在境内的停留时间以及入境次数、流向和对住宿单位的选择等。

下篇为国内旅游抽样调查资料，汇集了2013年对城镇居民和农村居民的国内旅游抽样调查结果，共分为四个部分：第一部分为综合分析报告；第二部分为2013年国内旅游出游及花费情况；第三部分为2013年城镇居民国内旅游抽样调查分类数据；第四部分为2013年农村居民国内旅游抽样调查分类数据。

本书是根据抽样调查取得的数据和资料，经过汇总、审核、整理，汇编出来的一套全面反映调查过程和调查结果的翔实资料。可供研究旅游业发展的理论工作者和旅游行业的实际工作者参考使用。

2013年入境游客花费抽样调查和国内旅游抽样调查的组织实施，得到了国家统计局、公安部出入境管理局、民用航空局公安局和各省（区、市）旅游局（委）、统计局、有关边检站的大力支持和协助，在此一并表示衷心感谢！

《旅游抽样调查资料2014》
编辑委员会
二〇一四年九月

编者说明

目　　录

上　　篇　入境游客抽样调查资料

二、入境游客停留时间

三、入境游客来华（内地）旅游次数

四、入境游客的行程

下篇　国内旅游抽样调查资料

第一部分　综合分析报告

第二部分　2013年国内旅游基本情况

第三部分　2013年城镇居民国内旅游抽样调查数据

一、2013年城镇居民国内游客人次数调查构成

三、2013年农村居民国内散客人均每次各项花费及构成

上　　篇

入境游客抽样调查资料

第一部分　综合分析报告

2013 年入境游客抽样调查综合分析报告

为科学准确地反映 2013 年我国入境旅游业发展的总体状况，国家旅游局组织实施了“入境游客花费情况抽样调查”。现将调查有关情况、数据及结果分析报告如下：

一、2013 年入境游客抽样调查情况

“入境游客花费情况抽样调查”是纳入《旅游统计调查制度》的国家调查项目。调查工作于 2013 年 3 月至 7 月在全国 136 个城市的主要边境口岸、旅游住宿单位、长江游船和部分接待入境游客的旅行社进行。在国家统计局、公安部、民航局等有关部门的配合下，经过各地旅游统计人员辛勤工作，按计划圆满地完成了现场调查、问卷审核、数据录入、资料汇总等工作。问卷按 6 种语种（即中、英、法、日、韩、俄）印刷。

本次调查的计划样本量为 43300 人，其中：口岸调查过夜游客 11400 人，一日游游客 3800 人；各省（区、市）饭店调查 27900 人，长江游船调查 200 人。另外，还对全国 100 家旅行社的 2026 个入境团队代收代付旅游费用的构成比例进行调查。

入境游客花费抽样调查的对象是到中国大陆境内旅游的外国人、香港同胞、澳门同胞和台湾同胞，调查内容主要包括：游客的主要特征、在境内的停留时间、在境内的旅游花费和构成、入境旅游的方式、在境内的行程和流向以及对旅游住宿单位的选择等。

二、抽样调查的基本结果

（一）抽样人数的构成

2013 年入境游客抽样调查共回收有效调查问卷 50035 份，超过计划 15.6%，其中口岸调查表 16243 份，占回收问卷的 32.5%（其中：过夜游客 13554 份，占 83.4%；一日游游客 2689 份，占 16.6%）；旅游住宿单位（含游

船）调查33792份，占67.5%。2013年入境游客抽样调查人数占当年入境旅游人数的0.39‰，其中：外国人占当年入境外国人的1.35‰；香港同胞占当年入境香港同胞的0.09‰；澳门同胞占当年入境澳门同胞的0.13‰；台湾同胞占当年入境台湾同胞的0.88‰。

具体情况如下：

1. 按客源地分

在2013年抽样调查的50035名入境游客中：外国游客35585人，占71.1%；香港同胞7153人，占14.3%；澳门同胞2735人，占5.5%；台湾同胞4562人，占9.1%。

2. 按旅游方式分

在50035名入境游客中：团体游客17781人，占35.5%；零散游客32254人，占64.5%。

3. 按过夜游客和一日游游客分

在50035名被调查的入境游客中：过夜游客47346人，占94.6%；一日游游客2689人，占5.4%。

4. 按性别分

在接受调查的50035名入境游客中：男性游客29688人，占59.3%；女性游客20347人，占40.7%。

5. 按年龄分

在接受调查的入境游客中：14岁及以下的游客270人，占0.5%；15～24岁的5223人，占10.4%；25～44岁的24484人，占48.9%；45～64岁的16348人，占32.7%；65岁及以上的3710人，占7.4%。

6. 按职业分

在接受调查的入境游客中：政府工作人员2262人，占4.5%；专业技术人员7499人，占15.0%；职员10355人，占20.7%；技工/工人2495人，占5.0%；商贸人员10642人，占21.3%；服务员/推销员1948人，占3.9%；退休人员4070人，占8.1%；家庭妇女3064人，占6.1%；军人255人，占0.5%；学生3979人，占8.0%；其他人员3466人，占6.9%。

7. 按旅游目的分

在接受调查的入境游客中：观光游览的15794人，占31.6%；休闲度假的9658人，占19.3%；探亲访友的3702人，占7.4%；进行商务活动的11274人，占22.5%；参加会议的3318人，占6.6%；宗教朝拜的471人，占0.9%；文化/体育/科技交流的1864人，占3.7%；购物的1481人，占3.0%；医疗保健的372人，占0.7%；其他目的2101人，占4.2%。

8. 外国人按国别分

在接受调查的35585名外国人中：日本5598人，占15.7%；菲律宾475人，占1.3%；泰国947人，占2.7%；新加坡1847人，占5.2%；印度尼西亚413人，占1.2%；马来西亚1085人，占3.0%；韩国5278人，占14.8%；朝鲜312人，占0.9%；蒙古476人，占1.3%；印度633人，占1.8%；越南687人，占1.9%；英国1603人，占4.5%；法国1671人，占4.7%；德国1236人，占3.5%；西班牙431人，占1.2%；意大利677人，占1.9%；荷兰611人，占1.7%；瑞典422人，占1.2%；俄罗斯3065人，占8.6%；美国2968人，占8.3%；加拿大1035人，占2.9%；澳大利亚983人，占2.8%；其他3444人，占9.7%。

（二）入境游客在境内花费及构成情况

2013年入境过夜游客在境内人均天花费总水平比上年增长，其中，外国人、澳门同胞和台湾同胞人均天花费均有不同程度的增长，香港同胞小幅下降。

2013年入境过夜游客在华人均天花费200.17美元/人天，比上年增长2.4%，其中：外国人225.96美元/人天，增长6.2%；香港同胞142.07美元/人天，下降4.6%；澳门同胞116.62美元/人天，增长0.5%；台湾同胞204.26美元/人天，增长5.8%。

入境过夜游客在境内人均花费1321.12美元，比上年增长2.4%。其中：外国过夜游客人均花费1785.08美元，增长11.9%；香港同胞人均花费497.25美元，下降7.2%；澳门同胞人均花费466.48美元，增长11.6%；台湾同胞人均花费1429.82美元，增长5.8%。

入境一日游游客在境内人均花费64.25美元，比上年增长8.1%。其中：外国游客人均花费66.13美元，下降2.8%；香港同胞人均花费55.36美元，增长12.5%；澳门同胞人均花费55.57美元，增长3.1%；台湾同胞人均花费78.13美元，下降4.6%。

入境过夜游客的花费构成情况是：长途交通费占总花费的37.1%，住宿费占12.7%，餐饮费占7.5%，游览费占5.2%，娱乐费占6.3%，购物费占20.1%，市内交通费占2.0%，邮电通讯费占1.4%，其他费用占7.7%。与上年相比，过夜游客在住宿、餐饮和游览等方面的支出比例有所增加，在长途交通、娱乐、购物、市内交通和其他费用等方面的支出比例有所减少，邮电通信费用支出比例基本持平。

入境一日游游客花费的构成是：交通费占10.9%，餐饮费占13.0%，游览费占14.0%，娱乐费占13.6%，购物费占37.4%，邮电通信费占2.9%，其他费用占8.2%。与上年相比，一日游游客在游览、购物和其他方面的支出比例有不同程度的增加，在交通、餐饮、娱乐和邮电通信方面的支出比例有所减少。

在入境游客的花费中，不包括国际（地区）间交通费和境外旅行商（社）收取的劳务费。

（三）入境过夜游客在境内停留时间

2013 年入境游客抽样调查结果显示：

1. 入境过夜游客在境内的停留时间为 6.6 天，与上年持平。其中，51.9% 的游客在境内停留 1～3 天，30.7% 的游客停留 4～7 天；外国人、台湾同胞停留时间较长，超过两成游客停留 8 天以上，分别占 22.0% 和 20.1%；香港同胞和澳门同胞在境内的停留时间较短，停留 1～3 天的游客分别为 79.7% 和 67.8%，停留 8 天以上的分别仅有 5.8% 和 8.2%。

2. 从入境过夜游客的出游方式看，参加旅行团的团体游客在境内的停留时间短于散客。团体游客在境内平均停留 5.7 天，比上年延长 0.2 天；散客在境内平均停留 6.8 天，比上年缩短 0.3 天。

3. 从入境过夜游客构成看：外国人平均停留 7.9 天，比上年延长 0.4 天；香港同胞平均停留 3.5 天，比上年缩短 0.1 天；澳门同胞平均停留 4.0 天，延长 0.4 天；台湾同胞平均停留 7.0 天，与上年持平。

4. 在不同性别的入境过夜游客中，男性游客的平均停留时间长于女性游客平均停留时间，分别为 6.8 天和 6.3 天。

5. 在不同年龄段的入境过夜游客中，15～24 岁的游客平均停留时间最长，为 8.9 天；其次是 14 岁及以下和 65 岁及以上的游客，分别停留 7.6 天和 7.0 天；25～44 岁和 45～64 岁的游客平均停留时间较短，分别为 6.1 天和 6.4 天。

6. 在不同职业的入境过夜游客中，学生的平均停留时间最长，为 10.5 天；其次是专业技术人员和退休人员，均停留 6.7 天；政府工作人员、职员、技工/工人、商贸人员、服务员/推销员和家庭妇女，停留时间分别为 5.7 天、5.4 天、5.3 天、5.9 天、4.9 天和 5.4 天；军人停留时间最短，仅为 3.2 天。

7. 在不同旅游目的的入境过夜游客中，以文体交流为主要目的的平均停留时间最长，为 9.5 天；其次是以商务、观光游览和探亲访友为主要目的的平均停留时间较长，分别为 7.5 天、6.4 天和 6.0 天；以休闲度假和医疗保健为主要目的的游客，停留时间均为 5.1 天；以会议、宗教朝拜和购物为主要目的的停留时间均为 3.7 天。

（四）入境游客来华（内地）次数

2013 年入境游客来华（内地）次数的总体情况是：

1. 入境游客以多次来华（内地）为主。入境 4 次以上的过夜游客占过夜游客比例为 44.3%，比上年增加了 4.0 个百分点，一日游游客占比为 47.0%，比上年减少了14.2个百分点；第一次来华（内地）旅游的过夜游客和一日游游客所占比例分别为25.0%和18.5%，分别比上年减少了3.5个百分点和增加了0.4个百分点。

2. 初次来华（内地）的入境游客主要是团体游客，而数次来华（内地）的则以散客为主。调查中，团体游客第一次入境的占46.6%，比上年增加0.4个百分点；散客入境4次以上的占49.4%，减少1.4个百分点。

3. 在入境游客中，多次（4次以上）入境的外国游客比例相对较高，占35.4%；第2~3次入境的比例为33.5%，比首次入境的高出2.4个百分点；在台湾同胞中，多次（4次以上）入境的游客所占比例为49.2%，比首次游客高了30.6个百分点；在港澳同胞中，多次（4次以上）入境的游客所占比例均高于六成，远高于首次游客。

4. 从全国各省（区、市）的情况看，大部分省区接待首次来本地区的入境游客比例相对较高，而经济发达、交通便利的省市和部分边境口岸省区该比例相对较低。

（五）入境游客的行程

2013年，入境游客在境内的行程有以下特点：

1. 入境游客仍以短程为主。游览1~3座城市的游客占被调查者的88.9%，比上年增长0.8个百分点；游览4~6座城市和一次游览7座以上城市的游客分别占9.1%和2.0%。

2. 团体游客的平均行程普遍长于散客，团体游客游览4座以上城市的占24.8%，散客占7.4%。

3. 在入境游客中，外国人和台湾同胞的行程相对较长，一次游览4座以上城市的均超过10%；香港同胞和澳门同胞的行程相对较短，分别有96.1%和97.6%的游客一次只游览1~3座城市。

4. 在不同性别的游客中，男性游客的平均行程比女性游客稍短，一次游览1~3座城市的比例分别为89.1%和88.8%。

5. 在不同年龄段的入境游客中，25~44岁的游客平均行程最短，游览城市最少，一次游览1~3座城市的比例为91.4%；其次是45~64岁、15~24岁和14岁及以下的游客，一次游览1~3座城市的比例分别为88.2%、85.0%和84.0%；65岁及以上年龄段的游客平均行程最长，一次游览4座以上城市的比例达到20.0%。

6. 在不同职业的入境游客中，政府工作人员、退休人员、家庭妇女和学生的平均行程普遍较长，一次游览4座以上城市的比例超过10.0%；专业技术人员、职员、技工/工人、商贸人员、服务员/推销员和军人的平均行程普遍较短，一次游览1~3座城市的均超过90.0%。

7. 在不同旅游目的的入境游客中，以观光游览为主要目的的游客的平均行程要长于其他旅游目的的游客，一次游览4座以上城市的占19.9%；而以购物为目的的游客的平均行程较短，一次仅游览1~3座城市的达到98.1%。

（六）入境游客的流向

1. 入境游客出境后的流向

2013年入境游客抽样调查资料显示：（1）在入境外国游客中，到我国的“一国游游客”和以我国为最终旅游目的地的游客居于主要地位，83.1%的游客出境后返回各自的国家，较上年下降了0.3个百分点。其中，我国周边国家（韩国、蒙古、越南和俄罗斯等）多数是只到我国旅游的“一国游游客”，比重超过九成；欧美、大洋洲和非洲等远程市场的入境游客，离境后前往其他国家或地区的比重较上年有所提高。（2）在入境外国游客出境后，除了直接返回来源地外，还有16.9%的游客前往其他国家或地区，这部分游客中37.5%的游客前往港澳特别行政区，比上年提高了3.7个百分点。（3）港澳台、东南亚以及印度等市场的游客，出境后直接返回来自国家（地区）的比重占83.6%，其余16.4%的游客继续前往其他国家（地区）。

2. 入境过夜游客在我国省（区、市）之间的流向

在这次全国各省（区、市）旅游住宿单位（含游船）抽样调查的33792名入境过夜游客中，有11724人不立即出境，还将前往我国其他地区游览。这些游客主要的流向有三个：第一、在所在的省（区、市）内继续游览，这部分游客所占的比重占在境内继续游览人数的28.7%，比上年减少4.1个百分点；第二、前往北京、上海旅游，在各省（区、市）接待的入境游客中，选择这一流向的占35.3%，比上年减少1.3个百分点，目的地选择趋于分散；第三、到中国经济比较发达和旅游资源较丰富的省（区、市），如继续前往辽宁、江苏、浙江、广东、四川和陕西等地区的游客比例相对较高，占在境内游览总人数的20.3%。

（七）入境过夜游客对住宿单位的选择

2013年入境过夜游客对住宿单位的选择是：选择宾馆饭店住宿的人天数占其总人天数的50.1%，比上年降低了0.8个百分点；选择公寓住宿的人天数占16.1%，比上年下降了1.0个百分点；在私人住所住宿的人天数占27.9%，比上年提高了1.2个百分点。此外，还有5.9%的入境过夜游客在车船或招待所等旅游住宿单位中住宿。

2013年对入境过夜游客选择住宿单位的调查表明：

1. 入境过夜游客对住宿单位的选择主要是宾馆饭店，占被调查者的

50. 1%；其次是私人住所，占被调查者的27. 9%。

2. 澳门过夜游客选择宾馆饭店的比例高于外国人、香港和台湾同胞，为62. 6%；外国人、香港和台湾同胞选择宾馆饭店的比例较其他住宿单位高，分别为49. 5%、54. 2%和48. 8%。

3. 在入境过夜游客中，团体游客选择宾馆饭店住宿的比例（88. 4%）远远高于散客（42. 5%）；而散客选择公寓和私人住所住宿的比例（51. 3%）又远高于团体游客（7. 3%）。

第二部分　分类数据

一、入境游客人均天花费及构成

1－1 2013年入境过夜游客人均天花费

		人均天花费	政府工作人员	专业技术人员	职员	技工工人
全国	**合计**	**200.17**	**223.58**	**203.74**	**206.87**	**192.47**
	团体	192.10	202.54	192.90	192.66	201.64
	散客	202.32	233.11	204.97	209.73	190.69
外国人	小计	225.96	239.75	232.87	242.64	224.63
	团体	198.81	203.26	194.67	200.28	208.10
	散客	235.30	260.88	238.68	253.27	229.12
香港同胞	小计	142.07	191.27	139.93	138.28	128.79
	团体	155.61	196.19	163.43	162.58	150.89
	散客	140.67	190.33	139.17	136.01	127.73
澳门同胞	小计	116.62	109.13	151.57	125.98	95.58
	团体	152.61	165.25	159.53	152.44	150.25
	散客	110.02	96.38	151.29	122.61	91.94
台湾同胞	小计	204.26	238.80	204.54	206.73	192.62
	团体	188.77	221.42	205.63	189.03	188.71
	散客	208.59	245.23	204.39	212.19	193.64

（按外国人、港澳台胞、团体及散客、职业分组）

单位：美元/人天

商贸人员	服务员推销员	退休人员	家庭妇女	军人	学生	其他
231.51	**163.57**	**175.50**	**186.23**	**160.42**	**159.25**	**188.08**
202.06	202.29	195.39	209.45	189.55	158.48	178.40
237.29	151.70	160.52	173.37	156.02	159.58	190.71
245.85	212.14	210.06	220.09	199.11	176.14	191.54
203.36	206.12	202.84	219.55	189.55	171.77	178.29
257.04	216.02	219.40	220.54	201.94	177.96	195.56
190.43	112.80	123.81	114.73	98.54	120.08	175.41
182.89	167.01	169.55	162.76	—	123.17	162.81
190.69	109.63	113.26	108.38	98.54	118.58	176.21
153.88	70.22	105.55	78.42	—	79.57	121.77
155.87	147.33	162.81	148.20	—	129.10	166.15
153.75	62.11	66.70	61.57	—	66.36	107.90
224.58	192.14	169.65	190.98	149.44	154.64	220.03
201.99	214.49	187.53	177.83	—	146.77	194.93
227.54	180.60	157.21	199.75	149.44	159.33	226.58

1-2 2013 年入境过夜游客人均天花费

		人均天花费	观光游览	休闲度假	探亲访友	商务
全国	**合计**	**200.17**	**198.61**	**177.37**	**139.15**	**235.39**
	团体	192.10	185.05	189.12	189.90	212.53
	散客	202.32	212.63	174.17	137.63	236.25
外国人	小计	225.96	208.95	217.58	186.81	249.07
	团体	198.81	189.18	203.91	188.57	214.99
	散客	235.30	231.17	223.60	186.69	250.69
香港同胞	小计	142.07	168.51	127.67	106.13	182.36
	团体	155.61	164.53	140.10	228.55	129.46
	散客	140.67	170.86	126.33	105.81	182.55
澳门同胞	小计	116.62	131.16	104.24	68.89	177.20
	团体	152.61	155.24	135.70	156.29	182.30
	散客	110.02	111.21	99.86	65.71	177.11
台湾同胞	小计	204.26	192.56	196.68	162.58	224.87
	团体	188.77	186.00	173.59	226.61	196.03
	散客	208.59	202.12	202.86	161.28	225.46

（按外国人、港澳台胞、团体及散客、旅游目的分组）

单位：美元/人天

会 议	宗 教 朝 拜	文化/体育/ 科技交流	购 物	医 疗 保 健	其 他
257.25	**163.93**	**199.68**	**220.66**	**203.63**	**191.29**
217.21	219.45	154.00	232.23	180.10	181.49
260.83	158.37	206.11	205.52	208.49	192.35
280.14	269.80	217.16	243.01	249.69	196.27
206.99	197.31	165.39	232.96	174.54	185.12
288.23	278.87	224.60	267.00	270.05	197.40
201.40	88.36	143.50	136.30	130.77	167.98
177.62	142.38	105.43	204.32	186.85	164.69
201.91	87.07	149.11	133.02	122.52	168.39
184.23	315.09	138.21	79.54	—	94.56
—	—	176.99	—	—	171.01
184.23	315.09	133.90	79.54	—	81.81
264.09	181.59	225.47	201.55	206.53	205.03
279.21	267.28	180.62	123.49	218.59	165.03
261.57	53.07	230.68	208.64	205.32	211.69

1－3 2013年入境过夜游客人均天花费

		人均天花费	男性	女性
全国	**合计**	**200.17**	**205.79**	**190.91**
	团体	192.10	188.42	195.22
	散客	202.32	208.99	189.05
外国人	小计	225.96	231.95	215.79
	团体	198.81	193.95	202.97
	散客	235.30	240.73	223.37
香港同胞	小计	142.07	143.88	139.20
	团体	155.61	151.46	159.03
	散客	140.67	143.31	136.14
澳门同胞	小计	116.62	122.52	110.00
	团体	152.61	149.31	154.60
	散客	110.02	119.21	98.44
台湾同胞	小计	204.26	207.37	198.96
	团体	188.77	193.13	184.89
	散客	208.59	210.14	205.36

（按外国人、港澳台胞、团体及散客、性别、年龄分组）

单位：美元/人天

14岁及以下	15～24岁	25～44岁	45～64岁	65岁及以上
164.93	**161.16**	**202.33**	**213.33**	**194.99**
198.13	159.81	196.43	200.61	194.10
149.84	161.63	203.54	216.94	195.61
190.23	182.10	230.31	238.53	212.59
215.93	173.20	203.31	203.13	198.27
178.00	185.57	237.99	250.88	226.15
147.83	124.58	140.37	153.25	146.29
191.30	124.40	160.33	176.10	171.59
121.75	124.63	139.17	150.95	139.06
51.61	81.08	128.49	124.67	87.64
119.42	130.65	153.61	164.63	157.24
17.71	69.25	125.52	115.65	63.28
175.75	167.92	205.99	210.07	209.77
—	147.54	169.47	212.27	191.41
175.75	176.19	212.53	209.26	218.95

1-4 2013年外国过夜游客人均天花费

	人均天花费	政府工作人员	专业技术人员	职员	技工工人	商贸人员
日本	255.13	266.88	260.26	258.04	263.61	294.10
菲律宾	203.70	228.39	222.17	247.68	145.15	220.47
泰国	193.32	203.56	200.68	194.89	206.40	195.63
新加坡	213.79	241.91	201.51	217.12	215.00	249.32
印度尼西亚	199.79	161.09	253.77	241.15	249.81	186.79
马来西亚	188.43	219.28	193.82	206.12	102.13	182.14
韩国	240.80	243.64	253.15	252.07	202.25	268.02
朝鲜	178.58	222.21	130.96	147.35	229.99	182.08
蒙古	232.88	244.46	219.50	230.43	278.13	238.42
印度	188.96	186.23	232.78	206.24	160.44	174.86
越南	164.35	301.21	327.91	221.38	215.34	146.35
缅甸	212.72	329.70	248.68	289.90	—	184.27
哈萨克斯坦	299.88	228.87	233.76	168.22	—	348.21
英国	211.57	255.64	225.53	224.44	285.86	217.32
法国	240.32	280.12	260.77	250.52	248.85	258.96
德国	223.58	266.39	242.18	226.68	307.58	232.83
西班牙	231.40	216.21	258.52	244.15	209.17	245.27
意大利	231.05	314.35	233.82	240.94	225.32	250.90
荷兰	229.28	238.32	262.30	260.03	—	223.15
瑞典	215.88	190.29	270.17	226.68	178.25	220.61
俄罗斯	238.99	231.88	276.30	233.25	239.03	232.44
瑞士	223.48	232.84	187.06	313.32	329.16	214.63
乌克兰	180.90	223.86	164.38	255.60	—	173.02
美国	206.52	209.11	195.96	250.52	216.49	260.77
加拿大	217.18	321.56	215.54	213.64	188.83	255.18
澳大利亚	220.69	276.44	233.96	225.75	192.03	251.54
新西兰	236.67	174.90	227.67	250.68	234.47	272.44
非洲国家	196.89	217.93	259.79	187.73	62.15	184.28
中南美洲国家	193.51	192.70	181.21	153.58	177.17	222.83
其他国家	177.80	189.00	182.66	232.57	260.06	188.93

（按国别、职业分组）

单位：美元/人天

服务员 推销员	退　休 人　员	家　庭 妇　女	军　人	学　生	其　他
220.99	217.95	228.15	271.92	216.22	213.98
127.66	220.12	190.97	—	155.71	186.07
193.27	190.38	180.36	110.26	187.09	190.35
194.09	147.97	177.30	—	198.42	199.40
136.71	148.22	162.14	—	195.60	136.52
188.46	192.44	180.44	253.03	170.00	200.08
206.29	210.58	234.74	148.91	185.17	201.33
112.55	209.57	248.34	70.52	174.91	115.34
259.74	197.19	196.90	205.21	214.51	246.10
194.31	202.29	198.88	78.59	110.13	205.85
275.38	98.38	51.65	—	146.52	59.08
170.44	138.06	175.20	65.74	337.06	—
277.43	338.96	332.57	—	171.42	—
272.91	197.45	175.99	229.44	164.39	184.71
211.61	224.11	230.69	72.07	151.14	244.21
252.47	199.58	141.26	—	170.44	225.70
245.34	189.54	205.84	—	158.35	158.20
279.64	285.46	172.75	157.06	97.00	208.49
235.16	182.34	243.16	286.91	141.39	228.57
182.50	286.27	352.84	183.62	142.10	179.51
263.62	234.39	274.62	441.84	184.13	252.55
159.69	117.82	340.18	180.13	145.09	150.26
148.92	169.37	68.54	—	129.68	137.46
151.70	215.58	191.28	194.95	155.32	183.76
260.14	217.46	201.73	—	189.57	163.71
206.43	171.37	150.19	213.95	195.36	185.27
343.34	250.29	238.98	—	225.99	177.14
222.69	166.94	—	—	174.62	155.21
129.37	—	—	—	207.90	233.90
126.46	187.69	136.73	—	152.89	133.94

1-5 2013年外国过夜游客人均天花费

	人均天花费	观光游览	休闲度假	探亲访友	商务
日本	255.13	221.92	227.32	236.24	275.97
菲律宾	203.70	210.95	215.88	223.88	193.62
泰国	193.32	193.77	158.47	153.56	219.88
新加坡	213.79	202.82	183.38	203.35	243.94
印度尼西亚	199.79	185.13	197.99	220.39	213.43
马来西亚	188.43	202.63	167.78	144.43	189.74
韩国	240.80	216.02	232.34	203.59	263.44
朝鲜	178.58	167.51	248.98	121.52	154.31
蒙古	232.88	201.32	200.53	103.56	234.04
印度	188.96	194.24	170.77	192.79	185.84
越南	164.35	255.42	232.28	84.62	167.25
缅甸	212.72	214.30	319.78	147.43	198.67
哈萨克斯坦	299.88	243.55	221.00	254.85	352.60
英国	211.57	207.27	225.31	175.89	217.67
法国	240.32	225.46	270.77	108.81	268.43
德国	223.58	202.83	231.86	254.56	211.67
西班牙	231.40	206.25	239.13	145.43	242.89
意大利	231.05	225.59	226.24	191.91	241.94
荷兰	229.28	214.50	235.02	169.62	262.55
瑞典	215.88	193.86	235.11	31.34	237.80
俄罗斯	238.99	213.29	234.83	166.00	305.90
瑞士	223.48	200.04	205.62	176.74	258.74
乌克兰	180.90	175.87	218.86	125.32	—
美国	206.52	208.25	214.62	186.38	218.07
加拿大	217.18	198.13	252.81	176.88	230.46
澳大利亚	220.69	188.47	191.19	193.89	247.67
新西兰	236.67	225.19	243.24	221.10	307.37
非洲国家	196.89	184.81	173.19	167.91	209.22
中南美洲国家	193.51	191.18	160.48	42.13	208.79
其他国家	177.80	180.55	171.74	139.73	186.20

(按国别、旅游目的分组)

单位：美元/人天

会议	宗教朝拜	文化/体育/科技交流	购物	医疗保健	其他
273.00	349.67	303.48	226.78	285.04	227.80
251.29	—	197.22	286.66	183.33	150.24
283.49	356.72	306.74	283.28	147.02	133.87
256.07	193.10	185.44	410.57	—	250.83
183.52	115.54	301.39	186.46	119.92	153.59
231.11	—	160.93	146.12	424.92	238.23
299.98	202.46	214.81	267.84	350.78	202.87
190.20	—	230.56	—	161.36	121.71
229.48	—	241.96	267.48	205.85	219.84
261.41	—	178.16	294.71	234.54	167.37
—	—	—	50.11	—	105.72
441.84	349.62	175.31	188.85	—	123.11
246.06	131.48	160.42	342.46	—	432.29
246.93	—	188.33	225.77	202.16	220.78
272.49	188.06	262.08	226.95	132.08	276.68
350.79	—	259.26	—	—	184.62
—	—	398.22	278.90	146.87	343.73
367.36	—	179.28	385.87	—	126.06
370.65	—	176.59	196.39	—	199.43
343.91	—	181.86	441.84	—	225.42
263.50	—	221.10	236.76	186.83	211.72
70.97	—	228.34	441.84	441.84	320.53
137.46	—	137.32	—	—	232.08
312.45	—	136.57	—	228.59	157.58
265.20	—	218.18	—	225.11	188.66
311.30	—	240.70	310.77	97.04	288.27
235.95	—	176.23	—	—	205.96
309.69	—	194.85	—	—	87.34
270.07	—	90.18	—	160.17	212.32
189.74	167.91	221.85	183.14	—	152.13

1-6 2013年外国过夜游客人均天花费
（按国别、性别、年龄分组）

单位：美元/人天

	人均天花费	男 性	女 性	14岁及以下	15~24岁	25~44岁	45~64岁	65岁及以上
日 本	255.13	264.17	231.89	300.87	226.75	258.92	261.48	229.42
菲律宾	203.70	217.77	182.93	23.05	146.72	206.71	225.65	174.33
泰 国	193.32	188.02	199.05	—	202.73	196.29	181.23	193.23
新加坡	213.79	221.79	202.28	261.27	184.84	213.53	224.68	203.89
印 尼	199.79	194.58	206.12	305.14	163.50	211.94	209.50	144.42
马来西亚	188.43	183.05	196.99	126.46	153.86	194.34	197.08	162.00
韩 国	240.80	248.44	223.67	115.47	187.18	246.24	258.17	205.02
朝 鲜	178.58	163.10	193.41	211.45	198.35	171.85	180.03	176.70
蒙 古	232.88	229.05	237.09	165.90	217.73	242.12	227.15	191.73
印 度	188.96	198.39	152.36	—	145.97	182.98	215.35	199.62
越 南	164.35	156.70	172.96	—	145.32	144.79	205.00	104.20
缅 甸	212.72	197.86	235.02	—	256.19	221.61	192.61	138.06
哈萨克斯坦	299.88	298.47	303.98	—	194.45	255.09	332.06	373.17
英 国	211.57	210.85	212.72	134.77	182.01	211.24	222.16	249.01
法 国	240.32	245.70	229.35	—	166.03	251.24	239.56	282.69
德 国	223.58	237.28	193.43	215.15	190.77	237.83	218.34	199.83
西班牙	231.40	234.78	225.25	119.53	176.16	233.64	251.33	183.43
意大利	231.05	238.46	220.48	—	157.94	223.95	261.48	286.19
荷 兰	229.28	244.35	213.01	—	148.95	257.43	210.94	286.19
瑞 典	215.88	216.99	213.87	—	141.98	218.92	254.05	323.19
俄罗斯	238.99	246.91	233.92	102.59	201.90	236.63	261.35	222.79
瑞 士	223.48	212.77	238.02	—	203.06	213.29	260.18	117.82
乌克兰	180.90	198.54	164.24	—	132.41	199.83	181.41	—
美 国	206.52	214.10	192.85	182.63	144.69	222.83	218.05	191.77
加拿大	217.18	196.61	247.32	—	193.43	225.82	205.22	249.69
澳大利亚	220.69	221.48	219.00	—	203.09	239.15	213.38	176.85
新西兰	236.67	263.43	211.55	282.14	178.43	252.94	241.09	234.65
非洲国家	196.89	204.11	186.34	101.90	186.09	197.97	211.34	171.98
中南美洲国家	193.51	204.88	164.06	310.77	217.12	193.88	165.81	139.68
其他国家	177.80	182.95	165.42	—	162.38	175.22	198.82	145.11

1－7　2013年入境过夜游客在各省（区、市）人均天花费
（按团体及散客、外国人及港澳台胞分组）

单位：美元/人天

		人均天花费	外国人	香港同胞	澳门同胞	台湾同胞
北　京	小计	252.41	254.47	243.03	222.74	230.18
	团体	236.56	240.04	206.69	184.14	208.59
	散客	267.89	269.09	265.55	280.65	246.13
天　津	小计	209.92	207.27	202.09	281.48	220.84
	团体	216.01	211.04	210.68	288.60	253.68
	散客	207.86	205.97	199.43	280.29	207.16
河　北	小计	164.59	159.13	183.16	185.42	188.36
	团体	145.45	136.56	155.53	179.02	172.58
	散客	182.13	176.96	209.89	198.63	221.83
山　西	小计	173.58	162.70	217.80	195.10	187.42
	团体	168.07	151.30	236.14	211.67	183.94
	散客	180.67	177.76	195.44	173.44	191.25
内蒙古	小计	194.20	192.90	185.58	182.59	228.09
	团体	185.45	184.90	179.61	137.25	209.78
	散客	201.33	199.55	188.57	208.50	247.70
辽　宁	小计	212.45	221.91	180.25	174.00	185.54
	团体	209.58	225.31	171.59	171.88	180.48
	散客	215.13	219.35	190.38	178.39	199.73
吉　林	小计	183.29	183.03	189.72	211.12	165.93
	团体	181.30	184.52	170.36	193.19	162.72
	散客	185.52	181.63	235.90	269.40	191.58
黑龙江	小计	199.41	200.50	209.95	202.26	184.07
	团体	197.14	201.03	196.35	116.25	176.16
	散客	205.72	199.10	239.61	240.49	265.86
上　海	小计	259.31	259.87	251.45	251.25	263.40
	团体	204.99	210.53	196.03	40.57	131.00
	散客	271.32	271.67	262.03	282.46	274.24

1 -7(续1)

单位：美元/人天

		人均天花费	外国人	香港同胞	澳门同胞	台湾同胞
江苏	小计	224.05	223.27	224.10	231.21	225.67
	团体	223.24	229.74	211.75	213.56	214.57
	散客	224.22	222.15	227.16	234.74	229.34
浙江	小计	218.26	216.12	228.98	247.89	213.47
	团体	202.45	202.66	211.42	184.89	197.16
	散客	224.68	221.12	238.03	286.39	222.46
安徽	小计	192.49	192.31	190.83	203.26	194.19
	团体	199.11	198.14	207.51	223.85	198.94
	散客	188.21	188.73	173.70	187.07	189.44
福建	小计	205.21	212.34	187.88	200.83	191.36
	团体	185.96	218.64	136.48	126.89	149.74
	散客	210.51	210.93	200.73	216.51	220.68
江西	小计	163.99	169.65	156.37	140.82	168.73
	团体	157.89	163.27	152.46	130.06	172.22
	散客	170.06	175.60	162.57	154.17	166.82
山东	小计	207.29	210.57	217.37	169.49	188.51
	团体	188.66	203.16	202.24	97.92	147.43
	散客	216.02	213.43	227.02	213.54	222.06
河南	小计	162.83	162.69	172.42	139.47	165.98
	团体	163.09	163.90	166.00	131.84	163.61
	散客	162.33	160.30	182.04	149.19	172.11
湖北	小计	194.44	198.51	180.46	214.61	191.31
	团体	184.62	188.43	163.96	203.07	197.27
	散客	202.44	205.49	200.59	225.14	186.57
湖南	小计	197.02	198.04	190.97	194.14	191.91
	团体	199.35	198.88	201.24	205.75	206.16
	散客	192.70	196.10	183.50	184.27	184.40
广东	小计	172.43	185.76	143.76	126.02	180.22
	团体	183.82	191.50	165.76	173.84	182.20
	散客	170.35	184.70	138.58	120.42	179.97
广西	小计	185.30	196.97	181.75	143.72	164.96
	团体	183.61	205.62	185.11	123.09	146.18
	散客	186.30	192.20	180.04	166.92	177.17

1－7(续2)　　单位：美元/人天

			人均天花费	外国人	香港同胞	澳门同胞	台湾同胞
海	南	小计	172.80	175.30	157.43	174.56	164.63
		团体	167.52	168.79	160.84	157.84	159.69
		散客	178.55	183.04	155.10	201.73	167.28
重	庆	小计	183.67	184.16	202.44	180.29	146.05
		团体	176.70	177.73	215.10	173.15	131.39
		散客	190.13	190.51	196.34	189.80	167.23
四	川	小计	185.15	182.83	191.07	215.77	186.08
		团体	184.67	182.03	187.74	238.01	182.16
		散客	185.91	184.01	196.75	176.67	198.05
贵	州	小计	181.05	192.31	176.40	181.27	176.46
		团体	189.19	257.89	178.77	185.73	179.84
		散客	157.06	155.42	163.57	156.64	156.75
云	南	小计	196.75	195.67	206.17	204.42	192.15
		团体	188.93	195.73	175.05	165.36	164.84
		散客	199.57	195.64	216.93	212.79	216.04
西	藏	小计	191.67	192.19	189.62	179.88	192.42
		团体	185.81	186.73	180.04	175.76	179.57
		散客	221.97	221.22	237.48	200.50	236.08
陕	西	小计	186.09	186.87	184.30	212.09	167.25
		团体	177.30	182.42	132.12	83.42	108.93
		散客	199.38	194.40	223.79	241.78	213.20
甘	肃	小计	160.29	180.70	124.14	103.57	132.04
		团体	164.24	199.96	101.33	64.08	102.44
		散客	154.46	150.01	149.64	170.40	166.14
青	海	小计	157.98	159.97	172.42	71.85	146.80
		团体	169.96	180.06	159.00	71.85	140.66
		散客	140.22	134.06	195.58	—	170.31
宁	夏	小计	158.84	159.26	174.21	146.23	153.65
		团体	178.82	178.82	—	—	—
		散客	156.26	155.86	174.21	146.23	153.65
新	疆	小计	165.87	177.18	134.56	137.20	136.92
		团体	164.47	176.66	127.62	129.89	132.38
		散客	173.44	180.44	160.00	155.75	191.34

1-8 2013年入境过夜游客在各省(区、市)

		人均天花费	政府工作人员	专业技术人员	职员	技工工人
北京	小计	252.41	260.83	271.01	254.90	231.18
	团体	236.56	231.47	252.96	238.12	223.92
	散客	267.89	274.76	279.36	269.93	240.75
天津	小计	209.92	204.53	190.03	218.37	202.14
	团体	216.01	212.61	211.60	213.68	211.60
	散客	207.86	202.73	188.59	219.59	201.14
河北	小计	164.59	166.86	167.84	165.98	157.31
	团体	145.45	149.92	159.95	143.21	115.69
	散客	182.13	186.53	173.05	186.05	178.66
山西	小计	173.58	199.26	163.97	159.88	191.01
	团体	168.07	204.99	168.89	152.41	194.25
	散客	180.67	193.67	159.21	168.39	185.94
内蒙古	小计	194.20	164.24	202.01	200.93	188.94
	团体	185.45	167.72	188.41	216.32	201.29
	散客	201.33	163.63	204.33	194.87	187.81
辽宁	小计	212.45	204.79	223.38	212.09	211.98
	团体	209.58	214.03	216.10	204.82	200.44
	散客	215.13	199.86	230.21	220.43	237.47
吉林	小计	183.29	159.30	167.43	187.22	179.07
	团体	181.30	170.56	195.94	181.60	181.41
	散客	185.52	151.25	148.99	199.58	174.07
黑龙江	小计	199.41	204.80	199.95	207.61	187.18
	团体	197.14	193.66	213.21	196.80	209.51
	散客	205.72	213.71	192.18	226.10	150.88
上海	小计	259.31	261.42	250.99	269.36	218.29
	团体	204.99	166.60	219.53	205.59	149.57
	散客	271.32	280.39	256.05	280.04	231.65
江苏	小计	224.05	228.43	228.70	219.03	220.19
	团体	223.24	226.65	227.71	217.38	223.80
	散客	224.22	228.75	228.81	219.42	219.73

人均天花费（按团体及散客、职业分组）

单位：美元/人天

商贸人员	服务员推销员	退休人员	家庭妇女	军人	学生	其他
267.02	258.30	217.63	252.67	269.34	234.92	249.06
234.74	257.92	216.30	249.80	256.58	241.84	239.45
277.36	258.76	228.63	263.57	273.59	224.14	260.74
216.86	199.56	217.34	226.35	211.60	217.01	213.20
217.79	213.78	215.57	219.43	211.60	220.10	211.60
216.53	185.33	219.78	234.64	—	213.41	213.43
183.55	140.29	147.35	154.55	159.60	130.73	169.30
156.89	124.72	119.98	133.88	181.44	126.66	177.10
199.84	169.71	213.64	202.24	137.76	138.44	162.02
185.80	172.75	165.01	188.89	144.94	121.90	183.42
177.30	161.82	158.41	189.10	144.94	115.54	148.17
194.09	191.86	197.05	188.05	—	172.76	197.52
191.77	199.93	187.84	187.68	183.31	196.07	223.44
179.97	—	204.96	192.08	—	223.66	223.52
217.92	199.93	172.15	186.48	183.31	187.24	223.44
216.55	206.34	201.41	191.53	180.20	196.61	222.76
210.94	216.42	215.71	208.02	225.60	207.47	216.29
220.23	195.78	177.85	167.97	168.84	187.62	225.17
198.86	183.80	171.66	190.24	—	177.29	184.20
187.38	177.62	184.62	183.48	—	165.36	182.15
203.45	198.63	149.72	198.59	—	211.49	188.79
210.83	224.84	189.84	219.48	236.13	178.07	172.51
202.80	230.98	190.40	223.83	199.85	182.03	162.06
218.86	197.20	170.45	119.55	272.42	125.90	244.40
267.84	281.76	225.51	264.22	306.59	245.59	236.94
206.56	249.37	187.65	244.28	203.54	194.07	208.22
269.94	287.96	268.70	275.80	340.94	273.96	245.15
221.47	228.32	226.23	225.02	221.37	229.24	234.23
223.65	231.52	223.67	224.78	230.54	222.35	227.86
221.31	227.53	228.63	225.21	215.25	230.99	236.36

1-8(续1)

		人均天花费	政府工作人员	专业技术人员	职员	技工工人
浙江	小计	218.26	244.73	214.59	217.49	233.26
	团体	202.45	249.53	185.29	188.70	204.26
	散客	224.68	240.70	219.94	234.73	239.06
安徽	小计	192.49	189.03	187.53	193.97	191.67
	团体	199.11	203.77	198.63	197.40	198.96
	散客	188.21	173.68	183.36	192.33	187.49
福建	小计	205.21	195.13	216.03	198.39	193.82
	团体	185.96	38.62	194.46	185.09	170.73
	散客	210.51	203.83	218.53	202.22	199.98
江西	小计	163.99	174.97	164.21	169.70	183.84
	团体	157.89	159.07	160.87	162.02	172.30
	散客	170.06	182.50	166.60	180.03	193.72
山东	小计	207.29	210.92	229.99	196.00	209.40
	团体	188.66	181.80	215.03	173.13	168.69
	散客	216.02	222.36	233.18	210.53	226.11
河南	小计	162.83	163.56	159.13	163.48	171.23
	团体	163.09	163.21	157.87	161.93	168.28
	散客	162.33	164.98	160.38	166.42	181.65
湖北	小计	194.44	207.36	191.43	184.64	193.53
	团体	184.62	184.21	185.38	181.46	188.12
	散客	202.44	221.83	193.45	189.09	203.19
湖南	小计	197.02	187.22	198.36	191.00	205.46
	团体	199.35	184.42	196.77	192.83	208.12
	散客	192.70	188.99	200.08	188.27	202.33
广东	小计	172.43	185.98	177.31	171.33	158.95
	团体	183.82	201.95	177.55	179.72	183.69
	散客	170.35	177.18	177.29	169.32	154.68
广西	小计	185.30	187.45	187.78	190.66	166.56
	团体	183.61	203.74	189.46	190.94	155.34
	散客	186.30	176.98	187.07	190.51	170.02
海南	小计	172.80	173.22	172.74	176.03	151.08
	团体	167.52	162.26	163.70	165.19	163.55
	散客	178.55	187.16	182.99	190.40	134.08

单位：美元/人天

商贸人员	服务员推销员	退休人员	家庭妇女	军人	学生	其他
209.15	198.72	218.82	233.00	230.10	219.11	253.53
214.00	199.87	207.15	190.80	265.27	202.02	205.39
208.43	197.92	246.40	256.92	177.34	225.52	279.20
196.18	198.89	195.01	195.92	203.02	189.46	190.01
199.12	201.40	199.84	199.91	198.96	196.82	199.29
195.23	193.72	184.14	188.14	211.15	177.93	181.75
210.50	224.45	201.28	210.23	142.09	183.91	208.21
193.81	156.69	202.32	205.45	61.84	131.43	178.55
213.17	256.34	200.17	215.01	195.59	198.61	218.09
163.96	187.24	150.73	161.16	168.15	146.31	142.50
158.13	187.27	150.55	158.09	94.46	136.62	141.78
167.78	187.22	151.28	169.75	192.72	156.89	143.15
212.45	213.58	209.96	200.70	244.77	184.15	223.45
204.51	164.64	203.92	185.39	—	181.83	233.91
213.38	233.16	218.78	216.01	244.77	185.93	216.25
162.52	160.34	166.65	160.67	173.30	157.38	159.42
164.25	165.41	168.14	161.98	173.30	156.22	162.55
160.26	147.67	159.97	154.85	—	162.35	157.72
205.53	204.39	181.38	206.21	179.83	196.67	192.97
188.12	181.85	180.24	191.20	196.29	187.12	188.50
210.66	259.14	185.59	227.48	163.37	207.06	196.13
192.13	187.59	202.83	196.78	226.14	180.37	204.32
198.85	190.17	197.80	201.65	199.86	190.17	204.95
186.69	181.59	216.68	172.05	436.39	158.70	200.00
181.96	177.84	168.11	172.37	169.54	138.27	153.50
177.87	183.83	197.86	185.80	174.77	175.19	169.23
182.25	176.47	151.97	166.27	167.33	128.11	151.47
183.07	231.16	187.69	175.77	238.05	172.45	187.81
192.90	223.53	179.89	173.55	—	178.28	182.34
181.47	233.19	200.21	179.61	238.05	166.06	189.97
185.51	179.15	158.92	165.42	196.20	152.16	170.55
183.22	209.61	159.22	170.78	196.20	158.48	162.97
187.20	153.77	158.50	158.53	—	147.82	176.94

1-8(续2)

		人均天花费	政府工作人员	专业技术人员	职员	技工工人
重庆	小计	183.67	204.80	194.09	191.17	133.71
	团体	176.70	214.47	168.50	189.01	125.04
	散客	190.13	200.25	206.37	193.02	141.14
四川	小计	185.15	186.94	185.37	185.62	187.18
	团体	184.67	184.63	184.99	185.82	185.62
	散客	185.91	191.49	185.75	185.30	189.20
贵州	小计	181.05	177.37	186.92	183.04	177.78
	团体	189.19	184.61	191.82	191.14	188.30
	散客	157.06	149.44	165.10	157.34	145.56
云南	小计	196.75	214.35	197.78	188.51	190.91
	团体	188.93	201.01	198.93	186.16	197.17
	散客	199.57	218.09	197.18	190.30	188.82
西藏	小计	191.67	181.36	188.38	192.57	190.40
	团体	185.81	179.53	185.07	186.10	186.04
	散客	221.97	192.34	218.16	236.78	211.26
陕西	小计	186.09	185.53	193.22	192.29	200.15
	团体	177.30	184.37	170.55	172.79	196.02
	散客	199.38	189.53	213.14	212.54	209.94
甘肃	小计	160.29	153.10	166.12	159.06	134.24
	团体	164.24	150.96	177.13	173.97	136.83
	散客	154.46	157.69	153.46	137.86	131.82
青海	小计	157.98	152.49	145.76	181.75	144.08
	团体	169.96	164.93	162.44	179.07	165.88
	散客	140.22	137.98	115.19	188.08	124.71
宁夏	小计	158.84	151.17	154.31	172.36	133.18
	团体	178.82	170.33	186.24	160.55	—
	散客	156.26	147.06	149.16	172.80	133.18
新疆	小计	165.87	164.69	161.79	167.73	164.57
	团体	164.47	156.08	158.32	168.40	165.48
	散客	173.44	200.33	200.90	162.07	144.60

单位：美元/人天

商贸人员	服务员推销员	退休人员	家庭妇女	军人	学生	其他
192.29	192.30	160.99	165.51	167.34	201.67	166.88
185.52	181.39	157.13	228.40	—	215.81	162.66
195.55	206.84	189.76	95.62	167.34	191.24	172.81
188.11	179.35	188.03	182.54	186.36	181.60	179.95
183.72	185.99	184.36	183.43	182.44	183.76	184.76
190.83	166.08	199.58	179.19	190.27	175.89	169.09
182.55	190.05	183.65	176.80	151.92	172.21	178.67
189.00	195.61	188.96	192.17	170.07	177.55	190.23
164.73	156.68	165.79	153.12	115.61	153.25	156.32
202.97	186.03	200.32	185.40	172.88	172.67	199.35
192.58	191.87	185.22	190.22	199.73	148.28	190.82
204.50	179.30	208.58	180.76	167.50	183.00	200.88
195.36	192.51	199.56	176.28	212.22	190.17	187.11
185.90	185.93	187.11	187.13	186.67	187.11	187.11
243.38	214.03	246.86	157.30	314.41	208.52	—
196.18	174.67	173.40	191.00	274.04	161.99	182.13
187.88	192.23	172.71	192.76	273.27	160.81	183.61
200.79	91.26	175.56	185.72	274.81	167.02	178.34
176.86	150.29	165.15	141.61	206.66	152.57	167.94
169.36	149.17	166.64	140.86	206.66	164.17	166.76
184.54	152.17	160.75	142.40	—	138.16	169.70
160.53	108.66	162.64	172.03	71.84	193.21	139.16
163.27	157.24	181.60	187.52	—	171.25	154.99
156.52	73.33	119.02	133.29	71.84	222.48	128.28
167.95	118.40	153.91	166.85	—	162.50	152.17
174.92	—	170.56	181.45	—	189.07	175.79
167.22	118.40	137.25	152.24	—	155.85	151.18
188.94	159.81	171.72	166.92	175.47	146.57	177.92
195.08	161.75	176.42	163.21	156.90	147.71	193.64
180.68	133.23	140.72	181.74	217.24	131.16	148.73

1-9 2013年入境过夜游客在各省(区、市)

		人均天花费	观光游览	休闲度假	探亲访友	商务
北京	小计	252.41	235.47	246.42	234.77	266.94
	团体	236.56	231.79	240.71	235.42	245.10
	散客	267.89	254.17	255.90	234.59	271.90
天津	小计	209.92	220.31	216.51	211.29	205.42
	团体	216.01	216.30	222.44	209.15	211.57
	散客	207.86	225.92	213.18	212.04	204.86
河北	小计	164.59	157.23	162.20	169.33	173.64
	团体	145.45	138.31	144.35	162.86	166.54
	散客	182.13	188.07	196.03	174.51	175.32
山西	小计	173.58	168.37	147.54	182.28	198.75
	团体	168.07	166.69	143.98	194.48	207.36
	散客	180.67	173.01	155.27	176.32	193.80
内蒙古	小计	194.20	201.89	209.86	174.05	197.16
	团体	185.45	199.04	225.72	—	163.66
	散客	201.33	203.98	200.51	174.05	197.45
辽宁	小计	212.45	205.18	210.12	194.45	228.67
	团体	209.58	205.82	214.10	206.27	212.96
	散客	215.13	202.02	205.97	190.84	234.16
吉林	小计	183.29	178.56	175.35	198.20	199.45
	团体	181.30	181.49	181.72	153.21	182.02
	散客	185.52	166.39	165.23	204.28	203.73
黑龙江	小计	199.41	179.21	228.65	207.78	225.52
	团体	197.14	175.89	231.41	219.27	238.52
	散客	205.72	240.41	220.17	189.09	222.37
上海	小计	259.31	250.43	255.76	255.62	264.24
	团体	204.99	200.71	211.91	204.11	255.21
	散客	271.32	287.16	276.51	262.32	264.31
江苏	小计	224.05	223.92	222.45	227.72	226.15
	团体	223.24	224.67	222.72	214.13	220.22
	散客	224.22	223.57	222.36	229.70	226.49

人均天花费（按团体及散客、旅游目的分组）

单位：美元/人天

会议	宗教朝拜	文化/体育/科技交流	购物	医疗保健	其他
275.72	278.58	266.18	291.01	275.78	238.41
219.67	277.06	244.03	291.12	236.00	262.36
279.20	280.48	280.08	290.93	285.73	227.76
210.55	207.40	189.18	177.95	157.17	221.47
219.80	211.60	211.60	211.60	211.60	211.60
207.37	206.87	185.45	152.72	102.74	223.11
182.49	142.35	166.51	222.34	170.68	154.18
144.80	138.92	120.86	189.98	238.21	182.95
190.57	145.79	212.16	246.60	136.92	145.63
184.83	188.27	194.51	226.47	195.85	192.58
179.83	183.52	187.00	300.54	169.72	168.44
190.83	196.75	197.13	164.75	221.99	193.48
213.71	245.38	258.50	182.50	192.58	173.87
233.45	—	274.06	176.42	114.34	—
210.89	245.38	256.28	231.72	205.62	173.87
214.75	185.18	218.25	239.29	213.15	190.17
220.77	225.60	218.85	172.52	220.87	218.96
213.72	144.75	218.17	261.55	204.10	185.27
164.87	—	172.56	211.93	162.36	183.35
168.52	—	181.49	202.25	193.73	183.75
163.31	—	166.06	270.02	115.30	183.17
190.78	73.38	166.64	250.87	147.48	152.66
171.67	—	143.91	251.90	147.48	176.59
191.90	73.38	183.88	170.60	—	128.73
263.43	213.82	266.25	282.16	318.85	301.27
152.96	—	148.02	304.60	—	242.04
266.91	213.82	269.28	272.54	318.85	303.74
215.74	228.07	215.14	237.98	199.76	226.78
230.15	228.07	212.71	229.29	206.31	221.38
214.81	—	215.33	240.87	193.20	230.63

1-9(续1)

		人均天花费	观光游览	休闲度假	探亲访友	商务
浙江	小计	218.26	216.35	229.64	226.19	207.25
	团体	202.45	202.37	204.08	198.34	217.01
	散客	224.68	240.74	244.40	233.72	206.77
安徽	小计	192.49	192.75	189.92	190.76	195.33
	团体	199.11	199.47	198.40	202.75	198.04
	散客	188.21	183.52	181.95	188.16	194.93
福建	小计	205.21	191.52	202.66	206.77	206.46
	团体	185.96	184.01	192.81	189.45	134.84
	散客	210.51	199.10	208.47	208.86	207.94
江西	小计	163.99	167.05	164.08	151.33	159.59
	团体	157.89	155.91	164.35	163.33	168.45
	散客	170.06	191.09	163.77	150.05	158.81
山东	小计	207.29	191.63	202.52	212.17	227.83
	团体	188.66	180.85	198.38	153.12	223.23
	散客	216.02	206.47	205.16	219.42	228.16
河南	小计	162.83	160.06	162.85	162.27	168.28
	团体	163.09	160.68	164.38	156.57	178.85
	散客	162.33	156.92	159.05	169.87	162.64
湖北	小计	194.44	184.68	200.25	220.98	204.79
	团体	184.62	182.42	188.66	183.28	188.91
	散客	202.44	190.22	213.50	228.39	207.24
湖南	小计	197.02	202.95	191.24	178.35	194.09
	团体	199.35	200.07	197.80	181.17	186.98
	散客	192.70	219.60	181.96	177.66	194.88
广东	小计	172.43	161.26	157.50	169.42	178.09
	团体	183.82	189.92	170.84	168.16	171.43
	散客	170.35	142.28	153.70	169.52	178.32
广西	小计	185.30	178.77	181.92	169.00	196.79
	团体	183.61	178.25	194.35	222.87	123.04
	散客	186.30	179.44	173.31	163.95	198.09

单位：美元/人天

会议	宗教朝拜	文化/体育/科技交流	购物	医疗保健	其他
239.51	223.25	235.69	187.62	240.48	246.03
186.52	161.38	198.31	241.62	—	—
244.48	274.81	264.44	160.61	240.48	246.03
200.66	189.53	191.35	198.38	176.36	186.34
199.71	200.21	198.40	198.96	198.96	198.96
200.99	172.63	189.08	193.74	165.06	185.54
225.56	176.68	223.57	257.77	—	235.01
147.35	180.03	87.33	257.77	—	292.39
227.87	171.67	228.44	—	—	231.82
182.78	154.92	148.28	174.55	—	154.44
191.92	132.91	144.49	150.40	—	156.48
180.63	198.96	150.18	222.83	—	153.89
234.17	173.87	207.41	212.91	232.35	164.70
221.53	194.91	217.23	—	—	200.38
235.17	168.61	204.26	212.91	232.35	151.72
166.81	180.52	167.50	183.89	178.64	158.43
173.83	182.41	134.30	183.89	—	144.82
161.95	178.64	174.14	—	178.64	163.53
202.37	172.86	185.18	227.16	197.41	177.41
199.56	184.39	189.00	195.44	—	180.31
202.53	151.25	184.22	243.02	197.41	176.27
192.93	162.13	184.30	174.05	244.88	182.42
203.66	199.66	192.44	174.05	193.50	201.52
178.74	124.60	181.44	—	270.56	161.80
189.60	170.15	176.90	199.20	203.77	162.03
169.31	178.87	179.56	218.74	222.02	149.78
190.30	166.95	176.62	179.27	199.80	163.34
202.31	122.09	164.67	204.60	178.50	206.59
161.44	—	175.54	—	—	195.95
210.49	122.09	161.05	204.60	178.50	210.78

1－9(续2)

		人均天花费	观光游览	休闲度假	探亲访友	商务
海南	小计	172.80	167.81	167.66	165.88	213.69
	团体	167.52	166.59	159.90	190.16	269.02
	散客	178.55	169.23	179.97	157.31	194.23
重庆	小计	183.67	173.96	176.95	170.30	197.44
	团体	176.70	167.60	171.15	215.85	229.36
	散客	190.13	193.30	194.57	158.91	193.52
四川	小计	185.15	182.97	186.70	172.98	190.91
	团体	184.67	184.64	185.25	190.95	179.09
	散客	185.91	176.81	189.68	162.20	192.45
贵州	小计	181.05	180.42	181.26	181.92	184.97
	团体	189.19	189.61	190.89	184.50	187.88
	散客	157.06	157.54	150.37	173.82	177.91
云南	小计	196.75	195.97	198.45	183.17	204.68
	团体	188.93	189.49	195.28	199.73	190.51
	散客	199.57	203.50	200.39	180.81	205.10
西藏	小计	191.67	191.90	190.46	191.90	193.84
	团体	185.81	184.99	186.60	184.98	186.99
	散客	221.97	224.27	211.76	223.74	233.82
陕西	小计	186.09	176.99	200.30	183.77	200.04
	团体	177.30	172.09	192.99	195.53	184.96
	散客	199.38	192.32	212.96	178.93	201.81
甘肃	小计	160.29	157.65	157.56	157.35	168.40
	团体	164.24	162.94	163.95	189.75	167.49
	散客	154.46	145.72	147.71	147.82	168.93
青海	小计	157.98	157.32	158.29	169.56	163.56
	团体	169.96	169.81	167.18	150.92	191.10
	散客	140.22	128.99	142.15	192.86	149.79
宁夏	小计	158.84	165.70	157.85	139.69	168.07
	团体	178.82	187.15	159.67	171.65	159.02
	散客	156.26	106.70	157.62	107.73	168.49
新疆	小计	165.87	161.63	169.15	136.02	180.28
	团体	164.47	162.16	169.26	289.41	147.08
	散客	173.44	151.12	167.44	123.24	191.90

单位：美元/人天

会议	宗教朝拜	文化/体育/科技交流	购物	医疗保健	其他
186.42	231.89	171.64	184.21	164.74	185.30
186.78	231.32	95.28	173.90	167.67	242.10
186.38	232.46	202.18	194.52	160.06	169.07
203.04	196.92	167.35	256.50	268.60	164.91
215.94	334.15	203.61	275.35	—	—
199.17	151.18	163.90	248.96	268.60	164.91
199.18	180.68	183.77	183.45	199.16	193.98
186.83	183.18	181.53	182.43	183.39	190.35
201.43	153.27	184.29	186.52	210.43	195.68
181.87	200.73	200.73	—	191.77	178.10
177.23	200.73	200.73	—	191.77	182.45
207.38	—	—	—	—	165.46
199.12	164.37	198.62	202.96	141.50	184.17
204.22	—	142.37	—	—	187.03
198.93	164.37	203.04	202.96	141.50	184.01
196.61	193.18	180.36	176.28	199.11	197.72
185.95	187.11	185.47	187.13	187.11	186.05
276.50	224.71	159.93	100.33	319.07	314.41
220.78	103.57	148.91	250.10	143.73	128.71
182.84	158.89	160.56	241.87	143.73	154.60
227.38	85.13	137.26	274.81	—	98.50
168.02	161.31	157.40	232.39	174.25	173.90
150.37	162.26	153.79	232.39	198.17	187.03
179.20	160.17	162.62	—	150.34	161.49
150.57	167.15	190.17	151.93	176.56	119.41
160.73	170.67	202.17	218.72	127.91	157.45
139.80	165.04	182.98	101.84	225.22	106.73
150.27	—	144.31	—	—	176.95
160.28	—	—	—	—	—
149.98	—	144.31	—	—	176.95
185.40	200.53	230.96	198.48	—	219.89
207.81	—	—	161.94	—	256.02
180.92	200.53	230.96	213.10	—	195.80

1-10 2013年入境过夜游客在各省(区、市)人均天花费

(按团体及散客、性别、年龄分组)

单位：美元/人天

		人均天花费	男性	女性	14岁及以下	15~24岁	25~44岁	45~64岁	65岁及以上
北京	小计	252.41	256.49	247.84	182.84	247.13	258.79	252.55	227.02
	团体	236.56	235.57	237.36	193.18	243.83	241.54	235.54	220.52
	散客	267.89	271.36	262.46	175.46	252.42	269.79	271.90	253.59
天津	小计	209.92	204.38	219.50	234.65	216.19	207.95	210.27	210.03
	团体	216.01	214.54	217.38	211.60	215.05	220.64	211.49	215.26
	散客	207.86	201.94	220.67	257.71	216.78	204.68	209.92	205.24
河北	小计	164.59	164.39	164.87	159.46	130.45	168.70	169.53	161.98
	团体	145.45	143.96	147.06	139.18	125.74	143.65	156.16	140.29
	散客	182.13	179.47	186.94	220.28	137.56	188.58	181.79	185.02
山西	小计	173.58	178.69	167.99	150.06	150.76	165.67	184.14	182.72
	团体	168.07	172.20	164.14	138.79	137.61	157.54	181.04	180.49
	散客	180.67	185.87	173.86	195.13	188.03	173.02	188.07	187.85
内蒙古	小计	194.20	201.26	190.15	160.08	208.79	191.73	197.79	183.23
	团体	185.45	195.42	183.35	274.06	242.15	180.25	219.96	146.20
	散客	201.33	202.84	199.69	103.09	205.61	208.29	192.13	190.64
辽宁	小计	212.45	215.44	209.11	225.99	201.06	214.92	212.85	199.45
	团体	209.58	208.49	210.32	219.96	207.45	206.84	214.67	211.12
	散客	215.13	219.53	207.22	232.02	197.42	222.84	211.17	185.38
吉林	小计	183.29	185.40	179.45	175.94	183.00	186.34	181.72	169.62
	团体	181.30	181.70	180.67	175.94	168.17	180.81	188.80	181.95
	散客	185.52	189.20	177.81	—	219.70	191.49	174.86	140.47
黑龙江	小计	199.41	198.55	200.03	145.24	184.61	214.90	204.96	164.60
	团体	197.14	192.22	199.87	148.54	186.84	219.48	202.26	166.24
	散客	205.72	208.99	200.75	87.45	162.78	208.05	212.79	121.53

1－10(续1)

单位：美元/人天

		人均天花费	男性	女性	14岁及以下	15～24岁	25～44岁	45～64岁	65岁及以上
上海	小计	259.31	251.78	275.17	174.91	261.16	275.93	245.30	237.20
	团体	204.99	198.88	213.10	160.41	185.60	226.28	205.41	191.87
	散客	271.32	261.28	294.96	194.25	295.79	281.78	254.86	263.73
江苏	小计	224.05	224.28	223.66	228.95	225.90	224.20	223.17	225.63
	团体	223.24	225.06	221.47	—	221.61	223.54	222.29	229.37
	散客	224.22	224.16	224.33	228.95	226.92	224.30	223.40	223.68
浙江	小计	218.26	216.62	220.93	189.04	206.50	219.05	219.69	223.47
	团体	202.45	206.84	197.15	217.38	203.14	204.83	195.49	222.44
	散客	224.68	219.97	233.33	104.04	208.51	222.65	232.34	224.54
安徽	小计	192.49	191.91	193.49	167.85	195.27	192.30	191.60	196.97
	团体	199.11	198.84	199.42	198.96	197.12	199.15	199.05	200.72
	散客	188.21	188.58	187.35	152.29	193.00	188.22	187.56	191.03
福建	小计	205.21	206.44	203.04	264.65	176.15	206.92	209.51	200.08
	团体	185.96	182.94	189.24	—	153.83	186.90	187.71	205.03
	散客	210.51	211.44	208.60	264.65	185.71	211.02	215.58	192.35
江西	小计	163.99	161.41	167.89	141.48	157.27	168.22	163.16	148.53
	团体	157.89	159.97	155.30	—	152.88	165.75	154.79	143.19
	散客	170.06	162.64	183.76	141.48	161.98	170.10	172.93	163.00
山东	小计	207.29	208.53	205.30	201.98	193.55	202.87	218.00	219.16
	团体	188.66	192.10	184.14	254.77	175.43	180.80	199.88	211.50
	散客	216.02	215.37	217.16	175.59	204.43	211.55	227.93	223.26
河南	小计	162.83	164.68	159.67	159.92	163.69	163.93	160.52	164.29
	团体	163.09	164.45	160.81	156.17	163.14	166.99	157.59	163.57
	散客	162.33	165.11	157.37	178.64	165.59	159.16	165.00	169.11

1－10(续2)　单位：美元/人天

		人均天花费	男性	女性	14岁及以下	15～24岁	25～44岁	45～64岁	65岁及以上
湖北	小计	194.44	192.80	196.68	182.86	195.54	194.77	192.07	201.98
	团体	184.62	182.60	187.23	160.06	188.83	182.96	186.64	182.78
	散客	202.44	200.75	204.88	199.15	201.84	202.95	196.41	236.66
湖南	小计	197.02	198.22	195.51	146.00	175.73	196.12	197.73	209.24
	团体	199.35	199.40	199.30	206.90	188.15	199.52	197.53	205.77
	散客	192.70	196.47	185.92	85.10	154.53	189.27	197.99	220.56
广东	小计	172.43	173.59	170.57	136.53	155.97	176.63	172.89	164.57
	团体	183.82	184.32	183.37	152.21	183.50	175.35	191.15	188.67
	散客	170.35	172.13	167.17	130.00	149.29	176.80	169.12	154.70
广西	小计	185.30	182.89	188.29	166.15	179.60	186.44	183.68	193.84
	团体	183.61	180.25	186.22	161.91	179.70	197.27	177.57	174.01
	散客	186.30	183.99	190.11	171.44	179.53	181.96	187.93	214.59
海南	小计	172.80	175.54	169.86	130.71	169.37	175.00	171.33	167.69
	团体	167.52	169.58	165.76	120.93	162.98	171.92	162.40	167.86
	散客	178.55	180.69	175.59	150.27	172.95	178.19	183.58	167.44
重庆	小计	183.67	185.62	180.64	243.49	183.67	192.92	177.47	167.26
	团体	176.70	171.55	182.93	243.49	183.88	193.74	168.75	159.58
	散客	190.13	196.34	177.77	—	183.52	192.46	186.57	202.69
四川	小计	185.15	184.64	185.83	166.15	180.78	185.69	186.34	184.26
	团体	184.67	184.59	184.77	183.07	183.77	185.57	184.71	183.18
	散客	185.91	184.72	188.11	98.45	173.33	185.83	188.79	189.77
贵州	小计	181.05	179.90	182.10	167.13	179.14	183.20	179.85	178.74
	团体	189.19	187.47	190.73	167.13	184.81	191.79	188.06	188.62
	散客	157.06	158.30	155.89	—	162.12	155.96	158.84	153.64

1－10(续3)　　单位：美元/人天

		人均天花费	男性	女性	14岁及以下	15～24岁	25～44岁	45～64岁	65岁及以上
云南	小计	196.75	197.73	195.18	181.11	181.02	197.98	197.90	184.70
	团体	188.93	191.41	186.31	—	153.52	192.68	188.16	196.69
	散客	199.57	199.52	199.65	181.11	193.86	199.93	200.70	106.74
西藏	小计	191.67	191.95	190.82	203.61	189.61	190.68	192.60	195.84
	团体	185.81	185.94	185.41	187.11	185.20	185.52	186.55	184.67
	散客	221.97	224.72	215.06	319.07	208.73	218.75	221.11	270.30
陕西	小计	186.09	186.11	186.05	152.65	162.79	198.95	184.65	173.47
	团体	177.30	177.95	176.55	176.17	161.19	191.05	172.72	176.31
	散客	199.38	196.07	205.79	35.04	169.87	206.23	201.40	160.51
甘肃	小计	160.29	157.34	163.34	157.42	146.96	153.57	171.27	161.15
	团体	164.24	157.98	170.07	245.81	151.88	157.00	173.06	168.15
	散客	154.46	156.50	151.99	127.96	140.66	149.13	168.55	141.22
青海	小计	157.98	163.26	152.16	193.03	179.10	164.02	153.00	146.36
	团体	169.96	173.73	166.49	143.61	195.21	174.78	164.34	166.04
	散客	140.22	150.71	124.95	291.87	158.15	151.18	135.67	99.75
宁夏	小计	158.84	170.05	139.67	—	134.44	157.31	168.77	164.13
	团体	178.82	180.11	177.92	—	189.07	192.99	166.66	170.56
	散客	156.26	169.24	131.17	—	127.15	154.29	169.16	160.92
新疆	小计	165.87	164.30	167.95	127.91	152.86	167.59	169.35	176.59
	团体	164.47	162.06	167.44	224.34	154.34	165.92	164.12	178.42
	散客	173.44	174.38	171.59	95.76	134.05	177.67	184.57	155.78

1－11　2013年入境过夜游客在各城市人均天花费

(按外国人、港澳台胞分组)

单位：美元/人天

	人均天花费	外国人	香港同胞	澳门同胞	台湾同胞
北　　京	252.41	254.47	243.03	222.74	230.18
天　　津	209.92	207.27	202.09	281.48	220.84
石 家 庄	179.88	173.37	200.86	213.36	186.96
唐　　山	162.64	159.47	171.39	178.28	190.93
秦 皇 岛	231.53	219.85	286.48	280.77	280.51
保　　定	109.56	103.58	129.16	146.26	113.57
承　　德	142.89	142.32	139.55	127.33	170.35
廊　　坊	139.99	135.48	151.22	165.66	148.49
太　　原	216.32	194.29	231.80	223.21	228.34
大　　同	101.25	102.23	—	—	88.30
长　　治	182.11	179.89	196.84	172.48	193.82
晋　　中	183.61	181.55	239.04	158.07	193.13
运　　城	162.29	161.31	178.63	139.16	169.02
忻　　州	168.54	165.71	205.75	91.41	188.67
呼和浩特	211.72	212.83	185.46	209.75	228.65
满 洲 里	176.42	176.42	—	—	—
二连浩特	202.94	202.94	—	—	—
包　　头	190.66	186.16	185.67	135.06	227.62
沈　　阳	215.14	215.56	220.97	—	207.58
大　　连	211.53	216.01	202.26	211.24	190.51
鞍　　山	228.43	228.43	—	—	—
抚　　顺	223.93	226.82	166.58	—	203.98
本　　溪	204.27	226.06	172.52	172.50	183.80
丹　　东	172.12	179.19	125.99	104.22	146.40
锦　　州	218.55	222.89	183.29	172.50	182.88
营　　口	259.42	259.35	267.17	—	—
盘　　锦	185.25	203.29	154.63	135.61	177.82
葫 芦 岛	226.51	234.16	172.52	172.50	182.88
长　　春	189.57	194.02	184.33	181.37	169.34
吉　　林	206.74	201.74	270.20	334.82	211.33
通　　化	188.89	191.56	201.38	211.52	139.59
松　　原	136.49	134.89	173.96	178.43	—
延　　吉	188.46	189.97	148.17	201.67	165.74

单位：美元/人天

	人均天花费	外国人	香港同胞	澳门同胞	台湾同胞
哈尔滨	225.83	220.97	238.36	211.01	271.44
齐齐哈尔	166.07	182.60	180.79	—	149.42
大庆	181.11	178.45	107.61	97.29	280.93
佳木斯	177.61	177.61	—	—	—
牡丹江	209.55	209.55	—	—	—
上海	259.31	259.87	251.45	251.25	263.40
南京	226.29	224.76	219.81	255.00	230.90
无锡	220.14	221.67	219.90	217.51	215.42
苏州	228.94	227.86	246.87	214.75	226.77
南通	203.02	205.84	197.97	198.41	144.46
扬州	232.54	230.62	227.91	253.58	235.68
杭州	233.57	230.37	252.07	257.09	231.99
温州	152.18	158.96	93.47	339.96	108.52
绍兴	181.51	179.50	190.33	237.91	162.33
金华	165.66	165.02	182.24	85.99	167.47
合肥	200.61	200.65	192.69	223.85	208.40
芜湖	175.03	174.88	137.72	176.96	203.93
马鞍山	210.87	210.86	211.15	—	—
铜陵	203.05	202.56	211.15	212.04	207.39
安庆	204.97	204.42	207.28	212.04	216.31
黄山	195.13	194.45	196.69	213.96	193.71
滁州	187.34	187.20	197.69	—	184.46
亳州	181.23	182.40	173.10	166.55	146.93
池州	184.08	182.53	197.18	185.88	188.37
宣城	181.44	180.98	155.66	217.95	190.55
福州	233.31	234.19	228.75	234.40	234.65
厦门	199.39	203.28	185.76	183.38	194.77
泉州	204.91	204.70	187.44	207.48	247.11
漳州	177.31	191.57	154.66	191.95	170.06
武夷山	182.32	212.85	107.70	57.42	120.30
南昌	172.36	168.26	182.23	143.96	185.54
景德镇	212.25	211.78	215.79	196.17	232.38
九江	161.46	161.82	153.39	168.03	168.40
鹰潭	153.23	154.30	151.05	146.40	163.97
赣州	142.75	151.96	147.21	118.73	120.01
吉安	144.82	145.37	147.81	109.49	162.24

1-11(续2) 单位：美元/人天

	人均天花费	外国人	香港同胞	澳门同胞	台湾同胞
济南	238.42	235.28	249.15	278.07	217.63
青岛	241.16	237.85	261.19	274.46	242.19
烟台	248.54	246.79	240.59	245.91	260.99
曲阜	128.03	147.97	117.26	87.46	101.83
泰安	216.11	221.50	206.28	—	169.83
威海	141.65	142.78	167.47	—	119.91
日照	153.41	175.15	141.53	109.73	132.10
郑州	162.68	165.20	150.86	107.50	163.69
开封	182.05	181.56	188.09	199.39	167.70
洛阳	141.04	144.93	117.08	60.53	92.85
三门峡	174.39	168.80	181.90	186.03	178.24
武汉	188.35	197.22	174.36	199.65	180.94
十堰	184.02	185.40	173.51	201.70	186.64
宜昌	246.43	249.22	239.29	272.99	232.33
襄阳	179.75	176.87	196.12	182.83	189.47
荆州	169.10	165.59	156.62	189.45	184.68
湖北游船	193.70	196.87	164.36	208.07	196.12
长沙	169.66	171.97	145.08	163.75	163.37
湘潭	220.07	226.61	209.78	219.46	207.90
衡阳	190.09	202.06	155.56	169.44	147.04
岳阳	215.73	210.62	233.39	215.22	216.41
张家界	206.42	206.42	—	—	—
广州	190.92	192.76	170.10	172.92	214.56
深圳	190.87	194.72	161.53	193.15	183.22
珠海	110.64	158.34	72.80	65.90	156.61
汕头	119.77	114.17	118.33	134.97	135.50
湛江	168.89	166.08	173.61	142.17	221.35
惠州	139.76	124.28	131.17	192.29	192.36
东莞	255.86	258.22	253.13	260.40	252.93
中山	148.12	150.08	148.05	134.94	145.03
南宁	202.79	206.82	201.20	139.70	200.13
桂林	219.90	224.97	204.79	204.57	189.70
梧州	153.59	122.37	167.48	148.99	160.69
北海	218.00	224.98	216.16	216.81	178.17

1－11(续3)　单位：美元/人天

	人均天花费	外国人	香港同胞	澳门同胞	台湾同胞
防城港	159.76	159.31	200.13	132.41	140.47
贺州	161.14	181.79	172.41	121.65	152.81
崇左	136.46	136.06	138.73	132.33	137.08
海口	165.96	175.64	145.98	135.71	155.77
三亚	176.22	175.17	176.42	237.71	181.07
重庆	189.84	191.68	203.89	180.29	151.04
重庆游船	144.27	147.11	145.94	—	77.83
成都	193.47	192.16	190.42	217.68	199.87
绵阳	174.97	174.26	194.10	178.72	166.27
乐山	189.04	186.78	196.88	236.58	184.27
阿坝	169.03	165.62	169.06	213.86	185.73
贵阳	187.24	206.28	178.72	185.47	181.22
安顺	167.53	153.92	173.65	174.42	165.22
黔东南	169.84	163.97	169.63	172.07	171.86
昆明	199.39	196.98	209.98	204.42	210.12
拉萨	191.67	192.19	189.62	179.88	192.42
西安	186.65	187.52	184.30	212.09	167.25
咸阳	145.65	145.65	—	—	—
兰州	146.51	170.84	93.83	76.13	113.87
敦煌	170.62	188.31	147.06	119.79	145.99
西宁	184.83	189.44	181.85	62.06	181.77
黄南	130.09	129.38	155.41	—	—
格尔木	141.89	144.82	162.68	81.63	125.42
银川	158.84	159.26	174.21	146.23	153.65
乌鲁木齐	165.20	181.78	137.09	132.92	130.75
吐鲁番	158.86	172.34	137.04	109.36	110.83
库尔勒	161.23	164.56	113.10	188.69	175.46
喀什	187.02	191.66	150.35	155.46	166.91
伊宁	159.33	163.50	141.01	128.02	—

1－12 2013年入境过夜游客在各城市

	人均天花费	政府工作人员	专业技术人员	职员	技工工人
北京	252.41	260.83	271.01	254.90	231.18
天津	209.92	204.53	190.03	218.37	202.14
石家庄	179.88	198.62	181.66	185.09	174.65
唐山	162.64	166.44	150.51	154.30	144.31
秦皇岛	231.53	222.73	213.27	224.55	210.96
保定	109.56	117.20	109.94	102.52	109.29
承德	142.89	166.15	158.13	145.53	150.52
廊坊	139.99	141.51	139.65	150.70	100.61
太原	216.32	221.72	217.88	209.00	241.37
大同	101.25	—	97.60	101.41	107.11
长治	182.11	180.19	183.23	156.17	157.80
晋中	183.61	201.40	178.25	180.77	184.51
运城	162.29	190.08	182.21	176.61	174.99
忻州	168.54	177.60	179.61	154.54	193.55
呼和浩特	211.72	185.01	206.16	210.63	187.74
满洲里	176.42	—	—	—	—
二连浩特	202.94	144.36	211.60	208.34	199.55
包头	190.66	172.62	193.88	175.72	153.57
沈阳	215.14	228.53	220.22	211.67	207.39
大连	211.53	221.14	219.99	215.31	204.24
鞍山	228.43	243.98	219.33	235.30	238.45
抚顺	223.93	166.98	253.08	233.87	225.60
本溪	204.27	193.67	216.18	199.99	195.10
丹东	172.12	120.79	159.57	188.60	232.99
锦州	218.55	229.76	223.71	215.38	187.52
营口	259.42	—	255.90	261.79	258.78
盘锦	185.25	132.07	188.78	176.88	209.72
葫芦岛	226.51	219.50	241.57	217.80	218.48
长春	189.57	185.35	192.62	192.56	162.20
吉林	206.74	175.87	170.11	194.28	219.35
通化	188.89	67.68	199.32	195.72	185.44
松原	136.49	124.36	139.27	130.08	119.13
延吉	188.46	198.50	193.27	194.80	180.74

人均天花费(按职业分组)

单位：美元/人天

商贸人员	服务员推销员	退休人员	家庭妇女	军人	学生	其他
267.02	258.30	217.63	252.67	269.34	234.92	249.06
216.86	199.56	217.34	226.35	211.60	217.01	213.20
177.59	158.74	143.17	178.33	191.21	156.96	188.66
183.31	113.27	136.82	200.75	174.95	139.07	175.61
278.76	347.10	278.84	187.62	218.36	189.30	252.07
121.02	106.33	99.13	109.45	—	122.43	93.23
160.07	130.96	149.96	101.53	97.77	117.97	130.23
152.47	145.49	153.58	134.58	84.11	119.88	125.10
202.95	177.14	—	303.09	180.34	182.68	221.99
—	—	113.73	—	—	105.14	—
187.53	185.29	61.38	—	—	168.28	204.96
193.61	177.16	168.47	—	—	—	—
172.50	106.48	171.36	153.05	—	103.86	153.76
165.57	168.65	155.80	232.24	137.86	135.18	—
237.68	236.57	212.04	170.19	99.33	215.60	202.60
176.42	—	—	—	—	—	—
228.33	170.70	128.89	208.52	225.30	185.61	216.13
192.98	201.68	165.09	175.14	—	170.64	274.55
219.00	—	158.70	119.93	—	217.89	229.08
204.53	214.41	218.92	201.62	—	200.67	228.85
257.63	261.55	197.51	185.40	261.55	215.08	261.55
230.20	196.56	214.73	197.71	—	214.19	218.89
210.40	199.05	179.42	182.88	225.60	175.96	243.57
168.50	141.05	169.66	189.77	168.74	166.50	203.04
225.60	229.36	204.55	—	139.21	—	—
260.62	—	261.55	—	—	—	—
179.93	—	203.67	171.18	105.88	193.13	234.63
232.55	227.68	217.59	204.24	—	—	—
206.58	124.87	185.10	195.26	—	183.13	166.37
211.81	198.63	259.22	171.33	—	198.01	238.16
190.23	200.27	181.63	178.45	—	164.26	171.06
152.41	—	131.84	127.77	—	107.63	133.39
197.06	193.75	179.21	198.54	—	173.85	187.84

1－12(续1)

	人均天花费	政府工作人员	专业技术人员	职员	技工工人
哈尔滨	225.83	221.90	208.61	223.91	202.48
齐齐哈尔	166.07	176.83	131.19	190.77	—
大庆	181.11	213.77	199.21	168.01	142.21
佳木斯	177.61	152.62	188.22	173.88	196.72
牡丹江	209.55	188.50	281.46	221.38	302.00
上海	259.31	261.42	250.99	269.36	218.29
南京	226.29	227.87	238.08	217.85	234.67
无锡	220.14	236.51	220.61	217.51	201.85
苏州	228.94	232.53	233.48	219.62	225.27
南通	203.02	182.85	200.71	218.74	187.97
扬州	232.54	274.89	242.43	227.16	254.68
杭州	233.57	255.61	233.99	222.44	243.24
温州	152.18	323.94	192.20	131.03	181.89
绍兴	181.51	188.24	184.20	162.65	195.21
金华	165.66	146.54	169.58	192.16	181.80
合肥	200.61	210.53	199.39	200.51	200.99
芜湖	175.03	176.43	168.55	181.58	165.60
马鞍山	210.87	198.96	211.15	211.15	211.15
铜陵	203.05	—	192.09	203.68	209.95
安庆	204.97	207.78	205.32	201.33	206.27
黄山	195.13	202.83	193.90	198.74	194.93
滁州	187.34	111.79	184.61	194.64	191.32
亳州	181.23	171.92	184.45	180.49	211.15
池州	184.08	179.35	182.70	188.12	194.46
宣城	181.44	211.15	164.09	188.39	203.02
福州	233.31	127.65	240.84	235.26	227.64
厦门	199.39	248.27	208.42	173.14	227.76
泉州	204.91	182.30	222.00	229.24	135.32
漳州	177.31	—	146.43	173.68	83.90
武夷山	182.32	193.29	198.39	184.69	199.67
南昌	172.36	189.85	161.18	177.23	152.48
景德镇	212.25	237.16	208.70	206.41	207.60
九江	161.46	219.76	169.52	171.20	156.95
鹰潭	153.23	121.69	167.78	155.99	134.62
赣州	142.75	148.46	134.15	145.09	129.27

单位：美元/人天

商贸人员	服务员推销员	退休人员	家庭妇女	军人	学生	其他
238.28	203.81	226.16	177.28	259.58	235.63	284.27
177.80	—	163.07	157.10	—	—	196.20
153.47	97.29	192.73	178.40	—	197.50	252.95
220.32	219.82	172.26	174.34	165.79	168.72	159.91
246.45	251.12	223.10	270.73	—	146.42	137.94
267.84	281.76	225.51	264.22	306.59	245.59	236.94
223.52	213.24	221.75	229.73	189.39	243.76	239.51
211.69	244.54	236.15	222.10	—	231.85	238.35
229.66	243.88	224.53	244.06	238.77	225.49	240.37
207.91	177.75	—	179.97	208.04	197.24	—
224.64	234.61	226.30	240.77	230.15	215.77	214.81
242.52	211.90	215.93	264.48	267.92	238.37	259.88
125.68	98.26	—	196.96	—	158.56	—
185.59	197.87	190.39	135.26	—	101.92	246.71
151.97	—	123.30	181.28	78.82	239.60	157.63
202.98	—	201.28	200.89	—	198.18	198.96
188.71	216.63	183.07	179.93	—	170.95	—
211.15	211.15	211.15	211.15	—	207.24	211.15
203.97	211.15	—	—	—	—	198.96
209.25	210.87	202.01	199.54	198.96	208.10	211.15
189.32	199.27	199.71	197.53	—	200.17	191.01
190.23	211.15	—	—	—	—	188.12
188.31	164.84	175.44	171.72	205.06	188.68	173.67
180.89	183.24	183.99	187.64	—	171.50	182.86
187.70	—	200.20	186.05	—	155.27	200.46
237.73	252.40	221.59	220.59	170.06	164.27	252.78
207.57	208.54	211.49	220.47	44.18	203.30	203.55
205.91	—	53.62	222.31	—	117.56	210.85
168.51	201.93	199.36	214.24	246.63	71.88	170.17
176.16	218.41	187.99	173.90	79.50	83.49	182.27
172.44	135.32	182.50	189.86	—	155.61	167.93
225.68	214.21	180.55	151.74	236.63	—	265.28
158.10	185.41	148.87	127.59	—	120.89	133.64
172.52	144.56	135.23	165.35	—	190.54	139.22
142.16	121.14	155.91	160.19	99.67	173.61	126.56

1-12(续2)

	人均天花费	政府工作人员	专业技术人员	职员	技工工人
吉安	144.82	133.69	142.43	154.81	157.11
济南	238.42	232.51	226.25	241.03	250.83
青岛	241.16	291.44	239.57	251.22	246.87
烟台	248.54	276.78	268.48	225.52	233.29
曲阜	128.03	86.98	135.99	129.36	112.88
泰安	216.11	156.93	240.50	210.45	224.40
威海	141.65	98.22	156.27	152.56	115.38
日照	153.41	150.46	162.84	171.83	129.75
郑州	162.68	159.78	160.85	167.20	179.53
开封	182.05	183.48	179.66	175.39	184.14
洛阳	141.04	134.82	143.93	142.83	145.13
三门峡	174.39	163.41	156.45	182.47	180.74
武汉	188.35	196.19	181.17	174.65	163.57
十堰	184.02	220.85	188.36	179.55	143.41
宜昌	246.43	244.49	265.93	261.29	244.70
襄阳	179.75	205.43	162.24	182.75	218.42
荆州	169.10	196.72	143.40	187.84	—
湖北游船	193.70	205.37	224.17	162.69	195.37
长沙	169.66	175.40	176.36	169.49	137.36
湘潭	220.07	213.57	230.95	206.93	37.24
衡阳	190.09	190.87	194.93	191.89	226.22
岳阳	215.73	221.28	211.33	216.31	219.08
张家界	206.42	206.90	206.90	206.85	206.90
广州	190.92	184.82	186.10	183.89	190.91
深圳	190.87	212.44	179.96	190.21	172.85
珠海	110.64	53.14	141.08	99.96	112.65
汕头	119.77	99.64	113.95	114.15	118.14
湛江	168.89	185.76	195.30	170.72	156.58
惠州	139.76	165.36	163.95	166.28	—
东莞	255.86	262.26	260.70	260.95	236.78
中山	148.12	126.40	168.24	126.09	132.04
南宁	202.79	206.71	196.84	187.99	288.96
桂林	219.90	245.09	236.60	215.61	196.18
梧州	153.59	163.53	125.51	163.39	96.05
北海	218.00	207.15	228.22	240.83	199.42

单位：美元/人天

商贸人员	服务员推销员	退休人员	家庭妇女	军人	学生	其他
153.63	113.85	123.38	162.85	—	122.89	130.54
239.11	226.92	228.97	228.86	302.72	237.19	245.31
232.26	249.07	246.63	233.35	—	226.72	225.56
248.88	249.03	242.60	273.55	186.82	238.63	172.07
148.59	101.52	—	122.37	—	125.16	127.61
233.59	244.54	208.35	219.34	—	185.21	231.48
134.00	127.69	133.51	129.38	—	141.02	98.22
124.95	135.18	157.94	152.59	—	155.34	179.04
161.65	146.19	162.49	148.98	—	174.58	157.80
183.15	184.66	186.59	183.33	183.89	187.77	183.89
136.63	135.00	134.04	146.77	141.53	141.95	143.10
175.65	178.35	181.53	189.46	—	166.23	187.56
201.67	235.52	171.88	222.80	—	187.27	210.97
192.22	189.68	151.76	189.57	179.83	184.13	218.18
263.73	224.00	195.64	226.23	—	246.09	222.13
172.45	—	196.29	185.67	—	217.76	193.13
141.39	201.12	158.54	196.50	—	203.06	162.46
226.27	186.65	194.19	186.51	—	154.43	194.49
161.17	163.85	177.66	180.44	250.20	159.61	175.07
227.18	201.95	223.14	196.63	—	236.54	220.08
190.15	204.44	170.39	154.37	—	122.95	41.53
213.50	213.86	214.84	—	—	—	—
206.90	206.90	206.90	206.90	206.90	206.90	206.06
196.03	210.85	190.34	199.89	213.55	192.97	181.62
196.64	213.02	189.14	171.96	195.04	191.04	204.80
127.41	129.61	94.99	107.74	131.08	67.56	104.58
137.23	78.96	152.77	92.74	69.08	74.07	149.40
168.01	156.79	156.95	155.95	178.17	116.21	151.23
117.10	145.98	124.40	161.31	141.42	91.98	262.16
260.49	262.29	246.94	245.28	262.20	262.40	243.81
164.33	134.63	105.60	142.43	—	166.13	130.63
192.78	282.46	200.30	200.32	238.05	184.09	211.25
227.96	242.87	218.25	208.42	—	219.30	190.11
147.85	220.25	151.43	154.33	—	146.00	149.45
246.99	191.52	192.95	211.84	—	157.43	203.16

1-12(续3)

	人均天花费	政府工作人员	专业技术人员	职员	技工工人
防城港	159.76	133.25	129.80	177.25	165.06
贺州	161.14	—	138.57	173.86	75.75
崇左	136.46	131.38	139.67	141.36	141.40
海口	165.96	168.56	165.68	170.35	158.61
三亚	176.22	175.61	176.41	177.78	147.09
重庆	189.84	209.91	199.49	197.62	124.98
重庆游船	144.27	177.96	155.05	145.00	153.36
成都	193.47	186.69	198.61	202.25	198.40
绵阳	174.97	174.18	178.83	169.19	160.10
乐山	189.04	194.62	187.65	190.20	189.21
阿坝	169.03	184.80	174.73	158.67	177.37
贵阳	187.24	180.80	195.19	188.79	188.07
安顺	167.53	179.70	165.05	169.32	166.91
黔东南	169.84	169.80	181.29	165.84	146.59
昆明	199.39	214.82	200.22	194.43	190.91
拉萨	191.67	181.36	188.38	192.57	190.40
西安	186.65	185.53	196.04	192.34	200.15
咸阳	145.65	—	82.68	190.77	—
兰州	146.51	109.30	146.68	148.34	123.19
敦煌	170.62	167.12	178.83	166.32	149.89
西宁	184.83	198.80	171.44	196.43	199.65
黄南	130.09	127.86	140.36	152.65	96.10
格尔木	141.89	118.46	129.83	178.88	133.34
银川	158.84	151.17	154.31	172.36	133.18
乌鲁木齐	165.20	140.76	168.33	163.71	163.97
吐鲁番	158.86	184.27	146.13	154.22	144.60
库尔勒	161.23	151.92	154.90	178.45	—
喀什	187.02	256.45	177.51	199.01	162.51
伊宁	159.33	232.75	141.80	150.33	177.94

单位：美元/人天

商贸人员	服务员推销员	退休人员	家庭妇女	军人	学生	其他
171.90	203.11	170.23	161.36	—	142.36	154.86
166.40	—	168.16	148.84	—	—	189.97
132.74	—	149.12	145.54	—	121.75	131.94
177.26	184.78	146.75	159.71	284.48	133.65	181.80
191.05	153.80	173.64	168.27	107.92	173.64	168.26
195.71	220.25	170.70	165.70	167.34	210.66	169.51
137.11	141.98	135.57	161.98	—	136.45	140.99
198.80	180.13	196.98	178.35	202.68	184.06	180.99
176.56	153.03	173.67	187.80	—	167.61	197.97
199.65	189.85	186.26	185.01	186.25	187.06	189.06
164.20	174.96	172.12	181.38	170.19	174.87	149.56
186.15	200.66	187.95	184.63	170.07	177.09	183.03
174.39	167.15	172.45	152.94	115.61	160.53	167.43
177.78	166.47	182.25	170.33	—	162.73	154.05
204.25	186.02	209.58	184.21	172.88	170.19	201.60
195.36	192.51	199.56	176.28	212.22	190.17	187.11
196.69	174.67	173.40	191.00	274.04	161.99	183.13
165.87	—	—	—	—	—	83.94
168.97	130.30	151.45	118.37	206.66	119.85	168.31
183.52	166.65	174.44	155.75	—	170.29	167.14
190.68	173.91	170.26	180.09	—	234.23	142.66
114.11	90.27	132.33	201.95	71.84	—	140.96
148.27	82.63	159.29	127.87	—	138.50	102.25
167.95	118.40	153.91	166.85	—	162.50	152.17
183.14	172.54	151.97	176.82	142.29	146.55	196.38
167.06	130.58	209.11	155.38	192.74	135.83	162.84
196.95	136.35	125.30	176.61	—	134.15	137.52
225.65	194.79	136.36	191.09	150.11	178.44	232.80
181.57	146.73	165.37	160.36	146.51	—	—

1-13　2013年入境过夜游客在各城市

	人均天花费	观光游览	休闲度假	探亲访友	商务
北京	252.41	260.83	271.01	254.90	231.18
天津	209.92	204.53	190.03	218.37	202.14
石家庄	179.88	198.62	181.66	185.09	174.65
唐山	162.64	166.44	150.51	154.30	144.31
秦皇岛	231.53	222.73	213.27	224.55	210.96
保定	109.56	117.20	109.94	102.52	109.29
承德	142.89	166.15	158.13	145.53	150.52
廊坊	139.99	141.51	139.65	150.70	100.61
太原	216.32	221.72	217.88	209.00	241.37
大同	101.25	—	97.60	101.41	107.11
长治	182.11	180.19	183.23	156.17	157.80
晋中	183.61	201.40	178.25	180.77	184.51
运城	162.29	190.08	182.21	176.61	174.99
忻州	168.54	177.60	179.61	154.54	193.55
呼和浩特	211.72	185.01	206.16	210.63	187.74
满洲里	176.42	—	—	—	—
二连浩特	202.94	144.36	211.60	208.34	199.55
包头	190.66	172.62	193.88	175.72	153.57
沈阳	215.14	228.53	220.22	211.67	207.39
大连	211.53	221.14	219.99	215.31	204.24
鞍山	228.43	243.98	219.33	235.30	238.45
抚顺	223.93	166.98	253.08	233.87	225.60
本溪	204.27	193.67	216.18	199.99	195.10
丹东	172.12	120.79	159.57	188.60	232.99
锦州	218.55	229.76	223.71	215.38	187.52
营口	259.42	—	255.90	261.79	258.78
盘锦	185.25	132.07	188.78	176.88	209.72
葫芦岛	226.51	219.50	241.57	217.80	218.48
长春	189.57	185.35	192.62	192.56	162.20
吉林	206.74	175.87	170.11	194.28	219.35
通化	188.89	67.68	199.32	195.72	185.44
松原	136.49	124.36	139.27	130.08	119.13
延吉	188.46	198.50	193.27	194.80	180.74

人均天花费(按旅游目的分组)

单位：美元/人天

会议	宗教朝拜	文化/体育/科技交流	购物	医疗保健	其他
267.02	258.30	217.63	252.67	269.34	234.92
216.86	199.56	217.34	226.35	211.60	217.01
177.59	158.74	143.17	178.33	191.21	156.96
183.31	113.27	136.82	200.75	174.95	139.07
278.76	347.10	278.84	187.62	218.36	189.30
121.02	106.33	99.13	109.45	—	122.43
160.07	130.96	149.96	101.53	97.77	117.97
152.47	145.49	153.58	134.58	84.11	119.88
202.95	177.14	—	303.09	180.34	182.68
—	—	113.73	—	—	105.14
187.53	185.29	61.38	—	—	168.28
193.61	177.16	168.47	—	—	—
172.50	106.48	171.36	153.05	—	103.86
165.57	168.65	155.80	232.24	137.86	135.18
237.68	236.57	212.04	170.19	99.33	215.60
176.42	—	—	—	—	—
228.33	170.70	128.89	208.52	225.30	185.61
192.98	201.68	165.09	175.14	—	170.64
219.00	—	158.70	119.93	—	217.89
204.53	214.41	218.92	201.62	—	200.67
257.63	261.55	197.51	185.40	261.55	215.08
230.20	196.56	214.73	197.71	—	214.19
210.40	199.05	179.42	182.88	225.60	175.96
168.50	141.05	169.66	189.77	168.74	166.50
225.60	229.36	204.55	—	139.21	—
260.62	—	261.55	—	—	—
179.93	—	203.67	171.18	105.88	193.13
232.55	227.68	217.59	204.24	—	—
206.58	124.87	185.10	195.26	—	183.13
211.81	198.63	259.22	171.33	—	198.01
190.23	200.27	181.63	178.45		164.26
152.41	—	131.84	127.77	—	107.63
197.06	193.75	179.21	198.54	—	173.85

1－13(续1)

	人均天花费	观光游览	休闲度假	探亲访友	商务
哈尔滨	225.83	221.90	208.61	223.91	202.48
齐齐哈尔	166.07	176.83	131.19	190.77	—
大庆	181.11	213.77	199.21	168.01	142.21
佳木斯	177.61	152.62	188.22	173.88	196.72
牡丹江	209.55	188.50	281.46	221.38	302.00
上海	259.31	261.42	250.99	269.36	218.29
南京	226.29	227.87	238.08	217.85	234.67
无锡	220.14	236.51	220.61	217.51	201.85
苏州	228.94	232.53	233.48	219.62	225.27
南通	203.02	182.85	200.71	218.74	187.97
扬州	232.54	274.89	242.43	227.16	254.68
杭州	233.57	255.61	233.99	222.44	243.24
温州	152.18	323.94	192.20	131.03	181.89
绍兴	181.51	188.24	184.20	162.65	195.21
金华	165.66	146.54	169.58	192.16	181.80
合肥	200.61	210.53	199.39	200.51	200.99
芜湖	175.03	176.43	168.55	181.58	165.60
马鞍山	210.87	198.96	211.15	211.15	211.15
铜陵	203.05	—	192.09	203.68	209.95
安庆	204.97	207.78	205.32	201.33	206.27
黄山	195.13	202.83	193.90	198.74	194.93
滁州	187.34	111.79	184.61	194.64	191.32
亳州	181.23	171.92	184.45	180.49	211.15
池州	184.08	179.35	182.70	188.12	194.46
宣城	181.44	211.15	164.09	188.39	203.02
福州	233.31	127.65	240.84	235.26	227.64
厦门	199.39	248.27	208.42	173.14	227.76
泉州	204.91	182.30	222.00	229.24	135.32
漳州	177.31	—	146.43	173.68	83.90
武夷山	182.32	193.29	198.39	184.69	199.67
南昌	172.36	189.85	161.18	177.23	152.48
景德镇	212.25	237.16	208.70	206.41	207.60
九江	161.46	219.76	169.52	171.20	156.95
鹰潭	153.23	121.69	167.78	155.99	134.62
赣州	142.75	148.46	134.15	145.09	129.27
吉安	144.82	133.69	142.43	154.81	157.11

单位：美元/人天

会议	宗教朝拜	文化/体育/科技交流	购物	医疗保健	其他
238.28	203.81	226.16	177.28	259.58	235.63
177.80	—	163.07	157.10	—	—
153.47	97.29	192.73	178.40	—	197.50
220.32	219.82	172.26	174.34	165.79	168.72
246.45	251.12	223.10	270.73	—	146.42
267.84	281.76	225.51	264.22	306.59	245.59
223.52	213.24	221.75	229.73	189.39	243.76
211.69	244.54	236.15	222.10	—	231.85
229.66	243.88	224.53	244.06	238.77	225.49
207.91	177.75	—	179.97	208.04	197.24
224.64	234.61	226.30	240.77	230.15	215.77
242.52	211.90	215.93	264.48	267.92	238.37
125.68	98.26	—	196.96	—	158.56
185.59	197.87	190.39	135.26	—	101.92
151.97	—	123.30	181.28	78.82	239.60
202.98	—	201.28	200.89	—	198.18
188.71	216.63	183.07	179.93	—	170.95
211.15	211.15	211.15	211.15	—	207.24
203.97	211.15	—	—	—	—
209.25	210.87	202.01	199.54	198.96	208.10
189.32	199.27	199.71	197.53	—	200.17
190.23	211.15	—	—	—	—
188.31	164.84	175.44	171.72	205.06	188.68
180.89	183.24	183.99	187.64	—	171.50
187.70	—	200.20	186.05	—	155.27
237.73	252.40	221.59	220.59	170.06	164.27
207.57	208.54	211.49	220.47	44.18	203.30
205.91	—	53.62	222.31	—	117.56
168.51	201.93	199.36	214.24	246.63	71.88
176.16	218.41	187.99	173.90	79.50	83.49
172.44	135.32	182.50	189.86	—	155.61
225.68	214.21	180.55	151.74	236.63	—
158.10	185.41	148.87	127.59	—	120.89
172.52	144.56	135.23	165.35	—	190.54
142.16	121.14	155.91	160.19	99.67	173.61
153.63	113.85	123.38	162.85	—	122.89

1-13(续2)

	人均天花费	观光游览	休闲度假	探亲访友	商务
济南	238.42	232.51	226.25	241.03	250.83
青岛	241.16	291.44	239.57	251.22	246.87
烟台	248.54	276.78	268.48	225.52	233.29
曲阜	128.03	86.98	135.99	129.36	112.88
泰安	216.11	156.93	240.50	210.45	224.40
威海	141.65	98.22	156.27	152.56	115.38
日照	153.41	150.46	162.84	171.83	129.75
郑州	162.68	159.78	160.85	167.20	179.53
开封	182.05	183.48	179.66	175.39	184.14
洛阳	141.04	134.82	143.93	142.83	145.13
三门峡	174.39	163.41	156.45	182.47	180.74
武汉	188.35	196.19	181.17	174.65	163.57
十堰	184.02	220.85	188.36	179.55	143.41
宜昌	246.43	244.49	265.93	261.29	244.70
襄阳	179.75	205.43	162.24	182.75	218.42
荆州	169.10	196.72	143.40	187.84	—
湖北游船	193.70	205.37	224.17	162.69	195.37
长沙	169.66	175.40	176.36	169.49	137.36
湘潭	220.07	213.57	230.95	206.93	37.24
衡阳	190.09	190.87	194.93	191.89	226.22
岳阳	215.73	221.28	211.33	216.31	219.08
张家界	206.42	206.90	206.90	206.85	206.90
广州	190.92	184.82	186.10	183.89	190.91
深圳	190.87	212.44	179.96	190.21	172.85
珠海	110.64	53.14	141.08	99.96	112.65
汕头	119.77	99.64	113.95	114.15	118.14
湛江	168.89	185.76	195.30	170.72	156.58
惠州	139.76	165.36	163.95	166.28	—
东莞	255.86	262.26	260.70	260.95	236.78
中山	148.12	126.40	168.24	126.09	132.04
南宁	202.79	206.71	196.84	187.99	288.96
桂林	219.90	245.09	236.60	215.61	196.18
梧州	153.59	163.53	125.51	163.39	96.05
北海	218.00	207.15	228.22	240.83	199.42
防城港	159.76	133.25	129.80	177.25	165.06

单位：美元/人天

会 议	宗 教 朝 拜	文化/体育/科技交流	购 物	医 疗 保 健	其 他
239.11	226.92	228.97	228.86	302.72	237.19
232.26	249.07	246.63	233.35	—	226.72
248.88	249.03	242.60	273.55	186.82	238.63
148.59	101.52	—	122.37	—	125.16
233.59	244.54	208.35	219.34	—	185.21
134.00	127.69	133.51	129.38	—	141.02
124.95	135.18	157.94	152.59	—	155.34
161.65	146.19	162.49	148.98	—	174.58
183.15	184.66	186.59	183.33	183.89	187.77
136.63	135.00	134.04	146.77	141.53	141.95
175.65	178.35	181.53	189.46	—	166.23
201.67	235.52	171.88	222.80	—	187.27
192.22	189.68	151.76	189.57	179.83	184.13
263.73	224.00	195.64	226.23	—	246.09
172.45	—	196.29	185.67	—	217.76
141.39	201.12	158.54	196.50	—	203.06
226.27	186.65	194.19	186.51	—	154.43
161.17	163.85	177.66	180.44	250.20	159.61
227.18	201.95	223.14	196.63	—	236.54
190.15	204.44	170.39	154.37	—	122.95
213.50	213.86	214.84	—	—	—
206.90	206.90	206.90	206.90	206.90	206.90
196.03	210.85	190.34	199.89	213.55	192.97
196.64	213.02	189.14	171.96	195.04	191.04
127.41	129.61	94.99	107.74	131.08	67.56
137.23	78.96	152.77	92.74	69.08	74.07
168.01	156.79	156.95	155.95	178.17	116.21
117.10	145.98	124.40	161.31	141.42	91.98
260.49	262.29	246.94	245.28	262.20	262.40
164.33	134.63	105.60	142.43	—	166.13
192.78	282.46	200.30	200.32	238.05	184.09
227.96	242.87	218.25	208.42	—	219.30
147.85	220.25	151.43	154.33	—	146.00
246.99	191.52	192.95	211.84	—	157.43
171.90	203.11	170.23	161.36	—	142.36

1－13(续3)

	人均天花费	观光游览	休闲度假	探亲访友	商务
贺州	161.14	—	138.57	173.86	75.75
崇左	136.46	131.38	139.67	141.36	141.40
海口	165.96	168.56	165.68	170.35	158.61
三亚	176.22	175.61	176.41	177.78	147.09
重庆	189.84	209.91	199.49	197.62	124.98
重庆游船	144.27	177.96	155.05	145.00	153.36
成都	193.47	186.69	198.61	202.25	198.40
绵阳	174.97	174.18	178.83	169.19	160.10
乐山	189.04	194.62	187.65	190.20	189.21
阿坝	169.03	184.80	174.73	158.67	177.37
贵阳	187.24	180.80	195.19	188.79	188.07
安顺	167.53	179.70	165.05	169.32	166.91
黔东南	169.84	169.80	181.29	165.84	146.59
昆明	199.39	214.82	200.22	194.43	190.91
拉萨	191.67	181.36	188.38	192.57	190.40
西安	186.65	185.53	196.04	192.34	200.15
咸阳	145.65	—	82.68	190.77	—
兰州	146.51	109.30	146.68	148.34	123.19
敦煌	170.62	167.12	178.83	166.32	149.89
西宁	184.83	198.80	171.44	196.43	199.65
黄南	130.09	127.86	140.36	152.65	96.10
格尔木	141.89	118.46	129.83	178.88	133.34
银川	158.84	151.17	154.31	172.36	133.18
乌鲁木齐	165.20	140.76	168.33	163.71	163.97
吐鲁番	158.86	184.27	146.13	154.22	144.60
库尔勒	161.23	151.92	154.90	178.45	—
喀什	187.02	256.45	177.51	199.01	162.51
伊宁	159.33	232.75	141.80	150.33	177.94

单位：美元/人天

会议	宗教朝拜	文化/体育/科技交流	购物	医疗保健	其他
166.40	—	168.16	148.84	—	—
132.74	—	149.12	145.54	—	121.75
177.26	184.78	146.75	159.71	284.48	133.65
191.05	153.80	173.64	168.27	107.92	173.64
195.71	220.25	170.70	165.70	167.34	210.66
137.11	141.98	135.57	161.98	—	136.45
198.80	180.13	196.98	178.35	202.68	184.06
176.56	153.03	173.67	187.80	—	167.61
199.65	189.85	186.26	185.01	186.25	187.06
164.20	174.96	172.12	181.38	170.19	174.87
186.15	200.66	187.95	184.63	170.07	177.09
174.39	167.15	172.45	152.94	115.61	160.53
177.78	166.47	182.25	170.33	—	162.73
204.25	186.02	209.58	184.21	172.88	170.19
195.36	192.51	199.56	176.28	212.22	190.17
196.69	174.67	173.40	191.00	274.04	161.99
165.87	—	—	—	—	—
168.97	130.30	151.45	118.37	206.66	119.85
183.52	166.65	174.44	155.75	—	170.29
190.68	173.91	170.26	180.09	—	234.23
114.11	90.27	132.33	201.95	71.84	—
148.27	82.63	159.29	127.87	—	138.50
167.95	118.40	153.91	166.85	—	162.50
183.14	172.54	151.97	176.82	142.29	146.55
167.06	130.58	209.11	155.38	192.74	135.83
196.95	136.35	125.30	176.64	—	134.15
225.65	194.79	136.36	191.09	150.11	178.44
181.57	146.73	165.37	160.36	146.51	—

1－14　2013年入境过夜游客在各城市人均天花费

（按性别、年龄分组）

单位：美元/人天

	人均天花费	男　性	女　性	14岁及以下	15～24岁	25～44岁	45～64岁	65岁及以上
北　京	252.41	256.49	247.84	182.84	247.13	258.79	252.55	227.02
天　津	209.92	204.38	219.50	234.65	216.19	207.95	210.27	210.03
石家庄	179.88	176.05	186.64	—	149.13	182.14	179.66	188.04
唐　山	162.64	162.37	163.49	—	140.35	165.90	161.31	161.46
秦皇岛	231.53	223.96	240.33	177.91	175.70	237.40	232.24	236.10
保　定	109.56	108.24	111.08	—	119.67	107.69	110.87	96.81
承　德	142.89	151.45	136.23	97.77	121.08	147.56	152.50	149.45
廊　坊	139.99	141.77	137.31	161.04	128.24	132.29	143.40	154.14
太　原	216.32	214.40	218.60	—	131.36	218.49	216.55	215.33
大　同	101.25	97.32	103.59	—	96.83	101.70	100.58	—
长　治	182.11	190.64	167.57	168.28	189.86	187.11	177.17	68.28
晋　中	183.61	184.73	182.28	—	173.85	187.85	189.62	174.22
运　城	162.29	162.99	161.07	—	126.37	166.00	167.57	163.35
忻　州	168.54	174.63	164.96	148.03	150.47	171.35	183.97	166.26
呼和浩特	211.72	205.73	217.70	—	209.02	204.29	229.32	163.76
满洲里	176.42	177.30	176.40	—	—	176.03	242.98	—
二连浩特	202.94	213.97	192.25	95.65	200.81	210.45	197.11	196.83
包　头	190.66	185.28	198.74	192.30	225.20	205.69	164.97	164.49
沈　阳	215.14	217.05	211.75	214.32	217.21	215.47	219.69	182.28
大　连	211.53	213.04	209.44	202.49	205.15	208.83	218.10	212.91
鞍　山	228.43	227.95	228.77	—	248.07	236.53	222.96	176.44
抚　顺	223.93	231.06	210.96	—	219.10	230.04	221.29	212.51
本　溪	204.27	201.21	206.53	—	175.96	202.41	213.80	190.97
丹　东	172.12	165.31	178.13	243.57	139.10	188.21	158.30	183.61

1－14(续1)

单位：美元/人天

	人均天花费	男性	女性	14岁及以下	15～24岁	25～44岁	45～64岁	65岁及以上
锦州	218.55	221.00	216.65	—	225.60	214.41	228.06	198.02
营口	259.42	259.78	257.95	—	—	260.27	256.48	—
盘锦	185.25	186.15	184.07	—	188.95	178.87	183.89	218.18
葫芦岛	226.51	239.30	220.60	—	225.60	221.42	229.74	225.60
长春	189.57	191.58	186.28	—	188.25	193.33	185.88	163.54
吉林	206.74	208.62	199.66	—	199.00	201.95	215.93	259.22
通化	188.89	186.17	197.49	—	164.26	185.15	193.67	179.22
松原	136.49	138.83	133.27	—	107.63	136.98	138.11	131.84
延吉	188.46	186.21	190.71	175.94	178.59	191.66	193.03	193.78
哈尔滨	225.83	226.39	225.25	221.76	219.81	227.60	227.87	189.71
齐齐哈尔	166.07	171.42	161.70	131.74	—	191.76	169.61	156.18
大庆	181.11	171.85	191.81	302.00	209.89	171.79	184.68	176.54
佳木斯	177.61	184.80	174.67	185.88	153.67	183.84	177.80	169.04
牡丹江	209.55	201.10	213.72	122.90	168.66	254.70	228.20	167.99
上海	259.31	251.78	275.17	174.91	261.16	275.93	245.30	237.20
南京	226.29	224.27	230.64	228.95	248.73	225.55	225.16	213.51
无锡	220.14	219.58	221.32	—	226.71	219.44	217.64	255.49
苏州	228.94	230.65	227.10	—	224.78	230.72	225.94	235.95
南通	203.02	207.64	196.76	—	179.03	203.47	206.52	237.25
扬州	232.54	232.85	231.46	—	218.76	236.93	233.37	208.37
杭州	233.57	232.22	235.95	189.04	229.80	239.84	227.52	240.62
温州	152.18	147.30	163.75	—	145.77	158.74	130.04	188.30
绍兴	181.51	189.71	169.10	—	145.94	178.42	201.05	162.85
金华	165.66	169.12	159.61	—	188.30	172.43	156.96	47.15
合肥	200.61	201.36	199.94	—	198.26	200.33	201.27	202.94
芜湖	175.03	173.74	177.52	—	183.61	180.20	167.98	183.77
马鞍山	210.87	210.88	210.83	—	208.87	210.96	211.15	211.15

单位：美元/人天

	人均天花费	男性	女性	14岁及以下	15～24岁	25～44岁	45～64岁	65岁及以上
铜陵	203.05	203.08	202.88	—	—	201.39	204.02	—
安庆	204.97	205.22	204.46	—	207.52	204.72	204.82	205.03
黄山	195.13	193.46	196.89	—	199.61	194.98	193.47	197.95
滁州	187.34	185.47	196.03	—	190.63	194.06	178.00	181.63
亳州	181.23	178.95	185.39	—	166.55	182.59	177.66	185.62
池州	184.08	185.10	182.37	167.85	177.19	183.65	184.88	189.05
宣城	181.44	182.18	180.03	—	180.39	174.57	188.15	210.96
福州	233.31	235.91	226.61	—	182.61	234.46	235.17	224.02
厦门	199.39	198.69	200.42	264.65	183.68	200.60	203.87	201.06
泉州	204.91	202.31	209.57	—	188.10	201.82	213.56	156.18
漳州	177.31	177.91	176.25	—	149.48	171.93	182.75	199.78
武夷山	182.32	179.07	186.81	—	132.31	179.90	183.54	199.32
南昌	172.36	169.05	179.24	—	172.25	167.64	176.53	182.79
景德镇	212.25	210.23	214.34	—	225.11	211.14	214.94	178.57
九江	161.46	163.18	159.22	141.48	115.36	179.12	133.76	135.24
鹰潭	153.23	155.07	149.59	—	150.35	161.41	151.81	131.83
赣州	142.75	136.28	153.16	—	135.88	141.14	145.17	156.96
吉安	144.82	144.71	144.99	—	122.54	147.42	150.18	126.38
济南	238.42	236.71	241.11	—	241.51	240.41	231.71	255.18
青岛	241.16	236.79	248.52	302.72	231.28	237.10	252.83	234.25
烟台	248.54	247.14	252.66	—	244.39	246.22	255.56	233.04
曲阜	128.03	126.86	129.55	—	127.27	128.67	126.31	—
泰安	216.11	214.12	218.82	151.61	173.46	224.87	215.05	240.28
威海	141.65	143.17	139.27	—	135.37	143.57	135.18	152.68
日照	153.41	156.50	150.06	—	160.62	156.73	145.66	158.03
郑州	162.68	165.87	157.84	178.64	168.32	159.94	162.78	170.18
开封	182.05	181.77	183.53	181.66	179.15	182.97	178.16	184.04
洛阳	141.04	139.08	143.46	139.18	149.28	136.79	145.31	133.47
三门峡	174.39	172.08	177.51	—	177.67	171.93	172.40	185.35

1－14(续3)　　单位：美元/人天

	人均天花费	男　性	女　性	14岁及以下	15～24岁	25～44岁	45～64岁	65岁及以上
武　汉	188.35	186.69	190.60	169.05	185.07	190.29	186.72	193.45
十　堰	184.02	185.38	182.18	—	193.91	184.65	179.92	183.33
宜　昌	246.43	246.95	245.62	301.69	249.94	248.36	242.07	241.19
襄　阳	179.75	176.24	184.49	—	183.37	174.65	179.14	217.77
荆　州	169.10	154.26	180.77	—	200.95	168.32	167.53	—
湖北游船	193.70	189.44	201.31	174.56	189.70	207.53	191.95	193.42
长　沙	169.66	169.61	169.73	85.10	153.46	173.66	166.74	187.08
湘　潭	220.07	226.49	207.21	—	192.35	218.72	228.48	205.81
衡　阳	190.09	191.91	186.93	—	135.65	191.29	193.34	192.70
岳　阳	215.73	215.79	215.62	—	208.55	218.99	216.51	214.84
张家界	206.42	206.28	206.55	206.90	206.90	206.13	206.90	206.90
广　州	190.92	190.71	191.20	132.61	195.92	191.14	189.39	192.22
深　圳	190.87	190.75	191.10	157.66	185.29	187.83	195.47	187.63
珠　海	110.64	113.85	105.22	46.06	81.02	115.79	113.02	125.82
汕　头	119.77	123.43	113.76	138.25	88.71	126.76	120.91	120.59
湛　江	168.89	165.04	172.81	—	181.83	162.86	174.75	160.94
惠　州	139.76	149.03	132.03	—	132.40	137.34	164.21	105.35
东　莞	255.86	258.56	251.73	—	255.61	258.91	255.83	241.50
中　山	148.12	160.70	125.23	203.63	136.43	154.81	136.61	159.10
南　宁	202.79	204.03	201.20	—	178.78	212.74	197.50	202.81
桂　林	219.90	224.42	216.32	215.64	223.72	219.83	218.12	220.44
梧　州	153.59	143.78	160.41	155.97	146.28	161.86	153.05	127.11
北　海	218.00	221.61	212.59	—	175.89	230.83	212.31	199.47
防城港	159.76	155.02	166.04	146.72	148.45	160.48	162.52	170.23
贺　州	161.14	164.85	154.24	—	179.62	165.48	159.59	146.06
崇　左	136.46	135.42	139.60	—	131.38	136.78	134.35	194.66
海　口	165.96	165.05	167.31	130.71	157.45	166.11	171.44	160.18
三　亚	176.22	182.08	170.85	—	181.01	178.36	171.27	173.84

单位：美元/人天

	人均天花费	男性	女性	14岁及以下	15～24岁	25～44岁	45～64岁	65岁及以上
重庆	189.84	189.83	189.85	275.35	192.09	197.93	183.54	172.55
重庆游船	144.27	152.98	135.07	179.77	131.97	144.40	144.62	146.79
成都	193.47	196.06	190.46	155.31	180.05	196.30	196.90	187.61
绵阳	174.97	174.30	178.27	182.40	167.00	173.66	177.50	174.42
乐山	189.04	189.69	188.34	182.40	189.63	190.26	189.66	184.43
阿坝	169.03	165.17	173.67	—	174.03	170.01	161.19	182.42
贵阳	187.24	187.42	187.08	167.73	183.55	188.10	190.68	183.65
安顺	167.53	165.19	169.52	—	165.44	171.49	162.57	161.92
黔东南	169.84	166.27	173.87	166.38	161.36	176.26	158.16	175.72
昆明	199.39	200.33	197.84	—	184.08	200.28	200.61	175.73
拉萨	191.67	191.95	190.82	203.61	189.61	190.68	192.60	195.84
西安	186.65	187.06	186.08	152.65	162.14	199.85	184.98	174.83
咸阳	145.65	140.70	180.24	—	229.11	152.43	146.01	99.25
兰州	146.51	144.26	149.62	154.51	119.76	137.53	158.84	157.44
敦煌	170.62	169.84	171.28	160.33	162.93	165.27	180.30	165.38
西宁	184.83	196.85	172.34	193.03	219.11	181.06	177.33	199.60
黄南	130.09	147.61	119.19	—	—	153.53	138.45	112.09
格尔木	141.89	136.24	151.15	—	135.44	134.86	141.90	160.49
银川	158.84	170.05	139.67	—	134.44	157.31	168.77	164.13
乌鲁木齐	165.20	160.75	171.41	214.48	158.38	171.51	151.02	111.90
吐鲁番	158.86	158.11	159.69	41.33	132.16	151.55	174.54	210.96
库尔勒	161.23	161.96	159.87	—	110.97	156.39	191.99	118.10
喀什	187.02	187.47	186.51	—	188.04	200.30	170.40	133.83
伊宁	159.33	162.04	155.21	—	—	155.58	170.38	153.36

1－15 2013年入境一日游游客人均花费及构成

(按外国人、港澳台胞、团体及散客分组)

		人均花费(美元/人)	花费构成(%)						
			餐饮	景区游览	娱乐	购物	交通	邮电通信	其他
全国	**合计**	**64.25**	**13.0**	**14.0**	**13.6**	**37.4**	**10.9**	**2.9**	**8.2**
	团体	61.59	10.5	10.5	9.7	45.8	8.5	6.1	8.9
	散客	64.90	13.6	14.8	14.6	35.4	11.6	2.1	7.9
外国人	小计	66.13	12.8	13.9	12.7	38.6	10.9	3.5	7.6
	团体	61.37	10.4	10.5	9.8	46.1	8.2	6.2	8.8
	散客	68.00	13.7	15.2	13.8	35.7	12.0	2.4	7.2
香港同胞	小计	55.36	11.8	13.2	15.4	39.6	9.4	2.6	8.0
	团体	60.02	12.1	10.8	7.2	41.6	12.8	5.8	9.7
	散客	54.85	11.8	13.5	16.3	39.4	9.0	2.2	7.8
澳门同胞	小计	55.57	12.5	15.2	16.2	35.3	9.6	1.4	9.8
	团体	56.16	12.0	10.7	12.8	40.9	9.2	5.1	9.3
	散客	55.56	12.5	15.3	16.3	35.2	9.6	1.3	9.8
台湾同胞	小计	78.13	16.3	12.0	12.9	32.3	15.6	2.4	8.5
	团体	75.85	9.6	10.7	7.4	45.2	12.3	4.8	10.0
	散客	78.27	16.7	12.1	13.2	31.5	15.8	2.3	8.4

1－16　2013年入境过夜游客人均天花费构成

		人均天花费（美元/人天）	人均天花费构成（%）				
			长途交通	飞　机	火　车	汽　车	轮　船
全　　国	**合计**	**200.17**	**37.1**	**28.4**	**3.4**	**2.9**	**2.4**
	团体	192.10	33.7	21.1	5.2	4.3	3.1
	散客	202.32	38.1	30.3	3.0	2.5	2.3
外 国 人	小计	225.96	36.2	27.6	3.2	2.9	2.5
	团体	198.81	33.3	20.3	5.6	4.3	3.1
	散客	235.30	37.2	30.1	2.4	2.4	2.3
香港同胞	小计	142.07	39.4	29.9	4.3	3.0	2.2
	团体	155.61	32.3	21.5	3.9	4.0	2.9
	散客	140.67	40.1	30.8	4.3	2.9	2.1
澳门同胞	小计	116.62	41.8	33.0	3.5	2.7	2.6
	团体	152.61	36.1	24.8	3.3	4.5	3.5
	散客	110.02	42.8	34.5	3.5	2.4	2.4
台湾同胞	小计	204.26	35.7	27.6	2.6	2.9	2.6
	团体	188.77	37.8	26.7	3.6	4.4	3.1
	散客	208.59	35.1	27.8	2.3	2.5	2.5

(按外国人、港澳台胞、团体及散客分组)

住宿	餐饮	景区游览	娱乐	购物	市内交通	邮电通信	其他
12.7	**7.5**	**5.2**	**6.3**	**20.1**	**2.0**	**1.4**	**7.7**
9.0	3.8	3.6	3.6	32.3	2.7	2.4	8.9
13.7	8.5	5.6	7.0	16.9	1.7	1.1	7.4
12.5	7.0	4.6	5.8	22.0	2.0	1.5	8.4
9.1	3.7	3.3	3.7	32.9	2.8	2.5	8.7
13.7	8.2	5.0	6.5	18.3	1.7	1.2	8.2
13.9	8.7	6.9	6.9	15.8	1.8	1.0	5.6
9.1	4.4	4.7	3.3	31.7	2.5	2.1	9.9
14.4	9.2	7.1	7.3	14.1	1.7	0.9	5.2
11.4	7.3	5.4	7.4	14.6	1.6	1.3	9.2
7.3	4.8	5.2	3.4	31.7	1.7	2.4	7.4
12.1	7.8	5.4	8.1	11.5	1.6	1.1	9.6
11.5	7.9	4.8	7.5	20.2	2.2	1.4	8.8
8.0	4.1	5.0	2.8	27.7	2.5	2.3	9.8
12.5	9.0	4.7	8.8	18.1	2.1	1.2	8.5

1－17　2013年外国过夜游客

	人均天花费（美元/人天）	人均天花费构成（%）				
		长途交通				
			飞机	火车	汽车	轮船
日本	255.13	38.8	31.2	2.6	2.6	2.4
菲律宾	203.70	24.3	19.2	2.1	1.9	1.1
泰国	193.32	33.1	24.6	3.7	2.6	2.2
新加坡	213.79	38.2	26.5	3.6	3.4	4.7
印度尼西亚	199.79	35.3	23.7	3.9	4.9	2.8
马来西亚	188.43	35.8	25.9	3.9	2.9	3.1
韩国	240.80	34.2	24.0	3.3	3.6	3.3
朝鲜	178.58	39.7	27.1	4.5	3.9	4.2
蒙古	232.88	25.3	19.4	3.0	2.4	0.5
印度	188.96	36.9	21.9	2.3	10.1	2.6
越南	164.35	42.1	29.5	6.3	2.8	3.5
缅甸	212.72	31.9	23.8	4.2	1.6	2.3
哈萨克斯坦	299.88	20.8	15.5	3.0	1.5	0.8
英国	211.57	35.4	28.4	3.4	1.7	1.9
法国	240.32	39.4	33.4	2.5	2.1	1.4
德国	223.58	44.0	36.0	3.6	3.0	1.4
西班牙	231.40	37.1	28.8	5.1	1.7	1.5
意大利	231.05	38.1	33.3	2.9	1.5	0.4
荷兰	229.28	42.7	35.9	3.1	2.1	1.6
瑞典	215.88	36.3	31.5	2.7	1.4	0.7
俄罗斯	238.99	29.7	20.0	4.1	3.7	1.9
瑞士	223.48	41.9	34.7	3.7	1.8	1.7
乌克兰	180.90	40.7	30.5	4.3	4.1	1.8
美国	206.52	41.5	35.4	3.1	1.9	1.1
加拿大	217.18	40.1	34.0	3.3	1.5	1.3
澳大利亚	220.69	41.4	34.8	2.8	2.5	1.3
新西兰	236.67	41.7	35.4	2.9	2.4	1.0
非洲国家	196.89	40.9	32.6	3.6	3.3	1.4
中南美洲国家	193.51	39.0	32.2	3.6	2.1	1.1
其他国家	177.80	39.8	32.4	3.1	2.7	1.6

人均天花费构成（按国别分组）

住宿	餐饮	景区游览	娱乐	购物	市内交通	邮电通信	其他
14.5	8.6	4.9	6.9	15.5	1.9	1.6	7.3
9.5	6.2	5.1	6.3	40.6	1.3	1.7	5.0
12.9	8.2	5.1	6.7	21.1	2.2	2.1	8.6
15.0	9.7	4.7	6.1	16.5	2.5	1.2	6.1
12.4	6.4	4.9	5.7	21.0	2.3	2.7	9.3
12.9	7.3	5.3	4.6	23.4	1.8	2.3	6.6
13.5	8.0	5.0	7.8	17.6	2.1	1.5	10.3
11.3	8.5	3.4	6.5	18.7	2.1	1.7	8.1
4.1	4.6	6.6	4.4	48.2	2.1	1.2	3.5
14.5	7.2	4.3	6.2	16.3	3.2	1.0	10.4
16.1	8.9	8.2	5.0	13.7	1.2	1.1	3.7
10.2	5.9	7.2	8.0	22.8	1.4	1.2	11.4
5.5	3.0	2.0	5.2	47.1	1.0	1.7	13.7
12.1	5.3	3.8	3.4	29.4	1.4	1.6	7.6
11.9	6.3	4.6	4.6	21.6	2.0	2.1	7.5
13.7	8.1	3.5	6.1	14.0	2.9	1.3	6.4
14.7	7.0	4.4	4.2	18.9	2.0	1.0	10.7
15.4	8.7	4.0	4.5	16.8	1.5	1.4	9.6
11.7	7.6	3.9	5.1	19.5	1.9	2.0	5.6
13.2	7.3	7.9	4.6	21.0	1.8	2.8	5.1
8.6	4.2	3.2	3.6	37.8	2.1	1.8	9.0
11.0	5.8	4.5	10.1	15.2	1.8	1.0	8.7
12.3	6.0	5.9	4.5	16.2	3.1	2.0	9.3
13.9	6.9	4.9	4.4	15.4	1.7	1.1	10.2
12.6	6.9	4.1	5.4	16.4	1.9	1.3	11.3
14.0	9.0	5.4	6.5	14.0	2.3	1.0	6.4
11.0	7.4	4.8	4.6	19.1	1.8	1.3	8.3
14.9	6.6	4.7	6.3	15.4	2.7	1.3	7.2
16.0	7.3	5.5	6.0	13.5	2.0	1.2	9.5
14.3	6.6	3.7	4.4	19.2	2.0	1.2	8.8

1－18　2013年入境过夜游客在各省

		人均天花费(美元/人天)	人均天花费构成(%)				
			长途交通	飞机	火车	汽车	轮船
北京	小计	252.41	26.9	21.2	3.7	2.0	0.0
	团体	236.56	20.9	14.7	3.3	2.9	0.0
	散客	267.89	32.7	27.5	4.1	1.1	0.0
天津	小计	209.92	34.2	27.4	2.3	1.9	2.6
	团体	216.01	26.4	19.4	3.0	4.0	0.0
	散客	207.86	36.8	30.1	2.0	1.2	3.5
河北	小计	164.59	26.5	12.9	6.5	7.1	0.0
	团体	145.45	19.2	0.0	9.2	10.0	0.0
	散客	182.13	33.3	24.7	4.1	4.5	0.0
山西	小计	173.58	30.6	18.3	5.8	6.5	0.0
	团体	168.07	27.7	14.3	5.4	8.0	0.0
	散客	180.67	34.4	23.4	6.4	4.6	0.0
内蒙古	小计	194.20	20.5	14.3	1.9	4.3	0.0
	团体	185.45	17.2	10.0	0.0	7.2	0.0
	散客	201.33	23.2	17.8	3.4	2.0	0.0
辽宁	小计	212.45	36.1	21.7	2.7	4.2	7.5
	团体	209.58	34.4	22.0	2.8	1.8	7.8
	散客	215.13	37.8	21.5	2.7	6.4	7.2
吉林	小计	183.29	35.6	26.7	6.0	2.9	0.0
	团体	181.30	24.0	14.7	5.5	3.8	0.0
	散客	185.52	48.7	40.3	6.5	1.9	0.0
黑龙江	小计	199.41	31.4	23.4	4.1	3.5	0.4
	团体	197.14	31.3	23.2	4.2	3.9	0.0
	散客	205.72	31.5	24.1	3.7	2.3	1.4
上海	小计	259.31	35.3	27.5	3.3	1.9	2.6
	团体	204.99	27.3	18.4	3.5	2.1	3.3
	散客	271.32	37.0	29.5	3.3	1.8	2.4
江苏	小计	224.05	36.8	26.6	2.8	2.9	4.5
	团体	223.24	27.3	16.7	3.6	2.7	4.3
	散客	224.22	38.8	28.6	2.6	3.0	4.6

人均天花费构成(按团体及散客分组)

住宿	餐饮	景区游览	娱乐	购物	市内交通	邮电通信	其他
16.9	7.3	4.2	3.8	27.6	2.5	1.7	9.1
15.1	4.8	4.1	0.9	38.8	3.1	2.6	9.7
18.6	9.7	4.3	6.6	16.7	2.0	0.9	8.5
12.5	8.2	4.3	6.1	23.0	2.1	2.5	7.1
9.6	6.0	3.6	0.0	36.8	3.6	2.1	11.9
13.5	9.0	4.6	8.2	18.3	1.6	2.7	5.3
14.3	7.8	6.3	3.8	24.1	3.4	3.3	10.5
15.1	4.3	4.2	0.8	37.1	3.9	5.1	10.3
13.5	11.1	8.3	6.6	12.1	3.0	1.6	10.5
11.1	6.1	6.8	4.3	26.0	1.0	3.8	10.3
9.7	3.7	6.0	3.1	35.1	0.0	3.8	10.9
12.9	9.3	7.8	5.8	14.3	2.4	3.7	9.4
9.6	6.4	3.6	4.7	40.4	3.7	2.4	8.7
7.2	5.9	3.3	2.7	44.2	2.7	4.2	12.6
11.5	6.8	3.8	6.4	37.3	4.6	0.9	5.5
10.8	7.9	4.8	5.8	21.4	2.3	2.2	8.7
10.2	6.1	4.3	4.3	25.9	2.6	2.8	9.4
11.3	9.6	5.3	7.3	17.2	2.0	1.7	7.8
11.9	5.5	5.1	4.5	23.6	2.6	1.7	9.5
11.4	5.0	4.9	4.5	33.2	3.3	2.0	11.7
12.5	6.1	5.3	4.6	12.8	1.8	1.3	6.9
11.2	6.0	6.1	1.6	28.9	1.0	2.2	11.6
8.9	4.6	5.4	0.0	35.5	0.0	2.2	12.1
17.7	10.0	7.9	6.1	10.6	3.6	2.1	10.5
13.7	6.4	3.6	9.1	18.5	3.1	1.7	8.6
10.1	4.6	2.5	2.2	35.0	3.8	3.4	11.1
14.5	6.8	3.9	10.6	14.9	2.9	1.3	8.1
15.1	6.9	4.2	6.8	18.4	2.1	1.6	8.1
10.1	5.2	4.9	5.1	35.8	1.5	3.2	6.9
16.1	7.3	4.1	7.2	14.8	2.2	1.3	8.2

1-18(续1)

		人均天花费(美元/人天)	人均天花费构成(%)				
			长途交通	飞机	火车	汽车	轮船
浙江	小计	218.26	31.9	23.4	2.7	2.7	3.1
	团体	202.45	20.3	10.1	4.1	4.6	1.5
	散客	224.68	36.7	28.8	2.2	1.9	3.8
安徽	小计	192.49	33.4	23.3	4.5	3.4	2.2
	团体	199.11	26.0	19.1	3.7	3.2	0.0
	散客	188.21	38.2	26.0	5.0	3.6	3.6
福建	小计	205.21	34.7	28.2	1.6	2.6	2.3
	团体	185.96	14.2	10.6	0.0	3.6	0.0
	散客	210.51	40.2	33.0	2.0	2.3	2.9
江西	小计	163.99	32.0	17.0	6.9	5.5	2.6
	团体	157.89	25.1	13.5	7.1	4.5	0.0
	散客	170.06	38.8	20.5	6.7	6.4	5.2
山东	小计	207.29	35.3	22.9	3.4	3.3	5.7
	团体	188.66	31.2	18.8	2.9	5.0	4.5
	散客	216.02	37.3	24.8	3.7	2.5	6.3
河南	小计	162.83	29.4	20.9	3.8	4.7	0.0
	团体	163.09	22.9	12.8	3.9	6.2	0.0
	散客	162.33	42.3	36.8	3.7	1.8	0.0
湖北	小计	194.44	38.1	18.1	4.7	3.2	12.1
	团体	184.62	35.2	13.9	6.4	3.9	11.0
	散客	202.44	40.6	21.5	3.4	2.7	13.0
湖南	小计	197.02	31.4	23.8	2.8	3.7	1.1
	团体	199.35	26.4	20.2	1.8	4.4	0.0
	散客	192.70	40.7	30.5	4.7	2.3	3.2
广东	小计	172.43	35.6	25.9	3.8	2.2	3.7
	团体	183.82	27.9	16.5	4.6	3.4	3.4
	散客	170.35	37.0	27.6	3.6	2.0	3.8
广西	小计	185.30	36.8	27.3	5.1	4.4	0.0
	团体	183.61	27.1	18.4	3.3	5.4	0.0
	散客	186.30	42.5	32.6	6.1	3.8	0.0

住宿	餐饮	景区游览	娱乐	购物	市内交通	邮电通信	其他
13.0	6.7	4.4	6.9	21.7	2.2	2.9	10.3
9.0	4.3	4.2	3.0	39.6	3.1	4.5	12.0
14.6	7.7	4.5	8.5	14.5	1.9	2.2	9.4
9.8	8.8	5.4	6.8	22.6	1.9	3.2	8.1
8.2	6.2	7.0	3.2	31.6	2.1	4.8	10.9
10.9	10.5	4.3	9.1	16.8	1.7	2.2	6.3
12.3	7.9	3.1	9.6	19.9	2.2	1.6	8.7
11.2	4.0	2.1	20.1	33.8	2.6	2.4	9.6
12.6	9.0	3.4	6.7	16.1	2.1	1.4	8.5
11.1	8.0	6.2	4.5	26.1	2.0	2.8	7.3
10.1	7.0	7.3	2.0	34.2	1.7	3.9	8.7
12.1	8.9	5.2	6.9	18.0	2.2	1.7	6.2
12.1	6.2	4.5	8.1	19.2	2.4	1.9	10.3
7.8	3.1	4.3	8.0	31.9	2.1	2.6	9.0
14.1	7.7	4.6	8.2	13.2	2.6	1.6	10.7
9.9	5.2	6.0	6.3	25.3	4.6	2.4	10.9
8.7	4.0	7.1	6.6	31.3	6.1	2.6	10.7
12.1	7.6	3.9	5.8	13.5	1.7	2.0	11.1
10.3	5.7	4.4	6.3	22.4	2.4	2.2	8.2
7.8	3.7	3.8	2.3	29.7	3.2	3.1	11.2
12.4	7.3	4.9	9.6	16.4	1.7	1.4	5.7
10.6	7.1	7.9	5.5	23.5	2.8	2.5	8.7
9.6	5.8	9.8	3.5	29.5	3.2	2.5	9.7
12.5	9.4	4.3	9.2	12.3	2.0	2.4	7.2
12.8	8.2	3.5	9.9	17.5	2.2	1.8	8.5
8.1	4.8	3.0	2.3	38.1	3.2	3.1	9.5
13.7	8.8	3.6	11.3	13.8	2.0	1.6	8.2
9.8	6.4	6.6	4.8	21.2	3.0	2.1	9.3
8.2	3.3	6.8	2.7	35.3	4.2	2.6	9.8
10.8	8.2	6.5	6.1	12.9	2.3	1.8	8.9

1－18(续2)

		人均天花费(美元/人天)	人均天花费构成(%)				
			长途交通	飞机	火车	汽车	轮船
海南	小计	172.80	13.8	9.1	1.1	1.6	2.0
	团体	167.52	0.9	0.0	0.9	0.0	0.0
	散客	178.55	27.8	18.9	1.4	3.4	4.1
重庆	小计	183.67	36.6	20.3	3.8	1.3	11.2
	团体	176.70	36.9	18.9	5.5	0.0	12.5
	散客	190.13	36.3	21.6	2.2	2.6	9.9
四川	小计	185.15	30.3	23.1	2.8	3.1	1.3
	团体	184.67	25.2	18.2	2.5	3.5	1.0
	散客	185.91	38.4	31.0	3.2	2.4	1.8
贵州	小计	181.05	29.2	18.6	5.6	5.0	0.0
	团体	189.19	27.9	15.8	6.6	5.5	0.0
	散客	157.06	32.9	26.8	2.7	3.4	0.0
云南	小计	196.75	28.5	20.9	3.0	4.6	0.0
	团体	188.93	28.0	18.0	4.2	5.8	0.0
	散客	199.57	28.5	21.9	2.5	4.1	0.0
西藏	小计	191.67	32.1	12.2	7.7	12.2	0.0
	团体	185.81	29.4	12.1	7.5	9.8	0.0
	散客	221.97	46.5	12.8	8.9	24.8	0.0
陕西	小计	186.09	35.9	29.4	5.5	1.0	0.0
	团体	177.30	32.7	27.4	5.3	0.0	0.0
	散客	199.38	40.7	32.5	5.7	2.5	0.0
甘肃	小计	160.29	37.2	23.3	8.6	5.3	0.0
	团体	164.24	33.0	17.8	7.9	7.3	0.0
	散客	154.46	43.5	31.5	9.6	2.4	0.0
青海	小计	157.98	31.3	13.2	13.7	4.4	0.0
	团体	169.96	23.3	0.0	17.4	5.9	0.0
	散客	140.22	43.0	32.8	8.1	2.1	0.0
宁夏	小计	158.84	32.9	23.9	6.7	2.3	0.0
	团体	178.82	20.4	0.0	0.0	20.4	0.0
	散客	156.26	34.6	27.0	7.6	0.0	0.0
新疆	小计	165.87	35.9	18.4	9.7	7.8	0.0
	团体	164.47	35.1	15.7	10.5	8.9	0.0
	散客	173.44	40.0	32.9	5.3	1.8	0.0

住宿	餐饮	景区游览	娱乐	购物	市内交通	邮电通信	其他
16.8	12.0	5.8	3.4	29.3	4.0	2.6	12.3
14.5	13.8	6.3	0.0	40.4	5.4	3.9	14.8
19.3	10.1	5.3	7.1	17.3	2.4	1.1	9.6
11.4	5.7	4.8	5.2	19.5	3.4	2.4	11.0
10.1	4.6	3.1	2.1	24.0	4.2	2.9	12.1
12.6	6.7	6.3	8.1	15.3	2.7	2.0	10.0
10.7	6.3	5.3	5.4	29.0	3.4	1.9	7.7
9.2	4.8	5.3	2.3	37.2	4.2	2.5	9.3
13.1	8.7	5.3	10.3	15.7	2.0	0.9	5.6
12.9	8.1	5.4	3.6	26.8	3.7	2.7	7.6
11.1	7.4	5.2	3.0	31.2	3.3	2.7	8.2
18.4	10.2	6.0	5.3	14.0	4.9	2.6	5.7
13.9	8.7	4.8	6.4	24.6	3.4	1.7	8.0
7.2	3.4	3.7	4.3	38.2	4.1	1.8	9.3
16.3	10.6	5.2	7.2	19.7	3.2	1.6	7.7
12.3	6.1	5.4	3.9	28.2	0.6	3.6	7.8
12.0	5.9	5.2	3.5	31.0	0.5	3.7	8.8
13.8	7.2	6.5	6.1	13.8	0.9	3.2	2.0
12.5	4.9	6.4	7.2	18.0	4.4	2.0	8.7
10.1	3.0	5.8	6.6	22.7	4.6	2.2	12.3
16.2	7.8	7.4	8.0	10.8	4.0	1.8	3.3
13.6	7.4	8.3	3.0	16.1	3.2	2.3	8.9
11.7	6.6	8.4	2.3	21.2	3.9	2.9	10.0
16.3	8.6	8.2	4.1	8.7	2.2	1.4	7.0
11.4	6.3	5.8	4.4	27.0	2.9	2.1	8.8
9.5	4.8	4.8	2.9	36.3	3.3	2.5	12.6
14.3	8.6	7.3	6.5	13.1	2.2	1.6	3.4
18.7	5.9	7.0	9.4	11.1	4.3	2.2	8.5
17.9	7.1	9.5	2.9	26.5	9.9	1.3	4.5
18.8	5.7	6.7	10.2	9.1	3.6	2.3	9.0
12.3	6.1	6.4	6.2	19.8	2.3	2.8	8.2
12.0	6.0	5.8	5.6	21.5	2.1	3.0	8.9
13.9	6.9	9.6	9.3	10.9	3.2	1.9	4.3

1－19　2013年入境过夜游客在各省(区、市)

	人均天花费(美元/人天)	人均天花费构成(%)				
		长途交通	飞机	火车	汽车	轮船
北京	252.41	26.9	21.2	3.7	2.0	0.0
外国人	254.47	27.4	21.7	3.6	2.1	0.0
香港同胞	243.03	16.5	11.3	4.0	1.2	0.0
澳门同胞	222.74	13.5	11.9	0.8	0.8	0.0
台湾同胞	230.18	14.8	12.2	2.0	0.6	0.0
天津	209.92	34.2	27.4	2.3	1.9	2.6
外国人	207.27	35.0	28.1	2.2	1.9	2.8
香港同胞	202.09	28.9	26.5	1.3	0.9	0.2
澳门同胞	281.48	32.3	27.2	3.2	1.6	0.3
台湾同胞	220.84	31.4	24.2	1.4	1.1	4.7
河北	164.59	26.5	12.9	6.5	7.1	0.0
外国人	159.13	27.2	14.1	6.9	6.2	0.0
香港同胞	183.16	27.0	11.0	6.8	9.2	0.0
澳门同胞	185.42	7.5	5.9	0.8	0.8	0.0
台湾同胞	188.36	22.1	7.5	1.2	13.4	0.0
山西	173.58	30.6	18.3	5.8	6.5	0.0
外国人	162.70	32.5	18.9	6.6	7.0	0.0
香港同胞	217.80	24.6	12.9	5.3	6.4	0.0
澳门同胞	195.10	19.4	16.0	2.0	1.4	0.0
台湾同胞	187.42	22.4	12.4	3.6	6.4	0.0
内蒙古	194.20	20.5	14.3	1.9	4.3	0.0
外国人	192.90	15.4	9.0	1.9	4.5	0.0
香港同胞	185.58	20.5	18.1	0.0	2.4	0.0
澳门同胞	182.59	10.4	10.4	0.0	0.0	0.0
台湾同胞	228.09	25.4	18.8	0.0	6.6	0.0

人均天花费构成（按外国人、港澳台胞分组）

住宿	餐饮	景区游览	娱乐	购物	市内交通	邮电通信	其他
16.9	7.3	4.2	3.8	27.6	2.5	1.7	9.1
16.8	7.2	4.2	3.9	27.7	2.5	1.8	8.5
19.6	8.7	4.1	3.5	28.5	1.4	2.3	15.4
11.7	6.0	1.0	0.0	45.7	0.8	2.9	18.4
16.2	7.6	4.0	2.6	35.5	5.0	1.9	12.4
12.5	8.2	4.3	6.1	23.0	2.1	2.5	7.1
13.3	8.4	4.1	5.4	22.4	2.1	2.8	6.5
11.8	8.6	5.9	7.9	25.0	1.8	1.2	8.9
10.4	9.1	5.6	6.8	24.6	2.4	0.6	8.2
8.7	7.2	4.1	10.1	26.1	3.7	2.1	6.6
14.3	7.8	6.3	3.8	24.1	3.4	3.3	10.5
13.7	8.2	6.5	4.0	23.4	3.6	2.9	10.5
14.5	7.2	8.3	4.5	23.3	2.9	2.4	9.9
28.1	10.4	7.6	2.7	22.1	5.1	3.6	12.9
13.5	5.0	4.1	2.5	35.0	2.1	6.7	9.0
11.1	6.1	6.8	4.3	26.0	1.0	3.8	10.3
10.7	5.9	7.1	4.6	24.7	1.1	4.1	9.3
15.2	8.1	7.9	3.5	29.3	0.9	2.7	7.8
10.0	5.2	4.1	3.9	36.6	1.2	3.7	15.9
10.9	6.8	6.5	4.0	30.6	0.9	3.7	14.2
9.6	6.4	3.6	4.7	40.4	3.7	2.4	8.7
9.2	6.5	3.8	5.0	45.1	2.6	2.8	9.6
15.2	5.4	3.5	3.5	32.6	2.5	3.9	12.9
12.3	10.1	2.2	5.0	39.4	1.1	3.1	16.4
16.1	9.8	3.2	4.6	24.6	4.2	3.0	9.1

1－19(续1)

	人均天花费(美元/人天)	人均天花费构成(%)				
		长途交通	飞　机	火　车	汽　车	轮　船
辽　　宁	212.45	36.1	21.7	2.7	4.2	7.5
外国人	221.91	39.0	24.3	2.8	4.3	7.6
香港同胞	180.25	22.0	14.3	2.5	4.2	1.0
澳门同胞	174.00	16.8	13.2	2.1	0.8	0.7
台湾同胞	185.54	20.2	13.2	2.2	2.8	2.0
吉　　林	183.29	35.6	26.7	6.0	2.9	0.0
外国人	183.03	37.9	28.8	6.3	2.8	0.0
香港同胞	189.72	19.0	14.3	1.1	3.6	0.0
澳门同胞	211.12	30.6	25.5	1.8	3.3	0.0
台湾同胞	165.93	10.8	3.6	3.3	3.9	0.0
黑龙江	199.41	31.4	23.4	4.1	3.5	0.4
外国人	200.50	32.9	25.0	4.3	3.2	0.4
香港同胞	209.95	20.7	18.3	1.4	1.0	0.0
澳门同胞	202.26	12.9	12.9	0.0	0.0	0.0
台湾同胞	184.07	9.8	2.5	0.3	7.0	0.0
上　　海	259.31	35.3	27.5	3.3	1.9	2.6
外国人	259.87	35.7	27.4	3.6	1.9	2.8
香港同胞	251.45	26.9	23.9	2.9	0.0	0.1
澳门同胞	251.25	25.0	22.9	1.8	0.3	0.0
台湾同胞	263.40	34.9	30.9	2.1	1.8	0.1
江　　苏	224.05	36.8	26.6	2.8	2.9	4.5
外国人	223.27	37.5	27.9	3.1	3.1	3.4
香港同胞	224.10	30.7	25.9	1.6	2.3	0.9
澳门同胞	231.21	33.6	21.4	2.1	3.3	6.8
台湾同胞	225.67	31.1	25.1	2.8	3.2	0.0

住宿	餐饮	景区游览	娱乐	购物	市内交通	邮电通信	其他
10.8	7.9	4.8	5.8	21.4	2.3	2.2	8.7
10.0	7.4	4.3	5.7	20.6	2.4	2.3	8.3
17.5	11.1	7.3	8.4	19.8	2.4	1.3	10.2
17.4	13.8	10.5	7.6	21.9	2.3	1.6	8.1
12.8	10.1	6.8	6.0	29.6	1.9	2.1	10.5
11.9	5.5	5.1	4.5	23.6	2.6	1.7	9.5
12.4	5.8	5.3	4.8	20.6	2.6	1.6	9.0
10.5	4.5	4.0	3.9	43.4	2.6	2.4	9.7
11.3	4.6	5.4	3.5	26.5	2.6	2.5	13.0
11.2	4.4	5.1	4.8	48.1	2.9	2.1	10.6
11.2	6.0	6.1	1.6	28.9	1.0	2.2	11.6
10.9	6.4	5.1	1.4	30.5	0.9	1.9	10.0
9.2	5.2	7.6	1.4	27.9	1.4	3.4	23.2
14.3	8.2	6.7	3.7	17.1	3.6	7.6	25.9
14.7	4.2	11.5	1.9	25.8	0.4	6.3	25.4
13.7	6.4	3.6	9.1	18.5	3.1	1.7	8.6
13.4	6.3	3.5	8.7	18.7	3.0	1.7	9.0
14.4	7.0	3.3	13.1	21.4	2.8	1.1	10.0
13.6	6.3	4.0	3.6	30.4	2.9	1.1	13.1
14.9	7.5	5.6	11.6	12.3	3.8	1.8	7.6
15.1	6.9	4.2	6.8	18.4	2.1	1.6	8.1
15.0	7.0	4.4	6.7	17.9	2.3	1.6	7.6
16.7	7.8	4.5	7.6	20.0	1.9	1.8	9.0
18.5	6.9	5.4	6.4	16.5	2.7	1.6	8.4
15.5	6.7	3.9	8.0	22.3	1.6	1.7	9.2

1-19(续2)

	人均天花费（美元/人天）	人均天花费构成（%）				
		长途交通	飞　机	火　车	汽　车	轮　船
浙　江	218.26	31.9	23.4	2.7	2.7	3.1
外国人	216.12	33.8	24.9	2.5	2.5	3.9
香港同胞	228.98	27.4	21.6	2.7	3.1	0.0
澳门同胞	247.89	17.1	14.6	0.8	1.1	0.6
台湾同胞	213.47	16.6	11.0	1.9	3.3	0.4
安　徽	192.49	33.4	23.3	4.5	3.4	2.2
外国人	192.31	33.6	23.5	4.5	3.4	2.2
香港同胞	190.83	29.0	21.5	4.3	3.2	0.0
澳门同胞	203.26	29.2	21.7	3.2	4.3	0.0
台湾同胞	194.19	31.2	22.5	4.6	4.1	0.0
福　建	205.21	34.7	28.2	1.6	2.6	2.3
外国人	212.34	39.6	32.8	1.6	2.5	2.7
香港同胞	187.88	23.2	18.7	0.7	3.3	0.5
澳门同胞	200.83	20.9	17.8	0.7	2.0	0.4
台湾同胞	191.36	20.9	15.3	0.9	3.1	1.6
江　西	163.99	32.0	17.0	6.9	5.5	2.6
外国人	169.65	29.2	10.5	6.5	6.4	5.8
香港同胞	156.37	29.9	16.5	7.1	4.7	1.6
澳门同胞	140.82	26.7	8.6	12.2	5.3	0.6
台湾同胞	168.73	28.8	18.0	5.0	4.4	1.4
山　东	207.29	35.3	22.9	3.4	3.3	5.7
外国人	210.57	38.2	25.2	3.0	3.9	6.1
香港同胞	217.37	23.3	12.6	4.0	2.9	3.8
澳门同胞	169.49	26.5	20.6	0.0	0.6	5.3
台湾同胞	188.51	23.2	12.5	5.5	2.0	3.2

住宿	餐饮	景区游览	娱乐	购物	市内交通	邮电通信	其他
13.0	6.7	4.4	6.9	21.7	2.2	2.9	10.3
13.0	6.8	4.3	6.9	21.2	2.4	2.9	8.7
13.6	6.2	3.8	6.9	28.2	1.3	2.6	10.0
10.7	5.1	3.7	4.2	35.1	1.2	6.1	16.8
13.3	6.7	5.8	7.8	19.2	2.7	1.8	26.1
9.8	8.8	5.4	6.8	22.6	1.9	3.2	8.1
9.9	8.8	5.3	6.8	22.3	1.9	3.3	8.1
8.5	8.5	7.3	6.0	26.9	1.6	4.2	8.0
8.9	9.9	7.2	8.6	24.7	2.0	1.5	8.0
9.7	8.1	6.4	8.7	24.9	2.1	2.5	6.4
12.3	7.9	3.1	9.6	19.9	2.2	1.6	8.7
12.2	7.6	3.2	8.5	18.8	1.7	1.7	6.7
15.6	10.3	4.3	7.7	24.9	2.7	2.0	9.3
12.8	10.7	3.6	4.1	31.0	1.6	1.9	13.4
11.9	7.7	2.0	4.6	27.2	5.1	1.9	18.7
11.1	8.0	6.2	4.5	26.1	2.0	2.8	7.3
12.0	8.3	7.1	4.4	26.2	1.9	2.8	8.1
9.7	7.2	5.8	4.1	29.9	2.2	3.5	7.7
12.0	8.8	6.9	5.1	28.6	0.9	3.1	7.9
11.3	9.2	5.5	5.3	28.7	2.2	2.4	6.6
12.1	6.2	4.5	8.1	19.2	2.4	1.9	10.3
11.9	6.0	4.4	8.4	16.6	2.5	1.9	10.1
14.0	7.3	3.2	6.9	28.4	2.3	2.3	12.3
9.8	5.1	2.4	4.7	40.7	1.5	3.1	6.2
12.0	7.8	7.3	4.5	29.3	2.8	2.4	10.7

1-19(续3)

	人均天花费(美元/人天)	人均天花费构成(%)				
		长途交通	飞机	火车	汽车	轮船
河南	162.83	29.4	20.9	3.8	4.7	0.0
外国人	162.69	30.9	21.9	4.0	5.0	0.0
香港同胞	172.42	17.8	10.6	3.0	4.2	0.0
澳门同胞	139.47	12.3	7.7	4.6	0.0	0.0
台湾同胞	165.98	17.9	10.3	3.4	4.2	0.0
湖北	194.44	38.1	18.1	4.7	3.2	12.1
外国人	198.51	39.5	19.3	6.5	3.6	10.1
香港同胞	180.46	31.3	16.5	2.5	3.4	8.9
澳门同胞	214.61	37.4	10.6	2.0	1.7	23.1
台湾同胞	191.31	38.9	10.9	2.6	2.9	22.5
湖南	197.02	31.4	23.8	2.8	3.7	1.1
外国人	198.04	30.9	23.8	2.4	3.9	0.8
香港同胞	190.97	30.3	19.9	4.9	2.7	2.8
澳门同胞	194.14	36.3	24.7	6.8	3.0	1.8
台湾同胞	191.91	36.8	27.0	4.7	2.6	2.5
广东	172.43	35.6	25.9	3.8	2.2	3.7
外国人	185.76	35.9	26.5	3.8	2.1	3.5
香港同胞	143.76	26.2	16.6	2.8	2.3	4.5
澳门同胞	126.02	37.3	23.9	5.6	2.8	5.0
台湾同胞	180.22	36.4	24.9	6.1	2.4	3.0
广西	185.30	36.8	27.3	5.1	4.4	0.0
外国人	196.97	35.1	28.3	4.7	2.1	0.0
香港同胞	181.75	32.7	22.0	4.6	6.1	0.0
澳门同胞	143.72	19.4	17.0	0.0	2.4	0.0
台湾同胞	164.96	23.7	20.7	0.0	3.0	0.0

住宿	餐饮	景区游览	娱乐	购物	市内交通	邮电通信	其他
9.9	5.2	6.0	6.3	25.3	4.6	2.4	10.9
9.9	5.1	6.4	6.3	23.3	4.7	2.4	11.0
10.9	6.1	4.4	3.1	42.1	0.6	3.1	11.9
9.0	3.8	3.6	2.6	53.4	0.8	4.1	10.4
11.3	6.4	5.3	1.2	42.1	0.3	3.0	12.5
10.3	5.7	4.4	6.3	22.4	2.4	2.2	8.2
11.8	6.1	4.4	6.2	18.6	2.4	3.0	8.0
8.4	5.1	4.7	5.3	32.7	2.1	1.3	9.1
9.5	6.8	4.7	6.3	21.6	3.8	1.7	8.2
9.3	5.5	4.3	8.2	23.2	2.5	1.3	6.8
10.6	7.1	7.9	5.5	23.5	2.8	2.5	8.7
10.2	6.7	8.3	4.9	24.7	2.9	2.3	9.1
13.7	9.3	6.7	9.0	18.8	1.2	4.2	6.8
10.7	7.5	5.7	7.5	18.6	1.5	4.1	8.1
12.5	9.6	5.6	7.9	16.7	1.7	2.7	6.5
12.8	8.2	3.5	9.9	17.5	2.2	1.8	8.5
14.0	8.7	3.9	9.5	17.1	2.3	1.9	6.7
11.6	7.8	3.0	11.5	21.8	2.3	1.9	13.9
11.2	7.3	4.0	10.3	18.0	1.9	2.1	7.9
12.3	7.8	3.8	12.0	15.4	1.8	1.7	8.8
9.8	6.4	6.6	4.8	21.2	3.0	2.1	9.3
10.6	6.3	6.9	5.1	20.3	3.2	2.4	10.1
9.8	7.3	7.0	5.6	23.6	3.1	1.8	9.1
6.3	5.2	2.2	3.0	50.2	1.3	3.4	9.0
9.1	7.5	7.1	3.3	33.2	2.8	2.0	11.3

1－19(续4)

	人均天花费(美元/人天)	人均天花费构成(%)				
		长途交通	飞机	火车	汽车	轮船
海南	172.80	13.8	9.1	1.1	1.6	2.0
外国人	175.30	13.4	8.8	1.1	1.7	1.8
香港同胞	157.43	15.0	9.4	0.4	2.3	2.9
澳门同胞	174.56	7.0	6.5	0.0	0.5	0.0
台湾同胞	164.63	12.7	12.4	0.3	0.0	0.0
重庆	183.67	36.6	20.3	3.8	1.3	11.2
外国人	184.16	36.0	22.1	1.1	1.3	11.5
香港同胞	202.44	32.3	16.6	3.0	0.0	12.7
澳门同胞	180.29	35.9	26.4	0.0	0.0	9.5
台湾同胞	146.05	35.2	24.0	0.0	2.4	8.8
四川	185.15	30.3	23.1	2.8	3.1	1.3
外国人	182.83	30.3	23.8	2.6	2.9	1.0
香港同胞	191.07	28.1	19.8	3.5	4.1	0.7
澳门同胞	215.77	33.2	21.6	3.0	1.8	6.8
台湾同胞	186.08	29.9	21.8	2.7	4.1	1.3
贵州	181.05	29.2	18.6	5.6	5.0	0.0
外国人	192.31	36.7	28.1	2.9	5.7	0.0
香港同胞	176.40	21.9	17.2	2.9	1.8	0.0
澳门同胞	181.27	32.3	10.1	15.9	6.3	0.0
台湾同胞	176.46	25.4	19.1	1.3	5.0	0.0
云南	196.75	28.5	20.9	3.0	4.6	0.0
外国人	195.67	29.2	21.3	3.4	4.5	0.0
香港同胞	206.17	23.0	19.9	0.9	2.2	0.0
澳门同胞	204.42	32.7	28.4	0.0	4.3	0.0
台湾同胞	192.15	20.9	16.3	1.3	3.3	0.0

住宿	餐饮	景区游览	娱乐	购物	市内交通	邮电通信	其他
16.8	12.0	5.8	3.4	29.3	4.0	2.6	12.3
17.2	12.4	5.7	3.4	27.5	4.1	2.7	13.6
10.3	6.9	5.2	4.3	43.2	1.5	3.3	10.3
9.1	5.1	2.1	2.6	61.2	0.6	2.7	9.6
15.7	10.2	6.0	4.0	38.6	2.5	1.6	8.7
11.4	5.7	4.8	5.2	19.5	3.4	2.4	11.0
12.5	6.1	5.3	4.1	18.9	3.7	2.8	10.6
10.0	5.5	2.2	5.9	24.9	3.1	1.8	14.3
15.1	8.6	2.8	0.0	18.1	3.1	1.7	14.7
10.9	5.0	2.7	3.0	27.0	2.9	1.3	12.0
10.7	6.3	5.3	5.4	29.0	3.4	1.9	7.7
10.6	6.4	5.2	5.6	29.0	3.4	1.6	7.9
11.6	6.8	5.8	5.2	26.7	2.4	2.9	10.5
10.6	6.2	6.1	6.4	23.9	2.8	2.0	8.8
11.4	4.9	5.5	3.5	31.3	3.5	3.2	6.8
12.9	8.1	5.4	3.6	26.8	3.7	2.7	7.6
15.9	8.8	5.0	5.3	15.9	4.6	2.5	5.3
14.9	7.9	6.0	3.1	31.8	3.3	2.9	8.2
8.9	8.7	6.4	0.8	31.5	0.7	2.5	8.2
13.5	8.1	5.2	2.4	30.5	3.5	2.9	8.5
13.9	8.7	4.8	6.4	24.6	3.4	1.7	8.0
14.6	9.4	5.0	6.4	22.2	3.6	1.7	7.9
11.5	7.9	3.2	4.2	33.5	3.4	1.5	11.8
16.8	5.3	6.0	7.1	21.9	4.1	2.0	4.1
9.4	5.2	3.5	4.4	39.2	2.7	1.8	12.9

1-19(续5)

	人均天花费(美元/人天)	人均天花费构成(%)				
		长途交通	飞机	火车	汽车	轮船
西藏	191.67	32.1	12.2	7.7	12.2	0.0
外国人	192.19	32.2	12.1	7.9	12.2	0.0
香港同胞	189.62	29.7	14.9	6.1	8.7	0.0
澳门同胞	179.88	30.1	11.3	4.5	14.3	0.0
台湾同胞	192.42	34.4	13.1	6.3	15.0	0.0
陕西	186.09	35.9	29.4	5.5	1.0	0.0
外国人	186.87	36.5	30.2	5.6	0.7	0.0
香港同胞	184.30	25.1	16.8	2.6	5.7	0.0
澳门同胞	212.09	22.1	22.1	0.0	0.0	0.0
台湾同胞	167.25	17.8	15.0	2.1	0.7	0.0
甘肃	160.29	37.2	23.3	8.6	5.3	0.0
外国人	180.70	38.7	24.4	9.0	5.3	0.0
香港同胞	124.14	22.7	15.7	6.2	0.8	0.0
澳门同胞	103.57	14.4	10.2	3.6	0.6	0.0
台湾同胞	132.04	20.4	14.3	4.6	1.5	0.0
青海	157.98	31.3	13.2	13.7	4.4	0.0
外国人	159.97	31.6	14.4	13.4	3.8	0.0
香港同胞	172.42	24.3	11.0	1.7	11.6	0.0
澳门同胞	71.85	0.0	0.0	0.0	0.0	0.0
台湾同胞	146.80	29.6	7.8	19.2	2.6	0.0
宁夏	158.84	32.9	23.9	6.7	2.3	0.0
外国人	159.26	33.3	23.1	7.2	3.0	0.0
香港同胞	174.21	27.7	23.4	4.3	0.0	0.0
澳门同胞	146.23	32.0	32.0	0.0	0.0	0.0
台湾同胞	153.65	39.4	26.5	12.9	0.0	0.0
新疆	165.87	35.9	18.4	9.7	7.8	0.0
外国人	177.18	35.5	18.4	9.8	7.3	0.0
香港同胞	134.56	22.3	6.4	0.5	15.4	0.0
澳门同胞	137.20	22.3	10.0	0.0	12.3	0.0
台湾同胞	136.92	10.3	1.0	0.0	9.3	0.0

住宿	餐饮	景区游览	娱乐	购物	市内交通	邮电通信	其他
12.3	6.1	5.4	3.9	28.2	0.6	3.6	7.8
12.3	6.1	5.4	3.9	28.1	0.6	3.6	7.8
13.9	7.4	4.5	3.6	28.8	0.4	3.4	8.3
13.2	6.6	5.3	2.9	29.1	0.7	4.2	7.9
10.7	5.9	4.0	3.1	30.8	0.6	3.5	7.0
12.5	4.9	6.4	7.2	18.0	4.4	2.0	8.7
12.5	4.7	6.6	7.3	17.2	4.5	2.0	8.7
9.8	5.2	3.4	3.2	32.7	2.3	5.0	13.3
14.3	9.1	4.6	6.4	30.1	3.3	0.5	9.6
8.8	5.6	5.0	4.8	36.0	1.8	2.3	17.9
13.6	7.4	8.3	3.0	16.1	3.2	2.3	8.9
14.3	7.5	8.2	2.6	14.8	3.1	2.3	8.5
12.3	8.3	9.1	5.9	24.9	0.9	3.2	12.7
6.9	3.6	2.7	2.0	41.8	0.7	5.7	22.2
13.3	8.0	12.6	2.0	27.3	1.2	3.0	12.2
11.4	6.3	5.8	4.4	27.0	2.9	2.1	8.8
12.1	6.6	5.6	3.8	26.9	3.0	2.1	8.3
11.8	5.8	6.5	5.6	32.5	0.7	2.9	9.9
0.0	0.0	0.0	0.0	46.6	0.0	4.2	49.2
6.4	4.2	7.0	0.0	32.3	3.2	2.3	15.0
18.7	5.9	7.0	9.4	11.1	4.3	2.2	8.5
18.2	5.7	6.5	10.3	10.7	4.4	2.2	8.7
17.7	6.1	8.5	13.4	13.9	2.7	0.6	9.4
23.2	6.4	7.0	1.3	12.6	5.9	3.3	8.3
25.0	11.2	0.0	1.4	8.0	3.8	2.3	8.9
12.3	6.1	6.4	6.2	19.8	2.3	2.8	8.2
11.7	6.1	5.9	5.1	22.9	2.0	2.8	8.0
16.9	8.9	9.9	16.0	14.6	0.8	3.5	7.1
22.1	2.4	12.3	2.5	17.9	1.0	4.5	15.0
17.6	7.4	8.9	9.2	19.4	7.9	4.1	15.2

1-20 2013年入境过夜游客在各城市

	人均天花费（美元/人天）	人均天花费构成（%）				
		长途交通	飞机	火车	汽车	轮船
北京	252.41	26.9	21.2	3.7	2.0	0.0
外国人	254.47	27.4	21.7	3.6	2.1	0.0
香港同胞	243.03	16.5	11.3	4.0	1.2	0.0
澳门同胞	222.74	13.5	11.9	0.8	0.8	0.0
台湾同胞	230.18	14.8	12.2	2.0	0.6	0.0
天津	209.92	34.2	27.4	2.3	1.9	2.6
外国人	207.27	35.0	28.1	2.2	1.9	2.8
香港同胞	202.09	28.9	26.5	1.3	0.9	0.2
澳门同胞	281.48	32.3	27.2	3.2	1.6	0.3
台湾同胞	220.84	31.4	24.2	1.4	1.1	4.7
石家庄	179.88	30.5	12.1	8.4	10.0	0.0
外国人	173.37	32.7	15.0	9.4	8.3	0.0
香港同胞	200.86	33.4	28.4	2.1	2.9	0.0
澳门同胞	213.36	8.0	7.1	0.9	0.0	0.0
台湾同胞	186.96	19.9	4.7	0.0	15.2	0.0
唐山	162.64	32.6	23.2	4.7	4.7	0.0
外国人	159.47	33.2	23.9	4.7	4.6	0.0
香港同胞	171.39	28.8	18.9	5.1	4.8	0.0
澳门同胞	178.28	25.2	24.2	1.0	0.0	0.0
台湾同胞	190.93	27.8	17.5	5.0	5.3	0.0
秦皇岛	231.53	20.8	13.3	4.1	3.4	0.0
外国人	219.85	21.1	13.4	4.5	3.2	0.0
香港同胞	286.48	21.2	14.1	3.6	3.5	0.0
澳门同胞	280.77	10.6	9.5	0.9	0.2	0.0
台湾同胞	280.51	17.3	12.7	0.9	3.7	0.0
保定	109.56	23.9	0.0	11.7	12.2	0.0
外国人	103.58	22.8	0.0	12.6	10.2	0.0
香港同胞	129.16	27.4	0.0	11.5	15.9	0.0
澳门同胞	146.26	0.0	0.0	0.0	0.0	0.0
台湾同胞	113.57	28.0	0.0	0.0	28.0	0.0

人均天花费构成（按外国人、港澳台胞分组）

住宿	餐饮	景区游览	娱乐	购物	市内交通	邮电通信	其他
16.9	7.3	4.2	3.8	27.6	2.5	1.7	9.1
16.8	7.2	4.2	3.9	27.7	2.5	1.8	8.5
19.6	8.7	4.1	3.5	28.5	1.4	2.3	15.4
11.7	6.0	1.0	0.0	45.7	0.8	2.9	18.4
16.2	7.6	4.0	2.6	35.5	5.0	1.9	12.4
12.5	8.2	4.3	6.1	23.0	2.1	2.5	7.1
13.3	8.4	4.1	5.4	22.4	2.1	2.8	6.5
11.8	8.6	5.9	7.9	25.0	1.8	1.2	8.9
10.4	9.1	5.6	6.8	24.6	2.4	0.6	8.2
8.7	7.2	4.1	10.1	26.1	3.7	2.1	6.6
13.8	5.8	4.6	2.1	23.9	2.6	6.4	10.3
13.0	6.6	5.3	2.2	21.0	2.8	5.0	11.4
14.6	6.5	6.5	4.2	26.8	3.6	1.4	3.0
26.6	8.4	6.7	0.0	32.3	3.8	6.6	7.6
14.8	3.6	2.5	1.7	35.6	1.3	10.5	10.1
12.8	10.7	7.1	8.7	12.1	3.8	2.0	10.2
12.5	10.7	7.4	8.7	11.2	3.9	2.1	10.3
13.8	9.4	3.9	7.0	16.7	3.2	3.1	14.1
20.4	15.8	2.1	12.2	9.4	4.3	0.6	10.0
13.3	11.5	6.9	6.4	22.3	4.1	0.3	7.4
12.5	7.7	6.4	4.1	30.8	2.3	1.9	13.5
12.2	7.8	5.8	3.7	30.4	2.5	1.8	14.7
14.5	7.6	11.0	11.6	22.9	2.0	1.7	7.5
20.5	9.6	5.1	5.0	23.7	1.9	0.0	23.6
10.9	6.9	6.6	4.3	40.9	1.3	2.7	9.1
19.4	5.6	5.5	0.9	30.3	5.1	4.1	5.2
17.6	5.5	5.6	0.7	32.2	5.5	4.5	5.6
16.0	4.6	5.0	2.1	32.6	3.7	3.4	5.2
40.6	11.7	10.1	0.0	24.2	7.5	2.2	3.7
21.5	3.5	2.6	2.2	30.4	2.3	4.2	5.3

1-20(续1)

	人均天花费（美元/人天）	人均天花费构成(%)				
		长途交通	飞机	火车	汽车	轮船
承德	142.89	28.8	14.2	7.0	7.6	0.0
外国人	142.32	28.8	14.7	7.0	7.1	0.0
香港同胞	139.55	25.1	2.7	9.7	12.7	0.0
澳门同胞	127.33	6.2	4.4	0.6	1.2	0.0
台湾同胞	170.35	38.9	18.1	2.0	18.8	0.0
廊坊	139.99	28.9	10.2	8.6	10.1	0.0
外国人	135.48	28.2	11.7	7.2	9.3	0.0
香港同胞	151.22	27.7	7.4	5.5	14.8	0.0
澳门同胞	165.66	14.2	5.9	4.8	3.5	0.0
台湾同胞	148.49	36.9	15.7	0.0	21.2	0.0
太原	216.32	25.8	14.8	4.9	6.1	0.0
外国人	194.29	31.2	17.4	7.3	6.5	0.0
香港同胞	231.80	23.8	12.2	5.0	6.6	0.0
澳门同胞	223.21	20.2	16.9	2.1	1.2	0.0
台湾同胞	228.34	12.6	4.1	1.7	6.8	0.0
大同	101.25	42.9	25.2	8.0	9.7	0.0
外国人	102.23	43.1	25.1	8.3	9.7	0.0
香港同胞	—	—	—	—	—	—
澳门同胞	—	—	—	—	—	—
台湾同胞	88.30	13.3	0.0	3.9	9.4	0.0
长治	182.11	27.5	20.5	5.1	1.9	0.0
外国人	179.89	23.6	21.6	0.0	2.0	0.0
香港同胞	196.84	28.4	21.7	4.8	1.9	0.0
澳门同胞	172.48	19.8	19.8	0.0	0.0	0.0
台湾同胞	193.82	23.4	23.4	0.0	0.0	0.0
晋中	183.61	30.3	17.2	6.1	7.0	0.0
外国人	181.55	30.4	17.2	6.2	7.0	0.0
香港同胞	239.04	18.8	4.1	6.5	8.2	0.0
澳门同胞	158.07	15.6	14.3	1.3	0.0	0.0
台湾同胞	193.13	34.3	22.6	5.7	6.0	0.0

住宿	餐饮	景区游览	娱乐	购物	市内交通	邮电通信	其他
15.4	9.2	8.3	4.6	18.1	3.8	3.2	8.6
15.1	9.3	8.3	4.8	18.5	3.8	3.2	8.2
15.7	6.8	6.6	2.6	27.1	2.9	2.6	10.6
31.5	18.2	13.3	9.3	6.2	7.6	1.5	6.2
14.5	7.3	9.2	2.6	8.7	3.8	4.6	10.4
15.1	9.6	6.4	2.7	17.6	4.2	1.4	14.1
13.9	9.8	6.4	2.8	19.5	4.3	1.4	13.7
15.3	11.7	7.7	3.2	18.7	4.7	0.9	10.1
28.5	10.5	8.5	1.1	7.8	4.5	0.6	24.3
16.2	2.6	6.0	6.9	9.8	1.8	0.0	19.8
12.5	8.2	6.4	4.1	29.8	0.5	3.2	9.5
14.1	10.5	7.9	5.2	20.7	0.7	3.3	6.4
15.3	7.9	7.7	3.1	34.0	0.3	2.0	5.9
8.3	5.1	3.1	4.6	39.6	0.2	2.1	16.8
10.4	6.5	6.1	3.2	41.2	0.3	4.1	15.6
13.6	5.4	9.8	4.2	9.8	1.4	2.4	10.5
13.3	5.3	9.9	4.3	9.7	1.4	2.4	10.6
—	—	—	—	—	—	—	—
—	—	—	—	—	—	—	—
25.7	10.4	13.1	2.6	15.5	2.9	2.3	14.2
10.8	6.0	6.9	4.3	20.4	2.4	4.3	17.4
11.5	6.4	7.6	4.0	21.5	2.5	4.7	18.2
11.0	6.6	6.8	5.3	16.6	2.6	3.4	19.3
11.4	4.9	4.0	6.5	23.4	3.4	6.8	19.8
11.1	5.7	7.0	4.6	24.9	2.0	3.5	17.8
9.9	5.6	7.4	4.0	28.6	0.8	4.2	9.2
9.3	5.3	7.2	4.0	29.3	0.8	4.2	9.5
17.5	8.5	9.6	2.5	27.9	0.5	4.3	10.4
15.3	6.4	6.2	1.3	39.9	0.8	5.2	9.3
11.9	9.5	9.7	4.5	16.7	1.9	4.0	7.5

1－20(续2)

	人均天花费(美元/人天)	人均天花费构成(%)				
		长途交通	飞 机	火 车	汽 车	轮 船
运 城	162.29	32.7	19.7	6.2	6.8	0.0
外 国 人	161.31	33.1	19.2	7.1	6.8	0.0
香港同胞	178.63	23.8	10.8	4.7	8.3	0.0
澳门同胞	139.16	21.0	18.6	1.1	1.3	0.0
台湾同胞	169.02	26.3	15.9	3.7	6.7	0.0
忻 州	168.54	31.7	19.0	5.8	6.9	0.0
外 国 人	165.71	31.3	18.4	5.9	7.0	0.0
香港同胞	205.75	34.3	19.2	7.4	7.7	0.0
澳门同胞	91.41	16.7	16.7	0.0	0.0	0.0
台湾同胞	188.67	24.3	13.7	4.2	6.4	0.0
呼和浩特	211.72	19.2	13.1	2.1	4.0	0.0
外 国 人	212.83	15.7	9.8	2.1	3.8	0.0
香港同胞	185.46	9.6	9.6	0.0	0.0	0.0
澳门同胞	209.75	7.6	7.6	0.0	0.0	0.0
台湾同胞	228.65	22.2	17.1	0.0	5.1	0.0
满 洲 里	176.42	9.1	0.0	0.0	9.1	0.0
外 国 人	176.42	9.1	0.0	0.0	9.1	0.0
香港同胞	—	—	—	—	—	—
澳门同胞	—	—	—	—	—	—
台湾同胞	—	—	—	—	—	—
二连浩特	202.94	12.3	6.6	3.6	2.1	0.0
外 国 人	202.94	12.3	6.6	3.6	2.1	0.0
香港同胞	—	—	—	—	—	—
澳门同胞	—	—	—	—	—	—
台湾同胞	—	—	—	—	—	—
包 头	190.66	26.2	21.3	0.0	4.9	0.0
外 国 人	186.16	22.5	21.6	0.0	0.9	0.0
香港同胞	185.67	21.9	19.6	0.0	2.3	0.0
澳门同胞	135.06	23.0	23.0	0.0	0.0	0.0
台湾同胞	227.62	29.4	21.4	0.0	8.0	0.0

住宿	餐饮	景区游览	娱乐	购物	市内交通	邮电通信	其他
12.0	6.9	7.6	4.9	22.4	1.6	1.0	10.9
10.8	6.5	7.9	5.2	23.4	1.7	1.0	10.4
19.5	11.0	10.0	5.6	21.6	1.0	0.0	7.5
17.8	8.1	7.4	0.0	29.5	1.7	0.0	14.5
12.1	7.0	6.6	4.6	22.5	1.5	1.2	18.2
9.9	4.1	5.5	3.1	39.4	0.4	3.3	2.6
9.6	3.4	5.4	3.4	40.5	0.6	3.4	2.4
15.7	9.3	8.4	2.0	28.3	0.2	1.8	0.0
19.8	6.2	5.6	0.0	33.6	0.0	13.3	4.8
9.3	7.1	4.7	2.6	48.9	0.0	2.1	1.0
14.1	9.7	4.1	6.9	30.0	2.0	2.5	11.5
14.6	9.8	4.4	7.5	30.1	1.1	2.9	13.9
8.0	5.2	3.7	4.4	58.3	0.8	2.2	7.8
11.8	14.1	2.9	6.4	48.2	0.6	2.6	5.8
16.7	10.8	0.8	5.8	32.9	4.9	2.8	3.1
9.2	7.5	4.5	3.7	61.8	0.0	1.7	2.5
9.2	7.5	4.5	3.7	61.8	0.0	1.7	2.5
—	—	—	—	—	—	—	—
—	—	—	—	—	—	—	—
—	—	—	—	—	—	—	—
2.6	3.2	3.4	2.6	63.0	8.8	0.5	3.6
2.6	3.2	3.4	2.6	63.0	8.8	0.5	3.6
—	—	—	—	—	—	—	—
—	—	—	—	—	—	—	—
—	—	—	—	—	—	—	—
20.8	9.5	3.1	4.8	15.9	3.7	2.2	13.8
23.8	11.0	3.1	6.3	19.4	3.5	1.8	8.6
18.1	5.5	4.0	1.7	13.3	3.2	5.9	26.4
17.5	3.9	1.5	1.2	11.7	2.6	4.4	34.2
17.5	9.9	3.3	1.0	17.9	4.2	2.3	14.5

1－20(续3)

	人均天花费(美元/人天)	人均天花费构成(%)				
		长途交通	飞　机	火　车	汽　车	轮　船
沈　阳	215.14	40.2	31.1	2.0	0.2	6.9
外国人	215.56	42.1	32.5	1.8	0.2	7.6
香港同胞	220.97	28.9	26.3	2.3	0.3	0.0
澳门同胞	—	—	—	—	—	—
台湾同胞	207.58	33.4	25.8	2.0	0.6	5.0
大　连	211.53	27.5	22.8	1.2	1.4	2.1
外国人	216.01	30.6	25.4	1.3	1.4	2.5
香港同胞	202.26	17.4	16.5	0.4	0.5	0.0
澳门同胞	211.24	16.5	15.0	0.9	0.3	0.3
台湾同胞	190.51	18.8	17.8	0.7	0.3	0.0
鞍　山	228.43	27.0	21.8	1.5	0.7	3.0
外国人	228.43	27.0	21.8	1.5	0.7	3.0
香港同胞	—	—	—	—	—	—
澳门同胞	—	—	—	—	—	—
台湾同胞	—	—	—	—	—	—
抚　顺	223.93	23.8	19.1	1.3	1.5	1.9
外国人	226.82	23.5	19.1	1.3	1.4	1.7
香港同胞	166.58	27.8	24.8	1.3	1.7	0.0
澳门同胞	—	—	—	—	—	—
台湾同胞	203.98	22.2	20.4	0.9	0.9	0.0
本　溪	204.27	31.6	19.4	2.7	1.9	7.6
外国人	226.06	39.5	27.2	2.9	1.7	7.7
香港同胞	172.52	13.5	9.4	1.8	2.3	0.0
澳门同胞	172.50	13.7	8.5	3.1	1.1	1.0
台湾同胞	183.80	14.8	9.7	2.5	2.5	0.1
丹　东	172.12	38.3	21.7	2.7	3.2	10.7
外国人	179.19	41.8	24.8	2.3	3.3	11.4
香港同胞	125.99	12.3	6.1	4.0	0.8	1.4
澳门同胞	104.22	26.3	22.6	2.2	0.8	0.7
台湾同胞	146.40	16.3	12.5	1.9	1.9	0.0

住宿	餐饮	景区游览	娱乐	购物	市内交通	邮电通信	其他
15.1	9.8	5.3	3.6	16.4	2.3	1.8	5.5
15.1	9.9	5.1	3.5	15.3	2.0	1.8	5.2
15.8	9.7	7.9	5.4	18.9	3.4	2.6	7.4
—	—	—	—	—	—	—	—
14.5	9.0	5.4	4.6	22.6	3.4	1.6	5.5
19.2	15.2	8.8	6.9	14.3	2.2	1.0	4.9
17.8	14.5	8.7	5.9	14.3	2.3	1.0	4.9
25.4	17.4	8.1	10.3	14.0	2.2	0.6	4.6
20.9	14.6	9.9	12.9	16.5	2.0	2.4	4.3
24.1	21.3	10.7	4.2	10.6	2.3	1.4	6.6
7.2	6.0	4.1	4.6	39.5	2.6	3.1	5.9
7.2	6.0	4.1	4.6	39.5	2.6	3.1	5.9
—	—	—	—	—	—	—	—
—	—	—	—	—	—	—	—
—	—	—	—	—	—	—	—
13.5	11.2	4.3	9.6	13.7	2.1	1.0	20.8
13.5	11.3	4.1	9.7	13.8	2.2	1.0	20.9
12.1	11.8	5.5	7.2	19.5	1.6	0.3	14.2
—	—	—	—	—	—	—	—
14.0	13.6	9.0	11.0	15.6	2.1	0.4	12.1
10.4	6.7	4.8	4.5	27.3	2.4	1.8	10.5
9.0	4.8	3.2	3.7	25.9	2.9	1.5	9.5
16.9	9.9	7.7	7.2	28.4	2.2	1.7	12.5
15.5	13.8	11.6	2.4	24.6	2.7	2.4	13.3
11.3	8.8	6.6	6.4	34.7	1.4	2.8	13.2
9.5	7.3	5.4	7.0	20.0	2.4	2.0	8.1
9.5	7.5	5.4	7.0	20.7	2.1	1.8	4.2
10.0	6.3	3.6	7.9	10.0	3.2	1.9	44.8
31.5	16.4	11.6	1.7	10.0	2.0	0.0	0.5
14.3	9.9	4.9	4.8	37.6	1.1	0.2	10.9

1-20(续4)

	人均天花费(美元/人天)	人均天花费构成(%)				
		长途交通	飞　机	火　车	汽　车	轮　船
锦　　州	218.55	30.4	20.6	1.9	1.2	6.7
外 国 人	222.89	31.7	21.7	2.0	1.2	6.8
香港同胞	183.29	4.9	2.9	1.3	0.7	0.0
澳门同胞	172.50	9.8	6.1	2.2	0.8	0.7
台湾同胞	182.88	16.8	11.0	2.9	2.9	0.0
营　　口	259.42	46.8	34.1	3.8	5.5	3.4
外 国 人	259.35	46.8	34.2	3.8	5.5	3.3
香港同胞	267.17	48.7	42.8	0.0	5.9	0.0
澳门同胞	—	—	—	—	—	—
台湾同胞	—	—	—	—	—	—
盘　　锦	185.25	48.8	30.6	4.2	2.7	11.3
外 国 人	203.29	54.0	36.2	4.2	2.4	11.2
香港同胞	154.63	26.8	23.3	1.5	2.0	0.0
澳门同胞	135.61	37.5	34.3	1.9	0.7	0.6
台湾同胞	177.82	35.0	28.7	1.5	4.8	0.0
葫 芦 岛	226.51	29.7	21.0	2.0	1.2	5.5
外 国 人	234.16	31.3	22.9	2.0	1.1	5.3
香港同胞	172.52	15.8	11.0	2.1	2.7	0.0
澳门同胞	172.50	10.3	6.4	2.3	0.9	0.7
台湾同胞	182.88	13.3	8.7	2.3	2.3	0.0
长　　春	189.57	33.5	26.2	4.5	2.8	0.0
外 国 人	194.02	39.3	31.9	4.8	2.6	0.0
香港同胞	184.33	14.6	10.9	0.0	3.7	0.0
澳门同胞	181.37	24.2	20.3	0.0	3.9	0.0
台湾同胞	169.34	8.5	1.6	3.2	3.7	0.0
吉　　林	206.74	42.8	33.5	9.3	0.0	0.0
外 国 人	201.74	42.4	33.0	9.4	0.0	0.0
香港同胞	270.20	49.6	49.6	0.0	0.0	0.0
澳门同胞	334.82	53.4	53.4	0.0	0.0	0.0
台湾同胞	211.33	42.8	42.8	0.0	0.0	0.0

住宿	餐饮	景区游览	娱乐	购物	市内交通	邮电通信	其他
9.6	8.9	4.5	3.5	23.7	1.7	6.0	11.7
9.6	8.6	4.4	3.4	22.6	1.8	6.3	11.6
9.9	20.5	5.6	6.2	34.9	0.7	2.2	15.1
11.2	10.0	8.4	1.7	51.6	2.0	0.0	5.3
13.2	10.3	7.7	7.5	36.1	1.7	2.1	4.6
8.4	7.8	5.4	8.4	14.2	1.7	2.3	5.0
8.4	7.8	5.3	8.2	14.1	1.7	2.3	5.4
4.2	1.4	0.0	28.1	17.6	0.0	0.0	0.0
—	—	—	—	—	—	—	—
—	—	—	—	—	—	—	—
13.7	8.9	5.5	6.3	10.5	2.6	0.9	2.8
12.0	7.6	4.2	5.8	10.4	2.8	0.9	2.3
23.2	14.7	9.4	6.1	11.0	3.0	0.9	4.9
18.0	13.2	10.7	4.0	9.6	2.4	1.0	3.6
18.2	12.8	8.7	7.2	10.9	2.0	1.1	4.1
9.5	6.1	4.4	4.0	29.5	3.3	5.5	8.0
9.5	6.0	4.3	3.9	28.1	3.6	5.1	8.2
19.8	11.5	9.0	8.5	29.1	2.6	0.0	3.7
11.6	10.4	8.7	1.8	48.3	2.0	0.0	6.9
10.4	8.2	6.1	5.9	46.5	1.3	0.0	8.3
13.5	4.6	4.3	4.1	31.1	2.6	0.9	5.4
15.0	5.2	4.6	4.2	23.5	2.7	0.8	4.7
11.1	4.0	3.6	4.0	52.7	2.4	0.0	7.6
11.7	4.3	5.0	3.6	35.8	2.5	1.9	11.0
10.5	3.8	4.6	4.6	57.6	2.5	1.0	6.9
11.4	7.4	4.6	7.7	12.1	2.8	3.2	8.0
11.5	7.5	4.7	7.9	12.4	2.7	3.1	7.8
14.1	7.4	4.1	7.4	0.0	4.3	3.4	9.7
11.7	8.2	5.7	0.0	3.7	5.7	4.3	7.3
12.9	10.5	3.6	0.0	0.0	3.6	4.4	22.2

1-20(续5)

	人均天花费(美元/人天)	人均天花费构成(%)				
		长途交通	飞机	火车	汽车	轮船
通化	188.89	25.7	17.5	5.0	3.2	0.0
外国人	191.56	25.5	17.2	5.2	3.1	0.0
香港同胞	201.38	22.1	19.0	0.0	3.1	0.0
澳门同胞	211.52	27.6	25.0	0.0	2.6	0.0
台湾同胞	139.59	10.6	0.0	4.9	5.7	0.0
松原	136.49	44.6	33.4	8.7	2.5	0.0
外国人	134.89	44.6	33.3	8.8	2.5	0.0
香港同胞	173.96	43.0	36.1	4.8	2.1	0.0
澳门同胞	178.43	18.9	0.0	15.9	3.0	0.0
台湾同胞	—	—	—	—	—	—
延吉	188.46	25.5	15.9	5.8	3.8	0.0
外国人	189.97	25.6	16.0	5.8	3.8	0.0
香港同胞	148.17	10.1	4.2	0.0	5.9	0.0
澳门同胞	201.67	24.2	20.3	0.0	3.9	0.0
台湾同胞	165.74	9.7	0.0	4.5	5.2	0.0
哈尔滨	225.83	26.0	20.2	3.6	2.2	0.0
外国人	220.97	25.7	21.3	3.8	0.6	0.0
香港同胞	238.36	21.9	20.4	0.9	0.6	0.0
澳门同胞	211.01	14.0	14.0	0.0	0.0	0.0
台湾同胞	271.44	15.5	9.0	1.1	5.4	0.0
齐齐哈尔	166.07	30.7	21.3	3.6	5.8	0.0
外国人	182.60	36.1	27.4	5.0	3.7	0.0
香港同胞	180.79	24.1	20.0	2.4	1.7	0.0
澳门同胞	—	—	—	—	—	—
台湾同胞	149.42	10.8	0.0	0.0	10.8	0.0
大庆	181.11	24.1	20.7	1.9	1.5	0.0
外国人	178.45	26.5	22.7	2.2	1.6	0.0
香港同胞	107.61	47.1	39.2	4.6	3.3	0.0
澳门同胞	97.29	0.0	0.0	0.0	0.0	0.0
台湾同胞	280.93	21.5	19.3	0.0	2.2	0.0

住宿	餐饮	景区游览	娱乐	购物	市内交通	邮电通信	其他
11.5	5.3	4.8	4.4	26.9	3.2	3.2	15.0
11.5	5.5	4.7	4.4	25.6	3.2	3.3	16.3
11.4	5.7	3.5	2.9	39.0	3.4	0.0	12.0
14.2	4.3	6.3	2.5	31.1	3.2	0.3	10.5
14.8	5.3	7.1	6.8	35.6	3.8	3.7	12.3
9.8	6.4	8.9	7.8	7.9	1.4	1.0	12.2
9.8	6.3	8.8	7.9	7.6	1.4	1.0	12.6
10.4	7.2	11.1	0.0	12.8	1.7	1.2	12.6
14.9	10.9	17.2	7.3	14.8	2.0	2.6	11.4
—	—	—	—	—	—	—	—
11.9	5.3	5.1	4.6	29.1	3.5	1.7	13.3
12.0	5.4	5.2	4.6	29.5	3.6	1.6	12.5
11.8	5.6	4.8	5.6	28.3	3.5	3.2	27.1
11.7	4.3	5.0	3.6	25.3	2.5	2.8	20.6
13.4	4.8	6.4	6.2	30.4	3.4	2.6	23.1
17.1	8.6	7.4	4.6	14.4	3.0	2.6	16.3
18.9	9.5	6.8	4.0	13.5	3.1	2.7	15.8
13.0	7.5	9.6	2.6	17.7	2.7	3.5	21.5
15.5	8.9	7.3	4.0	17.4	3.9	2.9	26.1
13.7	4.6	10.7	7.4	22.5	1.7	2.6	21.3
12.3	4.4	9.1	0.0	27.6	0.0	7.6	8.3
9.0	5.5	4.7	0.0	35.5	0.0	0.0	9.2
6.0	3.1	6.7	0.0	53.4	0.0	4.5	2.2
—	—	—	—	—	—	—	—
21.5	5.6	16.8	0.0	23.5	0.0	9.8	12.0
6.3	4.9	4.2	2.2	21.5	0.8	3.1	32.9
6.7	5.4	4.4	2.3	20.8	0.8	2.3	30.8
11.8	6.1	13.1	0.0	20.5	0.0	1.5	0.0
0.0	0.0	0.0	0.0	48.2	0.0	51.8	0.0
10.0	1.1	3.3	0.0	45.8	0.0	3.7	14.6

1-20(续6)

	人均天花费（美元/人天）	人均天花费构成（%）				
		长途交通	飞　机	火　车	汽　车	轮　船
佳木斯	177.61	40.1	30.4	5.5	4.2	0.0
外国人	177.61	40.1	30.4	5.5	4.2	0.0
香港同胞	—	—	—	—	—	—
澳门同胞	—	—	—	—	—	—
台湾同胞	—	—	—	—	—	—
牡丹江	209.55	32.1	24.5	4.2	3.3	0.1
外国人	209.55	32.1	24.5	4.2	3.3	0.1
香港同胞	—	—	—	—	—	—
澳门同胞	—	—	—	—	—	—
台湾同胞	—	—	—	—	—	—
上　海	259.31	35.3	27.5	3.3	1.9	2.6
外国人	259.87	35.7	27.4	3.6	1.9	2.8
香港同胞	251.45	26.9	23.9	2.9	0.0	0.1
澳门同胞	251.25	25.0	22.9	1.8	0.3	0.0
台湾同胞	263.40	34.9	30.9	2.1	1.8	0.1
南　京	226.29	41.2	22.9	5.2	8.4	4.7
外国人	224.76	44.1	23.7	5.4	11.1	3.9
香港同胞	219.81	30.1	23.8	5.1	0.2	1.0
澳门同胞	255.00	30.8	19.0	5.7	0.1	6.0
台湾同胞	230.90	30.5	24.6	4.6	1.3	0.0
无　锡	220.14	34.8	28.5	1.9	3.4	1.0
外国人	221.67	34.7	27.6	2.2	4.1	0.8
香港同胞	219.90	32.1	26.9	1.2	2.9	1.1
澳门同胞	217.51	29.1	25.4	1.0	2.7	0.0
台湾同胞	215.42	37.6	34.5	1.6	1.5	0.0
苏　州	228.94	32.5	27.9	2.1	1.7	0.8
外国人	227.86	33.9	29.1	2.4	1.7	0.7
香港同胞	246.87	28.5	27.0	0.8	0.1	0.6
澳门同胞	214.75	18.0	16.4	1.5	0.1	0.0
台湾同胞	226.77	27.2	24.3	1.2	1.7	0.0

住宿	餐饮	景区游览	娱乐	购物	市内交通	邮电通信	其他
10.0	6.1	5.2	0.0	31.4	0.0	1.5	5.7
10.0	6.1	5.2	0.0	31.4	0.0	1.5	5.7
—	—	—	—	—	—	—	—
—	—	—	—	—	—	—	—
—	—	—	—	—	—	—	—
7.9	5.0	4.2	0.1	45.1	0.1	1.4	4.1
7.9	5.0	4.2	0.1	45.1	0.1	1.4	4.1
—	—	—	—	—	—	—	—
—	—	—	—	—	—	—	—
—	—	—	—	—	—	—	—
13.7	6.4	3.6	9.1	18.5	3.1	1.7	8.6
13.4	6.3	3.5	8.7	18.7	3.0	1.7	9.0
14.4	7.0	3.3	13.1	21.4	2.8	1.1	10.0
13.6	6.3	4.0	3.6	30.4	2.9	1.1	13.1
14.9	7.5	5.6	11.6	12.3	3.8	1.8	7.6
15.6	5.9	4.5	5.9	15.5	3.3	1.3	6.8
14.6	5.8	4.6	5.7	14.2	3.6	1.2	6.2
19.7	7.1	4.2	6.8	20.3	1.9	1.7	8.2
23.9	6.1	5.0	6.0	14.8	4.1	1.3	8.0
17.8	6.2	4.7	7.4	20.8	3.3	1.5	7.8
14.2	7.2	6.8	5.6	16.8	2.3	2.2	10.1
14.7	7.6	7.3	5.0	16.1	2.6	2.1	9.9
12.6	6.7	6.5	5.4	20.0	2.1	2.6	12.0
15.4	5.1	5.2	11.1	20.2	1.6	2.2	10.1
13.4	6.7	6.0	6.4	16.6	1.8	2.1	9.4
14.7	6.2	2.9	8.6	25.0	1.4	0.9	7.8
14.6	6.2	3.0	8.4	23.7	1.7	0.8	7.7
17.5	8.1	3.1	9.5	25.8	1.4	0.3	5.8
13.8	6.4	7.2	5.4	28.2	2.2	0.7	18.1
14.0	5.5	2.2	9.3	29.5	0.5	0.0	11.8

1-20(续7)

	人均天花费(美元/人天)	人均天花费构成(%)				
		长途交通	飞机	火车	汽车	轮船
南通	203.02	35.3	30.7	1.7	2.8	0.1
外国人	205.84	35.9	31.3	1.8	2.7	0.1
香港同胞	197.97	6.0	0.0	2.2	3.8	0.0
澳门同胞	198.41	36.3	36.3	0.0	0.0	0.0
台湾同胞	144.46	28.4	28.4	0.0	0.0	0.0
扬州	232.54	41.3	29.0	5.3	6.0	1.0
外国人	230.62	44.1	30.9	5.8	6.2	1.2
香港同胞	227.91	29.9	24.9	0.5	3.1	1.4
澳门同胞	253.58	37.5	28.3	9.2	0.0	0.0
台湾同胞	235.68	37.2	27.3	3.4	6.5	0.0
杭州	233.57	28.7	19.9	2.8	2.9	3.1
外国人	230.37	30.0	20.9	2.8	2.8	3.5
香港同胞	252.07	22.7	18.3	1.0	3.4	0.0
澳门同胞	257.09	15.8	13.5	0.8	1.0	0.5
台湾同胞	231.99	14.0	9.4	1.1	3.4	0.1
温州	152.18	51.4	44.7	3.7	2.9	0.1
外国人	158.96	54.5	48.1	3.7	2.7	0.0
香港同胞	93.47	51.6	51.6	0.0	0.0	0.0
澳门同胞	339.96	41.8	41.8	0.0	0.0	0.0
台湾同胞	108.52	33.5	28.7	2.1	2.7	0.0
绍兴	181.51	35.7	28.5	3.5	2.8	0.9
外国人	179.50	37.1	30.8	2.9	2.8	0.6
香港同胞	190.33	38.8	25.8	9.4	3.6	0.0
澳门同胞	237.91	1.5	0.0	1.5	0.0	0.0
台湾同胞	162.33	23.7	19.6	0.0	3.0	1.1

住宿	餐饮	景区游览	娱乐	购物	市内交通	邮电通信	其他
15.8	11.4	6.1	7.8	13.8	2.1	1.5	6.2
15.0	10.9	6.0	7.6	14.5	2.1	1.6	6.4
26.2	19.0	6.0	12.7	18.0	3.2	1.2	7.7
20.1	16.6	10.7	0.8	7.3	0.4	1.5	6.3
29.7	16.9	8.6	0.0	9.1	2.2	0.0	5.1
12.1	8.0	4.5	6.5	15.9	1.8	2.0	7.9
11.2	7.7	4.7	5.9	16.2	1.7	2.0	6.5
13.2	7.4	6.7	6.9	15.3	4.1	2.5	14.0
18.3	11.1	3.7	4.9	13.2	2.6	2.0	6.7
13.3	8.5	4.5	8.2	15.8	1.8	1.4	9.3
13.6	6.6	4.4	6.4	25.7	2.7	3.1	8.8
13.6	6.8	4.2	6.6	25.1	2.9	3.1	7.7
13.4	5.8	3.5	5.5	33.2	1.5	3.6	10.8
9.7	5.2	3.6	3.1	32.9	1.5	4.7	23.5
16.3	7.0	6.8	6.5	28.2	3.1	3.1	15.0
14.0	7.1	2.3	6.1	11.0	1.7	1.7	4.7
13.7	7.1	1.7	5.8	10.3	1.5	1.7	3.7
26.4	9.3	0.0	0.0	9.9	2.1	0.7	0.0
8.0	6.9	0.0	0.0	28.5	1.3	0.0	13.5
23.9	11.2	7.8	2.2	13.7	4.9	2.4	0.4
15.1	7.0	4.3	8.5	17.6	2.2	2.3	7.3
15.1	6.9	4.4	8.3	16.4	2.2	2.1	7.5
15.8	8.3	3.4	10.0	19.6	1.1	1.1	1.9
22.4	2.2	0.0	0.0	52.1	0.0	14.5	7.3
17.6	12.1	7.0	12.6	13.8	4.1	1.1	8.0

1-20(续8)

	人均天花费(美元/人天)	人均天花费构成(%)				
		长途交通	飞机	火车	汽车	轮船
金华	165.66	36.3	27.0	2.9	2.6	3.8
外国人	165.02	42.0	33.0	2.2	2.3	4.5
香港同胞	182.24	34.8	30.2	4.6	0.0	0.0
澳门同胞	85.99	0.0	0.0	0.0	0.0	0.0
台湾同胞	167.47	24.9	14.6	4.8	5.5	0.0
合肥	200.61	25.3	18.5	4.4	2.4	0.0
外国人	200.65	25.5	18.8	4.3	2.4	0.0
香港同胞	192.69	26.6	19.6	3.7	3.3	0.0
澳门同胞	223.85	18.3	13.0	2.4	2.9	0.0
台湾同胞	208.40	7.7	7.7	0.0	0.0	0.0
芜湖	175.03	23.5	12.7	5.2	2.8	2.8
外国人	174.88	24.1	13.1	5.3	2.9	2.8
香港同胞	137.72	0.0	0.0	0.0	0.0	0.0
澳门同胞	176.96	5.9	5.9	0.0	0.0	0.0
台湾同胞	203.93	16.5	12.7	0.9	2.9	0.0
马鞍山	210.87	33.3	22.0	5.1	1.5	4.7
外国人	210.86	33.4	22.0	5.2	1.5	4.7
香港同胞	211.15	21.7	17.0	3.5	1.2	0.0
澳门同胞	—	—	—	—	—	—
台湾同胞	—	—	—	—	—	—
铜陵	203.05	22.7	17.3	0.3	1.8	3.3
外国人	202.56	22.7	17.3	0.3	1.8	3.3
香港同胞	211.15	0.0	0.0	0.0	0.0	0.0
澳门同胞	212.04	0.0	0.0	0.0	0.0	0.0
台湾同胞	207.39	0.0	0.0	0.0	0.0	0.0
安庆	204.97	21.7	13.9	3.0	4.8	0.0
外国人	204.42	21.8	13.6	3.4	4.8	0.0
香港同胞	207.28	20.0	15.2	2.4	2.4	0.0
澳门同胞	212.04	50.4	50.4	0.0	0.0	0.0
台湾同胞	216.31	28.2	19.6	0.6	8.0	0.0

住宿	餐饮	景区游览	娱乐	购物	市内交通	邮电通信	其他
9.1	7.6	8.1	6.9	9.5	1.6	1.0	19.9
10.2	8.6	8.8	8.2	9.6	1.5	1.1	10.0
16.4	12.1	0.0	0.0	21.9	1.8	1.3	11.7
0.0	0.0	0.0	0.0	0.0	0.0	0.0	100.0
9.0	7.9	9.4	4.3	7.8	2.7	0.1	33.9
10.8	8.1	6.0	4.7	25.9	1.6	2.2	15.4
10.8	8.0	6.0	4.7	25.8	1.7	2.2	15.3
10.9	7.0	7.8	3.3	28.9	1.6	0.0	13.9
4.2	3.3	5.6	3.0	40.4	1.1	0.0	24.1
11.6	25.0	2.2	12.1	22.7	0.0	0.0	18.7
15.3	9.6	7.3	16.8	20.7	1.5	1.0	4.3
15.6	9.5	7.3	16.8	19.9	1.6	1.0	4.2
27.9	16.2	4.4	4.9	40.8	1.8	1.8	2.2
10.6	22.0	6.2	24.2	31.1	0.0	0.0	0.0
9.3	5.2	7.9	17.8	38.5	0.4	0.9	3.5
8.6	14.0	4.7	9.9	19.9	1.8	0.4	7.4
8.7	13.8	4.7	9.9	19.8	1.9	0.4	7.4
8.7	21.7	1.1	12.4	33.7	0.6	0.0	0.0
—	—	—	—	—	—	—	—
—	—	—	—	—	—	—	—
10.3	7.6	3.3	11.2	29.4	2.8	3.0	9.7
10.5	7.7	3.4	11.2	29.3	2.9	3.0	9.3
8.3	6.5	2.5	11.1	53.5	1.7	0.0	16.4
14.5	9.6	4.0	19.6	38.7	2.5	0.0	11.1
14.1	9.8	4.5	17.7	36.5	5.2	0.0	12.2
7.8	7.5	5.8	5.0	29.2	2.5	9.0	11.5
7.9	7.5	5.7	5.4	28.8	2.5	8.8	11.6
5.5	5.3	8.3	2.3	36.1	1.1	10.2	11.2
10.1	19.4	5.0	5.7	2.2	0.0	0.0	7.2
8.5	10.2	0.9	0.4	28.7	5.6	7.7	9.8

1-20(续9)

	人均天花费(美元/人天)	人均天花费构成(%)				
		长途交通	飞机	火车	汽车	轮船
黄　山	195.13	32.0	23.7	4.4	3.9	0.0
外国人	194.45	31.5	23.3	4.4	3.8	0.0
香港同胞	196.69	31.6	24.5	4.1	3.0	0.0
澳门同胞	213.96	31.6	23.8	3.5	4.3	0.0
台湾同胞	193.71	34.7	28.0	4.0	2.7	0.0
滁　州	187.34	46.8	37.2	7.7	1.9	0.0
外国人	187.20	47.7	37.8	7.9	2.0	0.0
香港同胞	197.69	37.9	34.0	3.9	0.0	0.0
澳门同胞	—	—	—	—	—	—
台湾同胞	184.46	28.1	22.2	3.5	2.4	0.0
亳　州	181.23	25.5	2.3	6.4	5.2	11.6
外国人	182.40	25.3	2.5	6.3	5.2	11.3
香港同胞	173.10	15.7	0.0	11.4	4.3	0.0
澳门同胞	166.55	4.9	0.0	4.9	0.0	0.0
台湾同胞	146.93	5.6	0.0	5.6	0.0	0.0
池　州	184.08	31.1	21.2	4.2	4.3	1.4
外国人	182.53	29.9	19.8	4.2	4.4	1.5
香港同胞	197.18	32.4	26.1	2.6	3.7	0.0
澳门同胞	185.88	36.7	33.6	0.0	3.1	0.0
台湾同胞	188.37	30.7	22.9	3.8	4.0	0.0
宣　城	181.44	32.2	23.9	5.4	2.9	0.0
外国人	180.98	32.9	24.7	5.4	2.8	0.0
香港同胞	155.66	32.6	19.4	10.4	2.8	0.0
澳门同胞	217.95	19.7	11.8	2.2	5.7	0.0
台湾同胞	190.55	27.4	19.3	5.3	2.8	0.0
福　州	233.31	46.5	32.5	1.5	1.7	10.8
外国人	234.19	53.7	33.3	1.6	1.3	17.5
香港同胞	228.75	27.4	25.0	0.0	2.4	0.0
澳门同胞	234.40	30.6	30.6	0.0	0.0	0.0
台湾同胞	234.65	29.8	27.1	1.1	0.3	1.3

住宿	餐饮	景区游览	娱乐	购物	市内交通	邮电通信	其他
9.7	7.6	8.4	4.2	27.6	2.4	1.4	6.7
10.1	7.7	8.2	4.0	27.3	2.5	1.5	7.2
7.9	7.2	9.3	5.4	29.3	1.8	1.2	6.3
8.2	6.4	11.1	6.0	27.6	1.7	1.1	6.3
8.1	6.5	8.9	3.8	30.2	1.8	0.9	5.1
13.0	7.5	3.6	9.3	10.2	1.5	2.4	5.7
12.8	7.4	3.6	9.3	10.1	1.5	2.3	5.3
13.7	8.3	3.3	9.0	10.9	1.7	3.2	12.0
—	—	—	—	—	—	—	—
17.5	10.3	5.2	12.5	11.0	1.8	3.7	9.9
15.2	11.7	5.5	9.3	22.7	2.4	2.2	5.5
15.1	11.6	5.4	9.4	22.9	2.5	2.2	5.6
19.3	13.3	8.0	8.8	25.8	2.7	2.7	3.7
23.9	17.9	3.3	22.4	19.1	4.8	3.7	0.0
22.8	29.3	0.8	17.4	20.2	2.4	1.5	0.0
12.1	9.6	8.0	7.0	17.3	2.8	3.1	9.0
12.9	9.9	8.1	7.1	16.9	2.9	3.0	9.3
9.5	9.2	8.1	8.9	19.5	2.8	2.5	7.1
11.4	13.4	7.5	0.0	13.0	5.6	1.9	10.5
9.5	7.3	8.6	4.5	23.0	2.2	5.4	8.8
10.0	8.4	6.3	11.4	20.2	2.1	3.9	5.5
9.7	8.4	6.4	10.9	20.8	2.2	4.0	4.7
12.8	9.3	11.3	2.6	21.0	1.8	5.4	3.2
17.7	20.8	5.2	2.8	27.6	1.0	3.2	2.0
11.5	7.8	5.0	15.5	14.5	2.3	2.6	13.4
10.4	7.6	3.1	7.1	16.3	2.7	1.4	4.9
9.4	6.8	2.7	6.3	14.3	1.5	1.3	4.0
14.0	9.5	4.6	9.2	20.3	2.8	1.9	10.3
14.9	11.1	5.5	6.7	27.3	2.0	1.9	0.0
11.1	8.9	2.0	8.4	22.3	11.8	1.3	4.4

1-20(续10)

	人均天花费(美元/人天)	人均天花费构成(%)				
		长途交通	飞机	火车	汽车	轮船
厦门	199.39	35.0	29.3	1.7	2.3	1.7
外国人	203.28	38.9	33.6	1.6	2.1	1.6
香港同胞	185.76	22.4	18.2	0.0	3.8	0.4
澳门同胞	183.38	18.4	16.0	0.0	2.0	0.4
台湾同胞	194.77	21.9	15.1	3.1	0.9	2.8
泉州	204.91	32.3	20.7	0.8	1.8	9.0
外国人	204.70	44.2	29.9	1.0	2.3	11.0
香港同胞	187.44	18.8	15.1	0.7	3.0	0.0
澳门同胞	207.48	26.1	23.0	0.8	2.3	0.0
台湾同胞	247.11	13.9	12.4	0.0	1.5	0.0
漳州	177.31	28.4	25.0	0.0	3.0	0.4
外国人	191.57	38.3	35.3	0.0	3.0	0.0
香港同胞	154.66	22.8	19.2	0.0	3.1	0.5
澳门同胞	191.95	13.5	13.5	0.0	0.0	0.0
台湾同胞	170.06	16.7	13.2	0.0	3.5	0.0
武夷山	182.32	17.7	12.7	0.5	4.2	0.3
外国人	212.85	18.4	13.4	0.6	4.1	0.3
香港同胞	107.70	11.7	5.6	0.0	6.1	0.0
澳门同胞	57.42	0.0	0.0	0.0	0.0	0.0
台湾同胞	120.30	14.2	8.7	0.0	5.5	0.0
南昌	172.36	29.6	18.1	9.5	2.0	0.0
外国人	168.26	26.7	15.2	9.2	2.3	0.0
香港同胞	182.23	27.7	16.9	9.3	1.5	0.0
澳门同胞	143.96	21.5	6.6	10.5	4.4	0.0
台湾同胞	185.54	23.1	16.9	4.5	1.7	0.0
景德镇	212.25	30.2	17.2	6.4	6.6	0.0
外国人	211.78	27.4	14.4	6.6	6.4	0.0
香港同胞	215.79	23.6	20.7	2.0	0.9	0.0
澳门同胞	196.17	21.6	21.6	0.0	0.0	0.0
台湾同胞	232.38	26.8	17.7	0.0	9.1	0.0

住 宿	餐 饮	景 区 游 览	娱 乐	购 物	市 内 交 通	邮 电 通 信	其 他
14.4	7.8	3.2	8.2	18.7	1.8	1.3	9.6
13.9	7.3	3.1	7.4	17.9	1.7	1.3	8.5
19.6	10.2	3.8	6.8	21.2	2.5	1.4	12.1
20.5	12.6	3.7	3.0	25.9	2.1	1.2	12.6
12.1	7.6	3.2	7.3	26.9	2.1	1.6	17.3
8.7	8.0	6.7	5.6	12.4	1.1	1.2	24.0
10.8	8.8	5.5	7.4	12.8	1.6	1.6	7.3
15.2	16.4	15.7	6.9	23.5	1.4	0.6	1.5
10.1	20.9	0.0	0.0	34.9	0.8	1.2	6.0
4.2	5.6	0.1	0.0	10.8	0.7	0.0	64.7
11.5	6.9	2.8	13.9	24.2	2.2	3.0	7.1
10.5	6.6	3.7	10.1	21.2	1.4	2.8	5.4
12.1	6.2	3.3	13.1	27.3	2.4	2.8	10.0
14.3	9.1	2.8	8.3	42.0	1.4	2.7	5.9
14.8	8.4	1.4	4.3	33.6	4.3	3.7	12.8
12.0	4.7	2.8	20.3	30.7	2.5	2.1	7.2
11.5	4.6	3.3	18.9	31.8	1.7	2.2	7.6
18.6	6.1	2.3	0.0	45.5	5.8	3.8	6.2
0.0	0.0	0.0	0.0	73.0	0.0	7.2	19.8
19.9	8.3	1.5	0.0	36.0	7.5	2.1	10.5
14.7	9.4	6.0	5.5	23.8	2.5	3.2	5.3
17.1	10.3	7.1	4.5	23.5	2.8	3.5	4.5
13.6	9.3	7.4	6.0	20.6	2.6	4.6	8.2
18.2	11.3	6.3	2.9	32.1	0.8	3.0	3.9
13.0	9.2	4.6	6.5	31.7	2.3	2.8	6.8
11.4	7.3	5.2	6.6	26.4	2.1	1.8	9.0
11.8	7.5	5.7	6.8	26.7	2.2	1.9	10.0
10.0	7.0	4.7	6.5	34.9	1.7	2.5	9.1
14.4	8.5	5.6	6.9	31.6	2.3	1.6	7.5
12.8	8.5	4.2	7.3	29.4	2.2	1.1	7.7

1－20(续11)

	人均天花费(美元/人天)	人均天花费构成(%)				
		长途交通	飞机	火车	汽车	轮船
九江	161.46	26.0	15.8	6.0	4.2	0.0
外国人	161.82	15.7	4.1	6.5	5.1	0.0
香港同胞	153.39	27.6	17.6	6.6	3.4	0.0
澳门同胞	168.03	26.4	15.0	5.9	5.5	0.0
台湾同胞	168.40	24.1	19.8	3.0	1.3	0.0
鹰潭	153.23	31.2	16.4	7.1	6.3	1.4
外国人	154.30	24.9	7.3	7.0	8.8	1.8
香港同胞	151.05	28.0	15.4	8.2	3.9	0.5
澳门同胞	146.40	18.5	2.2	12.0	4.3	0.0
台湾同胞	163.97	32.1	20.3	1.4	8.1	2.3
赣州	142.75	32.5	21.2	5.7	5.0	0.6
外国人	151.96	27.5	18.5	3.2	5.8	0.0
香港同胞	147.21	28.3	17.2	6.3	4.8	0.0
澳门同胞	118.73	29.1	9.9	11.8	6.3	1.1
台湾同胞	120.01	38.7	24.6	8.9	4.3	0.9
吉安	144.82	34.0	19.5	8.3	6.2	0.0
外国人	145.37	30.2	20.7	7.5	2.0	0.0
香港同胞	147.81	32.2	17.1	7.7	7.4	0.0
澳门同胞	109.49	27.6	4.6	16.5	6.5	0.0
台湾同胞	162.24	30.0	17.9	10.2	1.9	0.0
济南	238.42	27.0	20.8	4.6	0.9	0.7
外国人	235.28	31.9	26.8	4.0	0.7	0.4
香港同胞	249.15	15.7	12.2	2.2	1.3	0.0
澳门同胞	278.07	35.9	35.9	0.0	0.0	0.0
台湾同胞	217.63	17.8	10.4	5.3	1.1	1.0
青岛	241.16	34.7	23.0	4.2	2.4	5.1
外国人	237.85	37.1	25.0	4.7	2.7	4.7
香港同胞	261.19	26.3	15.6	2.4	2.2	6.1
澳门同胞	274.46	35.8	34.0	0.0	1.8	0.0
台湾同胞	242.19	22.4	14.0	3.2	1.8	3.4

住宿	餐饮	景区游览	娱乐	购物	市内交通	邮电通信	其他
10.5	8.3	7.6	3.3	31.3	1.8	3.2	8.0
12.0	9.3	9.3	3.1	33.8	1.9	3.8	11.1
9.8	7.9	6.5	3.9	32.9	2.0	3.9	5.5
12.2	11.6	7.0	5.5	24.4	1.6	2.8	8.5
10.2	8.2	5.5	4.3	39.1	2.1	2.6	3.9
10.0	7.6	7.1	2.8	29.4	1.7	3.2	7.0
12.2	8.9	9.0	3.5	29.4	1.8	3.2	7.1
8.5	5.8	5.5	2.4	37.1	2.0	3.2	7.5
9.2	7.0	7.9	3.6	37.3	0.2	5.5	10.8
8.3	12.4	6.4	3.9	29.7	1.6	2.8	2.8
10.0	8.1	5.5	4.8	28.0	1.9	3.1	6.1
11.4	8.6	6.1	4.5	31.7	1.8	3.3	5.1
9.3	7.4	5.2	4.5	32.0	2.4	3.6	7.3
9.6	9.9	6.4	7.9	24.3	1.0	1.6	10.2
9.5	9.3	6.1	5.3	22.7	2.2	1.4	4.8
12.5	9.3	7.1	4.4	20.4	2.3	2.4	7.6
15.4	11.0	7.9	4.8	18.5	2.1	2.5	7.6
10.8	8.5	7.2	3.1	23.8	2.3	2.9	9.2
14.6	10.0	9.0	5.2	24.8	1.1	2.6	5.1
12.1	9.3	7.4	6.5	21.5	2.7	2.3	8.2
11.2	5.9	3.9	10.1	28.3	2.5	2.1	9.0
11.5	6.9	4.2	11.7	21.3	2.6	2.0	7.9
12.3	5.4	2.4	11.2	33.8	2.7	3.1	13.4
10.2	4.3	6.8	11.6	27.4	2.5	0.1	1.2
8.4	4.4	5.8	1.5	49.1	2.6	1.6	8.8
15.3	9.1	4.7	7.4	13.8	2.7	1.7	10.6
15.8	8.4	4.0	7.3	13.1	3.0	1.6	9.7
12.9	15.1	3.2	6.8	20.8	2.1	1.4	11.4
25.5	11.2	3.9	7.0	10.3	1.9	2.1	2.3
14.5	9.8	11.9	9.7	11.2	1.9	2.0	16.6

1－20(续12)

	人均天花费(美元/人天)	人均天花费构成(%)				
		长途交通	飞机	火车	汽车	轮船
烟　台	248.54	36.7	29.2	2.2	3.4	1.9
外国人	246.79	40.0	32.1	1.4	3.9	2.6
香港同胞	240.59	27.2	19.8	3.8	3.0	0.6
澳门同胞	245.91	21.5	21.5	0.0	0.0	0.0
台湾同胞	260.99	26.2	24.1	0.6	0.5	1.0
曲　阜	128.03	41.1	27.0	5.0	4.8	4.3
外国人	147.97	46.6	32.5	4.2	5.3	4.6
香港同胞	117.26	13.9	0.0	8.6	5.3	0.0
澳门同胞	87.46	0.0	0.0	0.0	0.0	0.0
台湾同胞	101.83	21.2	6.5	5.8	4.5	4.4
泰　安	216.11	34.1	20.8	2.2	5.3	5.8
外国人	221.50	34.5	21.8	1.8	5.3	5.6
香港同胞	206.28	24.1	7.2	5.5	6.7	4.7
澳门同胞	—	—	—	—	—	—
台湾同胞	169.83	20.3	8.8	8.9	1.3	1.3
威　海	141.65	36.9	17.3	4.0	3.9	11.7
外国人	142.78	36.6	17.1	4.0	4.0	11.5
香港同胞	167.47	32.8	32.8	0.0	0.0	0.0
澳门同胞	—	—	—	—	—	—
台湾同胞	119.91	23.9	23.9	0.0	0.0	0.0
日　照	153.41	38.5	21.0	3.4	4.4	9.7
外国人	175.15	40.6	23.2	2.4	5.4	9.6
香港同胞	141.53	23.4	11.2	8.2	4.0	0.0
澳门同胞	109.73	15.8	9.5	0.0	0.4	5.9
台湾同胞	132.10	24.4	12.3	4.4	2.7	5.0
郑　州	162.68	36.0	28.2	3.8	4.0	0.0
外国人	165.20	36.6	29.3	3.3	4.0	0.0
香港同胞	150.86	25.2	10.9	8.6	5.7	0.0
澳门同胞	107.50	13.4	13.4	0.0	0.0	0.0
台湾同胞	163.69	25.4	19.8	1.3	4.3	0.0

住宿	餐饮	景区游览	娱乐	购物	市内交通	邮电通信	其他
11.2	5.8	5.5	6.5	20.9	2.5	2.0	8.9
9.6	4.3	3.7	6.6	20.1	2.2	2.5	11.0
15.6	6.7	5.3	6.7	26.4	2.3	1.7	8.1
11.7	16.0	0.0	1.9	45.1	2.4	0.0	1.4
14.3	11.2	9.4	5.5	21.4	4.2	1.8	6.0
10.8	5.3	6.6	11.0	14.4	3.2	3.2	4.4
9.1	4.7	6.6	11.2	12.9	2.9	2.8	3.2
25.0	8.7	8.1	5.0	22.9	5.5	6.0	4.9
10.6	8.4	8.2	0.0	44.6	5.3	7.2	15.7
14.0	10.1	11.4	0.0	22.8	5.0	4.8	10.7
10.0	4.6	4.5	8.8	22.4	2.1	1.7	11.8
9.5	4.5	4.7	9.3	22.8	2.1	1.8	10.8
13.9	4.1	3.3	5.7	24.0	2.3	1.7	20.9
—	—	—	—	—	—	—	—
15.7	8.6	7.2	6.6	29.8	2.9	1.5	7.4
12.7	6.8	7.3	11.1	14.3	4.2	1.9	4.8
12.2	6.7	7.4	11.3	14.6	4.4	1.9	4.9
28.3	11.3	11.6	0.0	14.5	1.5	0.0	0.0
—	—	—	—	—	—	—	—
27.9	9.8	7.0	9.9	14.2	3.4	0.0	3.9
10.2	5.4	4.4	8.6	26.5	2.5	1.7	2.2
8.8	4.6	4.6	8.5	27.0	2.3	1.5	2.1
18.8	7.2	3.9	6.8	31.3	3.2	1.8	3.6
4.0	3.2	1.0	3.8	63.2	0.9	3.2	4.9
13.5	8.7	5.6	5.5	34.0	3.4	3.1	1.8
11.3	6.1	5.5	7.5	16.9	3.9	2.2	10.6
10.9	6.1	5.4	7.6	16.4	3.9	2.3	10.8
15.3	6.1	9.4	6.0	22.9	1.7	2.7	10.7
19.6	7.7	6.2	7.8	29.7	1.9	0.5	13.2
16.4	8.1	6.1	0.7	27.2	0.5	2.3	13.3

1-20(续13)

	人均天花费(美元/人天)	人均天花费构成(%)				
		长途交通	飞机	火车	汽车	轮船
开封	182.05	20.8	12.6	3.3	4.9	0.0
外国人	181.56	21.3	12.7	3.5	5.1	0.0
香港同胞	188.09	17.3	11.5	2.3	3.5	0.0
澳门同胞	199.39	0.0	0.0	0.0	0.0	0.0
台湾同胞	167.70	10.1	0.0	3.4	6.7	0.0
洛阳	141.04	28.3	16.4	5.0	6.9	0.0
外国人	144.93	28.3	16.3	5.1	6.9	0.0
香港同胞	117.08	32.2	19.6	3.9	8.7	0.0
澳门同胞	60.53	6.6	6.6	0.0	0.0	0.0
台湾同胞	92.85	14.5	0.0	4.9	9.6	0.0
三门峡	174.39	24.1	16.9	4.0	3.2	0.0
外国人	168.80	28.7	20.0	5.0	3.7	0.0
香港同胞	181.90	15.1	9.5	2.2	3.4	0.0
澳门同胞	186.03	20.6	16.5	4.1	0.0	0.0
台湾同胞	178.24	8.0	0.0	4.1	3.9	0.0
武汉	188.35	30.6	18.0	5.2	3.7	3.7
外国人	197.22	36.0	22.9	7.8	2.9	2.4
香港同胞	174.36	21.5	12.8	2.8	3.6	2.3
澳门同胞	199.65	14.5	10.0	0.5	0.4	3.6
台湾同胞	180.94	31.6	13.1	3.5	3.9	11.1
十堰	184.02	38.5	19.1	5.5	3.8	10.1
外国人	185.40	35.3	17.7	8.4	5.0	4.2
香港同胞	173.51	29.8	18.8	3.9	3.0	4.1
澳门同胞	201.70	41.8	12.5	2.6	2.8	23.9
台湾同胞	186.64	43.6	11.3	2.9	3.5	25.9
宜昌	246.43	38.8	23.0	3.6	0.9	11.3
外国人	249.22	40.0	23.4	3.9	0.9	11.8
香港同胞	239.29	33.9	24.4	3.7	0.6	5.2
澳门同胞	272.99	37.6	25.3	3.6	0.9	7.8
台湾同胞	232.33	31.0	14.6	0.8	1.2	14.4

住宿	餐饮	景区游览	娱乐	购物	市内交通	邮电通信	其他
8.5	5.0	5.9	5.9	26.5	4.8	3.7	18.9
8.3	4.7	6.2	5.7	26.7	4.8	3.7	18.6
10.2	8.0	3.8	4.8	30.5	0.6	3.1	21.7
0.0	0.0	0.0	0.0	45.2	0.0	4.9	49.9
12.6	8.2	7.2	0.0	19.5	0.0	1.8	40.6
10.6	4.7	9.2	7.5	25.8	6.5	1.4	6.0
10.4	4.6	9.4	7.2	26.3	6.5	1.4	5.9
26.1	12.1	10.0	2.6	12.1	0.0	0.0	4.9
8.0	1.5	3.9	0.0	60.3	0.0	3.1	16.6
18.0	11.7	10.3	0.0	34.6	0.0	2.6	8.3
9.5	5.3	4.3	5.0	36.6	4.1	2.5	8.6
10.6	5.9	4.5	4.7	29.7	4.1	2.6	9.2
8.5	4.6	3.5	0.9	58.5	0.5	2.5	5.9
8.7	3.9	4.1	2.0	51.7	0.5	3.0	5.5
10.5	6.1	5.4	2.1	51.2	0.5	3.5	12.7
10.3	5.6	3.8	9.9	26.6	2.6	1.6	9.0
12.6	6.4	4.0	8.4	19.0	2.7	1.9	9.0
7.4	4.5	4.1	7.1	41.2	2.1	1.4	10.7
10.8	10.3	7.4	17.7	19.0	11.9	0.5	7.9
10.5	5.7	3.4	16.2	24.4	2.5	1.3	4.4
9.7	6.1	7.2	2.9	21.1	2.9	2.3	9.3
11.2	6.3	7.9	3.4	22.2	2.7	2.4	8.6
9.6	7.0	7.9	3.8	26.5	2.8	2.5	10.1
9.6	6.3	5.4	1.3	14.5	4.6	2.9	13.6
9.3	5.9	7.7	2.4	17.8	3.0	1.8	8.5
11.0	8.4	5.5	6.8	20.1	1.6	1.1	6.7
11.9	8.7	5.4	8.5	16.8	1.5	1.0	6.2
10.4	7.6	5.7	4.9	27.6	1.5	1.4	7.0
11.6	10.6	7.0	6.2	19.1	2.1	1.1	4.7
10.4	8.8	5.9	5.6	26.5	2.2	1.5	8.1

1－20(续14)

	人均天花费(美元/人天)	人均天花费构成(%)				
		长途交通	飞机	火车	汽车	轮船
襄阳	179.75	25.8	16.4	3.8	1.4	4.2
外国人	176.87	23.8	16.4	4.4	1.5	1.5
香港同胞	196.12	21.0	17.4	1.8	0.4	1.4
澳门同胞	182.83	24.8	6.5	0.7	1.9	15.7
台湾同胞	189.47	37.4	9.3	1.5	2.0	24.6
荆州	169.10	34.2	18.6	4.4	2.8	8.4
外国人	165.59	31.2	16.2	7.6	4.0	3.4
香港同胞	156.62	22.2	14.4	2.2	1.3	4.3
澳门同胞	189.45	33.6	5.3	1.5	2.8	24.0
台湾同胞	184.68	35.8	11.7	2.5	1.7	19.9
湖北游船	193.70	36.4	15.5	6.6	3.8	10.5
外国人	196.87	35.7	15.8	8.0	4.1	7.8
香港同胞	164.36	39.7	20.1	3.1	5.9	10.6
澳门同胞	208.07	35.4	3.5	2.3	2.8	26.8
台湾同胞	196.12	39.2	4.7	2.2	2.2	30.1
长沙	169.66	33.6	22.7	5.0	4.8	1.1
外国人	171.97	33.6	23.0	4.8	4.6	1.2
香港同胞	145.08	28.0	17.4	3.4	7.2	0.0
澳门同胞	163.75	37.4	32.7	2.1	1.1	1.5
台湾同胞	163.37	34.5	22.8	7.0	4.7	0.0
湘潭	220.07	46.5	32.6	6.9	1.7	5.3
外国人	226.61	50.2	35.5	7.3	1.7	5.7
香港同胞	209.78	41.1	24.8	5.5	1.6	9.2
澳门同胞	219.46	32.2	26.3	3.2	2.7	0.0
台湾同胞	207.90	36.1	25.6	4.7	1.6	4.2
衡阳	190.09	22.2	16.7	2.7	2.8	0.0
外国人	202.06	21.6	16.9	2.1	2.6	0.0
香港同胞	155.56	23.9	17.3	4.9	1.7	0.0
澳门同胞	169.44	31.0	20.5	7.3	3.2	0.0
台湾同胞	147.04	36.6	30.3	4.5	1.8	0.0

住宿	餐饮	景区游览	娱乐	购物	市内交通	邮电通信	其他
17.0	8.5	4.0	6.3	17.0	3.1	7.0	11.3
19.0	9.2	4.2	6.6	15.2	3.1	8.0	10.9
12.3	7.8	4.0	9.3	25.7	2.4	3.3	14.2
11.9	5.9	2.9	4.7	21.4	2.6	7.2	18.6
10.1	6.5	4.2	1.2	21.9	3.8	1.6	13.3
15.1	5.1	4.4	4.6	26.9	3.1	1.1	5.5
18.5	5.5	4.3	4.9	26.2	2.8	1.1	5.5
16.9	6.8	6.1	5.6	31.3	3.5	1.5	6.1
14.3	4.8	3.3	2.9	29.8	4.8	1.2	5.3
12.2	4.2	4.3	4.6	28.3	3.2	1.1	6.3
9.2	4.0	3.6	4.2	23.9	2.7	5.8	10.2
9.9	4.2	3.8	4.6	23.1	2.7	6.5	9.5
10.6	4.8	4.6	2.4	26.6	2.8	1.9	6.6
9.4	3.5	2.4	0.3	33.0	4.1	0.7	11.2
6.4	3.2	3.2	1.3	23.0	3.0	2.4	18.3
11.7	7.8	8.1	6.9	18.5	2.9	3.0	7.5
11.3	7.5	8.3	6.3	19.0	2.9	3.2	7.9
18.0	10.8	7.1	13.7	15.3	1.5	0.7	4.9
14.6	8.9	7.4	14.3	11.9	0.8	0.6	4.1
10.8	8.7	9.2	9.8	16.8	2.1	2.3	5.8
9.8	7.3	4.8	5.7	16.5	1.5	1.3	6.6
8.5	6.0	4.4	4.9	15.7	1.7	1.7	6.9
11.7	8.9	6.6	7.8	17.3	1.0	1.0	4.6
11.0	7.5	5.0	5.5	28.3	0.9	2.1	7.5
14.2	11.5	4.7	7.8	16.8	1.5	1.0	6.4
15.5	10.2	8.3	8.9	20.5	2.9	5.1	6.4
14.9	10.5	8.0	8.3	23.5	2.8	4.3	6.1
18.8	9.6	10.6	4.6	11.9	2.4	9.2	9.0
15.8	7.8	9.6	2.8	10.4	3.5	7.5	11.6
18.2	8.2	8.3	3.0	8.7	2.3	6.8	7.9

1-20(续15)

	人均天花费(美元/人天)	人均天花费构成(%)				
		长途交通	飞 机	火 车	汽 车	轮 船
岳 阳	215.73	30.8	22.2	4.1	3.5	1.0
外 国 人	210.62	30.2	22.5	3.0	4.0	0.7
香港同胞	233.39	26.6	17.7	5.4	2.4	1.1
澳门同胞	215.22	35.3	23.2	7.6	2.9	1.6
台湾同胞	216.41	38.1	28.0	5.5	2.9	1.7
张家界	206.42	26.2	20.0	1.6	4.6	0.0
外 国 人	206.42	26.2	20.0	1.6	4.6	0.0
香港同胞	—	—	—	—	—	—
澳门同胞	—	—	—	—	—	—
台湾同胞	—	—	—	—	—	—
广 州	190.92	41.0	33.5	3.7	2.3	1.5
外 国 人	192.76	41.0	33.7	3.7	2.2	1.4
香港同胞	170.10	37.2	29.6	3.2	2.6	1.8
澳门同胞	172.92	35.2	26.9	4.4	2.3	1.6
台湾同胞	214.56	40.5	32.3	3.8	3.2	1.2
深 圳	190.87	30.7	20.2	3.7	2.3	4.5
外 国 人	194.72	29.4	19.7	3.4	1.9	4.4
香港同胞	161.53	32.1	18.9	3.3	4.2	5.7
澳门同胞	193.15	34.9	21.3	7.1	2.6	3.9
台湾同胞	183.22	33.9	23.0	2.2	4.9	3.8
珠 海	110.64	49.4	41.2	2.1	2.8	3.3
外 国 人	158.34	48.0	43.3	0.9	1.8	2.0
香港同胞	72.80	42.5	29.8	3.1	3.7	5.9
澳门同胞	65.90	72.1	63.3	1.6	3.1	4.1
台湾同胞	156.61	42.0	30.5	4.1	4.9	2.5
汕 头	119.77	32.2	20.0	4.2	6.0	2.0
外 国 人	114.17	30.9	19.8	3.8	4.9	2.4
香港同胞	118.33	27.0	12.3	0.0	13.7	1.0
澳门同胞	134.97	38.4	30.7	4.3	3.3	0.1
台湾同胞	135.50	30.5	17.4	0.0	11.6	1.5

住宿	餐饮	景区游览	娱乐	购物	市内交通	邮电通信	其他
9.4	7.2	6.6	5.8	25.5	2.6	3.8	8.3
9.0	6.6	7.4	5.2	27.5	2.8	3.2	8.1
10.8	8.4	5.6	7.1	25.2	1.1	4.0	11.2
8.8	8.2	4.5	7.7	21.0	0.3	3.5	10.7
10.5	8.5	5.1	6.7	20.4	2.0	1.8	6.9
9.1	5.6	9.9	3.4	29.9	3.4	1.0	11.5
9.1	5.6	9.9	3.4	29.9	3.4	1.0	11.5
—	—	—	—	—	—	—	—
—	—	—	—	—	—	—	—
—	—	—	—	—	—	—	—
19.2	8.4	3.6	5.3	14.0	2.2	1.5	4.8
19.1	8.2	3.3	5.1	14.2	2.3	1.5	5.3
20.3	10.0	4.4	6.8	12.8	2.2	1.2	5.1
20.0	9.0	4.8	5.4	15.1	1.6	1.7	7.2
21.1	8.0	4.6	5.9	13.2	2.0	1.3	3.4
12.5	10.2	5.3	8.9	22.5	2.5	2.1	5.3
12.5	10.2	5.2	8.9	23.8	2.5	2.2	5.3
13.8	12.3	7.7	9.9	13.4	3.0	1.9	5.9
14.2	9.8	5.2	8.5	17.3	2.0	1.6	6.5
12.3	9.1	5.5	10.5	19.9	2.1	2.5	4.2
9.3	6.7	3.2	6.9	15.8	1.5	1.5	5.7
9.5	7.6	2.5	5.9	18.5	1.4	1.5	5.1
13.8	8.4	4.0	6.7	11.8	2.2	2.7	7.9
5.3	4.0	2.2	3.0	9.2	0.9	0.9	2.4
8.9	6.8	4.1	9.3	18.9	1.4	1.4	7.2
16.2	12.1	7.9	6.2	12.1	3.6	3.3	6.4
17.6	12.3	8.8	5.8	11.4	4.4	2.7	6.1
17.0	14.8	7.0	7.5	11.9	1.9	3.6	9.3
13.0	11.3	7.6	5.9	8.8	2.5	5.2	7.3
13.6	11.0	6.6	7.5	21.2	2.3	3.6	3.7

1－20(续16)

	人均天花费(美元/人天)	人均天花费构成(%)				
		长途交通	飞　机	火　车	汽　车	轮　船
湛　江	168.89	44.0	27.4	6.9	4.2	5.5
外国人	166.08	48.5	30.4	9.1	2.9	6.1
香港同胞	173.61	27.2	19.6	0.0	5.1	2.5
澳门同胞	142.17	51.8	36.8	4.9	5.6	4.5
台湾同胞	221.35	49.3	38.9	4.1	5.6	0.7
惠　州	139.76	42.0	27.8	2.5	2.8	8.9
外国人	124.28	44.0	35.6	2.6	3.7	2.1
香港同胞	131.17	28.7	25.2	0.0	2.3	1.2
澳门同胞	192.29	41.4	31.1	3.1	2.0	5.2
台湾同胞	192.36	29.9	25.9	0.0	1.7	2.3
东　莞	255.86	32.5	17.3	11.1	1.1	3.0
外国人	258.22	28.9	25.6	0.5	0.9	1.9
香港同胞	253.13	7.0	1.0	0.0	1.9	4.1
澳门同胞	260.40	10.1	2.3	0.9	2.3	4.6
台湾同胞	252.93	38.5	10.8	24.2	1.0	2.5
中　山	148.12	55.2	39.4	9.0	2.7	4.1
外国人	150.08	62.2	45.3	8.6	3.2	5.1
香港同胞	148.05	29.8	22.0	0.0	3.8	4.0
澳门同胞	134.94	19.9	9.0	3.6	3.5	3.8
台湾同胞	145.03	29.5	21.5	0.0	3.3	4.7
南　宁	202.79	26.8	18.3	4.3	4.2	0.0
外国人	206.82	25.9	19.0	4.2	2.7	0.0
香港同胞	201.20	20.6	15.7	0.0	4.9	0.0
澳门同胞	139.70	17.5	16.7	0.0	0.8	0.0
台湾同胞	200.13	13.4	13.1	0.0	0.3	0.0

住宿	餐饮	景区游览	娱乐	购物	市内交通	邮电通信	其他
10.7	8.4	2.5	5.0	15.0	2.2	2.3	9.9
12.0	9.2	2.8	5.4	10.0	2.0	1.2	8.9
9.1	8.2	2.5	4.6	29.2	2.9	4.7	11.6
11.1	8.0	3.2	3.5	7.9	1.9	0.7	11.9
14.1	9.8	2.6	9.8	11.6	1.7	0.7	0.4
15.5	12.3	2.7	5.6	18.3	2.1	0.0	1.5
16.5	12.5	3.3	3.5	16.4	3.0	0.0	0.8
14.5	9.7	2.1	15.1	25.3	1.5	0.0	3.1
14.4	12.5	1.8	6.0	20.6	0.7	0.0	2.6
22.6	22.4	3.0	3.1	17.5	1.2	0.0	0.3
10.7	7.3	1.1	16.3	18.6	1.7	1.1	10.7
14.9	10.3	1.4	21.2	10.8	2.1	1.3	9.1
10.4	7.3	1.3	18.3	34.6	2.0	1.2	17.9
11.4	7.5	1.5	19.9	35.8	2.1	1.3	10.4
12.4	8.5	1.1	17.3	9.0	1.6	1.0	10.6
8.6	5.6	2.2	6.5	10.2	1.8	1.2	8.7
8.9	4.9	1.2	7.4	6.9	1.6	1.0	5.9
9.1	7.0	2.8	5.7	20.2	3.0	1.8	20.6
14.0	12.4	6.3	15.1	23.6	3.0	1.5	4.2
16.6	15.7	7.8	12.2	9.1	2.6	1.5	5.0
9.0	7.0	9.2	9.6	17.5	3.1	5.7	12.1
9.4	7.0	9.4	9.9	17.0	3.2	6.4	11.8
9.9	8.4	6.8	14.9	19.2	3.0	3.3	13.9
13.0	11.4	0.0	0.0	36.7	1.2	9.4	10.8
9.1	7.6	13.9	3.3	26.7	3.1	5.5	17.4

1-20(续17)

	人均天花费（美元/人天）	人均天花费构成（%）				
		长途交通				
			飞　机	火　车	汽　车	轮　船
桂　林	219.90	29.5	23.1	3.3	3.1	0.0
外国人	224.97	28.3	24.3	3.3	0.7	0.0
香港同胞	204.79	23.0	17.1	3.2	2.7	0.0
澳门同胞	204.57	26.9	26.9	0.0	0.0	0.0
台湾同胞	189.70	12.8	12.8	0.0	0.0	0.0
梧　州	153.59	30.0	13.4	7.6	9.0	0.0
外国人	122.37	26.1	14.6	2.3	9.2	0.0
香港同胞	167.48	24.3	5.7	7.4	11.2	0.0
澳门同胞	148.99	3.9	0.0	0.0	3.9	0.0
台湾同胞	160.69	4.1	0.0	0.0	4.1	0.0
北　海	218.00	30.2	18.9	7.0	4.3	0.0
外国人	224.98	24.4	20.9	1.6	1.9	0.0
香港同胞	216.16	27.8	18.4	6.5	2.9	0.0
澳门同胞	216.81	7.9	7.9	0.0	0.0	0.0
台湾同胞	178.17	5.8	5.1	0.0	0.7	0.0
防城港	159.76	20.0	0.0	11.8	8.2	0.0
外国人	159.31	20.2	0.0	11.8	8.4	0.0
香港同胞	200.13	7.0	0.0	0.0	7.0	0.0
澳门同胞	132.41	7.5	0.0	0.0	7.5	0.0
台湾同胞	140.47	11.8	0.0	0.0	11.8	0.0
贺　州	161.14	21.9	11.9	2.3	7.7	0.0
外国人	181.79	20.0	14.6	2.4	3.0	0.0
香港同胞	172.41	18.8	10.1	0.0	8.7	0.0
澳门同胞	121.65	2.8	0.0	0.0	2.8	0.0
台湾同胞	152.81	6.0	0.0	0.0	6.0	0.0
崇　左	136.46	38.7	30.1	0.7	7.9	0.0
外国人	136.06	44.0	36.4	0.5	7.1	0.0
香港同胞	138.73	30.4	25.5	0.0	4.9	0.0
澳门同胞	132.33	0.0	0.0	0.0	0.0	0.0
台湾同胞	137.08	12.1	0.0	0.0	12.1	0.0

住宿	餐饮	景区游览	娱乐	购物	市内交通	邮电通信	其他
10.7	4.8	7.2	4.2	26.4	3.0	1.3	12.9
10.9	4.6	7.5	4.4	26.0	3.4	1.4	13.5
13.2	8.7	8.9	3.5	26.3	2.9	1.6	11.9
18.2	4.1	0.0	0.0	30.1	0.7	4.0	16.0
8.5	4.2	5.0	1.0	49.1	1.5	0.9	17.0
10.8	8.1	5.0	7.0	30.3	2.9	1.5	4.4
20.4	11.1	3.4	10.8	12.2	3.2	1.6	11.2
8.8	6.7	5.5	11.2	33.6	2.9	2.3	4.7
6.1	8.0	2.0	2.2	68.5	1.5	2.8	5.0
13.5	11.6	7.5	2.2	51.9	3.6	2.1	3.5
12.1	6.1	6.4	3.0	29.5	3.6	1.6	7.5
14.0	6.8	7.2	3.5	28.5	4.1	1.9	9.6
11.6	5.9	6.6	1.7	33.9	3.4	0.7	8.4
18.0	5.2	0.0	0.0	58.1	0.0	2.3	8.5
9.9	6.9	6.6	0.0	61.1	2.4	2.2	5.1
10.2	13.1	6.9	13.0	25.0	4.0	2.4	5.4
10.1	12.9	7.0	12.5	25.3	4.2	2.5	5.3
11.5	13.7	6.7	18.7	29.2	3.8	2.4	7.0
11.2	15.6	7.6	10.9	34.8	4.0	2.1	6.3
12.6	18.0	8.5	15.9	20.1	3.7	3.5	5.9
10.6	10.5	8.5	8.1	24.8	5.0	1.9	8.7
11.7	9.3	10.3	8.2	25.3	5.8	1.7	7.7
10.4	11.3	8.5	7.0	27.9	4.6	2.1	9.4
3.6	7.1	2.3	5.6	57.1	1.9	3.5	16.1
11.8	13.4	9.0	8.7	31.1	5.0	2.8	12.2
10.1	7.5	8.8	5.5	18.1	4.2	2.0	5.1
9.7	6.7	7.5	5.2	16.1	4.1	2.0	4.7
12.0	9.7	11.4	6.4	18.2	4.6	2.0	5.3
11.5	9.7	9.6	6.8	48.2	4.6	1.9	7.7
14.1	10.7	13.2	6.5	26.7	5.8	3.6	7.3

1-20(续18)

	人均天花费(美元/人天)	人均天花费构成(%)				
		长途交通	飞机	火车	汽车	轮船
海口	165.96	20.1	14.2	1.4	2.5	2.0
外国人	175.64	22.7	16.6	1.3	2.9	1.9
香港同胞	145.98	17.6	11.4	0.0	2.7	3.5
澳门同胞	135.71	3.6	3.2	0.0	0.4	0.0
台湾同胞	155.77	9.4	8.9	0.5	0.0	0.0
三亚	176.22	11.4	6.6	0.8	1.0	3.0
外国人	175.17	10.2	6.3	0.9	0.2	2.8
香港同胞	176.42	10.4	7.8	0.3	2.3	0.0
澳门同胞	237.71	11.8	11.8	0.0	0.0	0.0
台湾同胞	181.07	19.6	19.5	0.1	0.0	0.0
重庆	189.84	33.2	20.7	3.6	1.6	7.3
外国人	191.68	32.1	22.5	1.4	1.5	6.7
香港同胞	203.89	32.2	16.6	2.9	0.0	12.7
澳门同胞	180.29	35.9	26.4	0.0	0.0	9.5
台湾同胞	151.04	34.0	23.5	0.0	2.6	7.9
重庆游船	144.27	50.4	25.7	6.9	0.0	17.8
外国人	147.11	47.7	28.0	0.3	0.0	19.4
香港同胞	145.94	49.6	26.3	8.0	0.0	15.3
澳门同胞	—	—	—	—	—	—
台湾同胞	77.83	64.7	37.5	0.0	0.0	27.2
成都	193.47	27.0	22.1	2.3	2.0	0.6
外国人	192.16	27.1	22.7	2.1	1.9	0.4
香港同胞	190.42	24.4	17.9	3.2	3.3	0.0
澳门同胞	217.68	30.6	21.4	2.4	2.4	4.4
台湾同胞	199.87	27.7	22.2	3.0	2.4	0.1
绵阳	174.97	31.8	27.2	1.1	3.2	0.3
外国人	174.26	31.6	27.4	1.0	2.9	0.3
香港同胞	194.10	35.3	30.4	0.6	4.3	0.0
澳门同胞	178.72	35.7	29.6	1.0	3.8	1.3
台湾同胞	166.27	29.2	23.5	1.2	4.3	0.2

住宿	餐饮	景区游览	娱乐	购物	市内交通	邮电通信	其他
14.2	10.5	5.6	5.2	30.5	3.4	3.0	7.5
14.9	10.4	5.0	6.0	26.0	3.1	3.4	8.5
8.8	6.9	5.4	4.6	43.6	1.9	3.6	7.6
5.4	5.8	1.1	0.0	75.9	0.6	3.4	4.2
13.5	9.9	7.2	3.9	43.7	2.6	2.3	7.5
18.0	13.0	6.0	2.5	27.7	4.3	2.2	14.9
18.3	13.3	6.0	2.4	27.4	4.6	2.4	15.4
12.7	7.2	4.9	4.3	41.2	1.0	2.8	15.5
16.9	6.9	3.7	3.9	44.4	0.8	0.3	11.3
21.2	10.7	4.1	3.4	30.0	1.3	0.3	9.4
11.7	6.0	5.2	5.8	20.6	3.4	2.8	11.3
12.6	6.3	5.9	5.1	20.0	3.6	3.3	11.1
10.1	5.5	2.2	6.0	25.0	3.1	1.8	14.1
15.1	8.6	2.8	0.0	18.1	3.1	1.7	14.7
11.0	4.9	2.8	3.2	27.9	2.8	1.3	12.1
14.1	6.0	4.2	2.6	11.7	5.4	1.1	4.5
15.9	6.7	4.8	0.0	12.8	5.9	1.2	5.0
7.0	4.6	3.2	3.1	24.3	7.3	0.9	0.0
—	—	—	—	—	—	—	—
12.4	8.8	3.3	0.0	4.1	5.4	0.7	0.6
10.4	7.3	4.4	5.6	33.1	2.5	1.1	8.6
10.4	7.2	4.4	5.8	33.7	2.4	1.1	7.9
10.6	6.7	4.9	4.8	30.2	2.2	2.2	14.0
10.7	6.9	4.4	5.6	28.6	2.8	1.5	8.9
11.3	9.0	5.1	5.5	29.4	3.5	1.3	7.2
15.8	7.4	6.9	9.0	17.0	3.3	1.4	7.4
15.0	7.3	7.1	10.1	16.9	3.4	1.4	7.2
19.1	8.8	6.6	7.6	15.3	2.2	0.1	5.0
21.1	8.9	2.5	0.5	18.9	2.2	0.0	10.2
18.8	6.7	8.6	5.7	18.5	3.3	0.0	9.2

1-20(续19)

	人均天花费(美元/人天)	人均天花费构成(%)				
		长途交通	飞机	火车	汽车	轮船
乐山	189.04	29.0	21.4	2.7	3.9	1.0
外国人	186.78	29.4	22.1	2.9	3.7	0.7
香港同胞	196.88	28.3	20.2	3.1	4.6	0.4
澳门同胞	236.58	32.9	20.3	4.1	1.2	7.3
台湾同胞	184.27	27.9	20.6	2.1	4.7	0.5
阿坝	169.03	41.9	29.9	2.7	6.0	3.3
外国人	165.62	41.5	30.0	2.5	5.9	3.1
香港同胞	169.06	40.2	27.8	2.6	9.8	0.0
澳门同胞	213.86	50.2	33.0	4.7	1.2	11.3
台湾同胞	185.73	41.1	30.8	2.7	7.2	0.4
贵阳	187.24	29.8	19.2	5.6	5.0	0.0
外国人	206.28	38.7	29.6	3.1	6.0	0.0
香港同胞	178.72	22.1	17.5	2.8	1.8	0.0
澳门同胞	185.47	32.3	10.2	15.8	6.3	0.0
台湾同胞	181.22	25.4	19.1	1.3	5.0	0.0
安顺	167.53	21.9	11.1	5.8	5.0	0.0
外国人	153.92	14.7	6.6	2.6	5.5	0.0
香港同胞	173.65	19.8	15.4	2.9	1.5	0.0
澳门同胞	174.42	29.8	6.3	16.8	6.7	0.0
台湾同胞	165.22	20.1	13.9	1.0	5.2	0.0
黔东南	169.84	22.8	11.9	5.9	5.0	0.0
外国人	163.97	18.3	9.2	3.4	5.7	0.0
香港同胞	169.63	18.8	13.4	3.3	2.1	0.0
澳门同胞	172.07	27.2	5.4	15.4	6.4	0.0
台湾同胞	171.86	23.6	17.0	1.3	5.3	0.0

住宿	餐饮	景区游览	娱乐	购物	市内交通	邮电通信	其他
10.5	5.1	5.8	3.1	31.6	4.0	3.8	7.1
10.4	5.7	5.9	3.2	30.6	4.5	3.4	6.9
11.9	6.8	6.8	3.2	28.9	2.7	4.2	7.2
9.0	5.7	5.8	5.4	28.4	3.0	3.0	6.8
10.9	3.1	5.4	1.9	36.1	3.5	4.6	6.6
12.4	7.4	8.1	4.0	13.8	5.7	1.1	5.6
12.2	7.6	8.2	4.1	13.6	6.0	1.2	5.6
14.4	9.4	8.9	4.6	14.1	4.0	0.4	4.0
11.2	8.2	8.6	4.4	10.1	3.4	0.5	3.4
14.8	4.8	7.8	2.4	16.8	4.5	0.9	6.9
13.3	8.3	5.5	3.4	26.5	3.7	2.6	6.9
16.9	9.1	5.4	4.8	14.6	4.5	2.2	3.8
15.1	8.0	6.0	3.1	31.9	3.3	2.7	7.8
8.9	8.7	6.4	0.6	31.9	0.8	2.5	7.9
13.6	8.1	5.3	2.0	31.1	3.4	3.0	8.1
13.9	8.9	5.9	4.1	29.0	4.2	3.1	9.0
19.7	11.6	6.2	7.7	25.4	6.6	0.3	7.8
15.0	7.9	6.2	2.9	32.2	3.4	3.4	9.2
9.3	9.2	6.7	0.8	32.3	0.6	2.6	8.7
15.0	8.9	5.5	3.6	30.0	4.2	2.9	9.8
14.3	9.0	5.8	3.9	29.0	4.2	3.0	8.0
19.1	10.8	5.8	5.9	23.0	6.2	3.6	7.3
15.4	8.4	6.0	3.6	32.0	3.5	3.1	9.2
10.8	9.5	6.6	1.6	31.8	1.4	2.4	8.7
13.9	8.3	5.3	2.3	31.7	3.4	2.7	8.8

1－20(续20)

	人均天花费(美元/人天)	人均天花费构成(%)				
		长途交通	飞机	火车	汽车	轮船
昆明	199.39	28.3	21.2	2.8	4.3	0.0
外国人	196.98	29.3	21.6	3.3	4.4	0.0
香港同胞	209.98	23.2	20.2	0.8	2.2	0.0
澳门同胞	204.42	32.7	28.4	0.0	4.3	0.0
台湾同胞	210.12	20.5	15.6	0.7	4.2	0.0
拉萨	191.67	32.1	12.2	7.7	12.2	0.0
外国人	192.19	32.2	12.1	7.9	12.2	0.0
香港同胞	189.62	29.7	14.9	6.1	8.7	0.0
澳门同胞	179.88	30.1	11.3	4.5	14.3	0.0
台湾同胞	192.42	34.4	13.1	6.3	15.0	0.0
西安	186.65	35.7	29.2	5.5	1.0	0.0
外国人	187.52	36.6	30.1	5.7	0.8	0.0
香港同胞	184.30	25.1	16.8	2.6	5.7	0.0
澳门同胞	212.09	22.1	22.1	0.0	0.0	0.0
台湾同胞	167.25	17.8	15.0	2.1	0.7	0.0
咸阳	145.65	52.0	47.4	4.6	0.0	0.0
外国人	145.65	52.0	47.4	4.6	0.0	0.0
香港同胞	—	—	—	—	—	—
澳门同胞	—	—	—	—	—	—
台湾同胞	—	—	—	—	—	—
兰州	146.51	40.6	25.2	9.8	5.6	0.0
外国人	170.84	41.5	26.0	10.1	5.4	0.0
香港同胞	93.83	23.0	16.6	6.1	0.3	0.0
澳门同胞	76.13	16.1	10.8	4.6	0.7	0.0
台湾同胞	113.87	18.6	17.5	0.0	1.1	0.0

住宿	餐饮	景区游览	娱乐	购物	市内交通	邮电通信	其他
14.8	9.1	5.0	6.5	23.4	3.4	1.6	7.9
15.5	9.9	5.2	6.5	20.8	3.6	1.7	7.5
11.7	8.0	3.3	4.3	34.0	3.3	1.5	10.7
16.8	5.3	6.0	7.1	21.9	4.1	2.0	4.1
11.8	6.0	4.6	5.6	35.9	2.4	1.6	11.6
12.3	6.1	5.4	3.9	28.2	0.6	3.6	7.8
12.3	6.1	5.4	3.9	28.1	0.6	3.6	7.8
13.9	7.4	4.5	3.6	28.8	0.4	3.4	8.3
13.2	6.6	5.3	2.9	29.1	0.7	4.2	7.9
10.7	5.9	4.0	3.1	30.8	0.6	3.5	7.0
12.6	4.9	6.5	7.1	18.0	4.4	2.0	8.8
12.5	4.7	6.6	7.3	17.3	4.5	2.0	8.5
9.8	5.2	3.4	3.2	32.7	2.3	5.0	13.3
14.3	9.1	4.6	6.4	30.1	3.3	0.5	9.6
8.8	5.6	5.0	4.8	36.0	1.8	2.3	17.9
8.7	6.2	4.7	0.9	10.9	9.7	3.5	3.4
8.7	6.2	4.7	0.9	10.9	9.7	3.5	3.4
—	—	—	—	—	—	—	—
—	—	—	—	—	—	—	—
—	—	—	—	—	—	—	—
15.5	7.8	6.5	2.9	13.5	3.6	2.2	7.4
15.9	7.6	6.4	2.4	13.5	3.5	2.2	7.0
15.3	10.5	7.7	7.0	21.1	1.0	3.2	11.2
9.7	4.0	0.8	0.7	35.4	0.8	6.8	25.7
17.4	10.6	12.1	2.6	21.3	1.7	3.2	12.5

1-20(续21)

	人均天花费(美元/人天)	人均天花费构成(%)				
		长途交通	飞机	火车	汽车	轮船
敦煌	170.62	36.0	22.4	8.0	5.6	0.0
外国人	188.31	37.6	23.6	8.4	5.6	0.0
香港同胞	147.06	24.1	16.6	5.7	1.8	0.0
澳门同胞	119.79	13.8	10.0	3.3	0.5	0.0
台湾同胞	145.99	21.2	14.2	4.5	2.5	0.0
西宁	184.83	26.7	10.3	12.5	3.9	0.0
外国人	189.44	26.7	11.0	12.4	3.3	0.0
香港同胞	181.85	23.9	12.9	0.5	10.5	0.0
澳门同胞	62.06	0.0	0.0	0.0	0.0	0.0
台湾同胞	181.77	23.1	7.0	14.9	1.2	0.0
黄南	130.09	30.9	13.1	13.3	4.5	0.0
外国人	129.38	30.9	13.2	13.3	4.4	0.0
香港同胞	155.41	13.4	0.0	0.0	13.4	0.0
澳门同胞	—	—	—	—	—	—
台湾同胞	—	—	—	—	—	—
格尔木	141.89	35.7	12.1	16.5	7.1	0.0
外国人	144.82	37.4	14.8	15.8	6.8	0.0
香港同胞	162.68	21.9	3.4	4.8	13.7	0.0
澳门同胞	81.63	0.0	0.0	0.0	0.0	0.0
台湾同胞	125.42	31.2	4.9	22.6	3.7	0.0
银川	158.84	32.9	23.9	6.7	2.3	0.0
外国人	159.26	33.3	23.1	7.2	3.0	0.0
香港同胞	174.21	27.7	23.4	4.3	0.0	0.0
澳门同胞	146.23	32.0	32.0	0.0	0.0	0.0
台湾同胞	153.65	39.4	26.5	12.9	0.0	0.0

住宿	餐饮	景区游览	娱乐	购物	市内交通	邮电通信	其他
12.5	7.1	8.5	3.2	17.8	3.0	2.3	9.6
13.3	7.4	8.5	2.9	15.7	3.0	2.4	9.2
11.2	7.4	8.6	5.5	26.6	1.0	3.1	12.5
5.6	3.5	3.1	2.4	44.2	0.6	5.4	21.4
12.0	7.2	11.3	1.8	30.1	0.9	3.2	12.3
11.1	5.9	5.5	5.2	31.6	2.6	2.7	8.7
11.5	6.0	5.3	4.4	33.3	2.8	2.5	7.5
13.1	6.7	7.7	7.0	25.9	0.8	4.0	10.9
0.0	0.0	0.0	0.0	61.3	0.0	8.9	29.8
6.8	5.4	6.2	0.0	29.5	1.5	5.4	22.1
12.8	10.6	4.5	3.6	14.4	3.5	3.4	16.3
12.9	10.7	4.5	3.6	14.3	3.6	3.6	15.9
12.6	9.9	4.6	2.4	17.0	0.7	0.2	39.2
—	—	—	—	—	—	—	—
—	—	—	—	—	—	—	—
10.9	5.1	7.9	4.5	24.3	3.5	1.6	6.5
11.9	5.6	8.5	4.7	21.2	3.5	1.6	5.6
11.1	4.9	5.3	0.0	45.9	1.0	2.4	7.5
0.0	0.0	0.0	0.0	34.2	0.0	1.2	64.6
6.5	3.1	8.3	0.0	35.1	5.8	1.6	8.4
18.7	5.9	7.0	9.4	11.1	4.3	2.2	8.5
18.2	5.7	6.5	10.3	10.7	4.4	2.2	8.7
17.7	6.1	8.5	13.4	13.9	2.7	0.6	9.4
23.2	6.4	7.0	1.3	12.6	5.9	3.3	8.3
25.0	11.2	0.0	1.4	8.0	3.8	2.3	8.9

1-20(续22)

	人均天花费(美元/人天)	人均天花费构成(%)				
		长途交通	飞机	火车	汽车	轮船
乌鲁木齐	165.20	39.1	21.4	9.6	8.1	0.0
外国人	181.78	39.0	21.0	10.3	7.7	0.0
香港同胞	137.09	24.5	8.5	0.7	15.3	0.0
澳门同胞	132.92	30.4	21.6	0.0	8.8	0.0
台湾同胞	130.75	11.0	1.2	0.0	9.8	0.0
吐鲁番	158.86	33.6	17.2	9.1	7.3	0.0
外国人	172.34	32.8	17.4	8.8	6.6	0.0
香港同胞	137.04	22.2	6.4	0.0	15.8	0.0
澳门同胞	109.36	17.4	0.0	0.0	17.4	0.0
台湾同胞	110.83	12.3	2.2	0.0	10.1	0.0
库尔勒	161.23	33.7	16.5	9.3	7.9	0.0
外国人	164.56	35.7	17.8	10.1	7.8	0.0
香港同胞	113.10	17.1	3.2	0.0	13.9	0.0
澳门同胞	188.69	14.3	3.9	0.0	10.4	0.0
台湾同胞	175.46	9.8	1.6	0.0	8.2	0.0
喀什	187.02	33.3	17.0	8.9	7.4	0.0
外国人	191.66	33.5	17.6	8.9	7.0	0.0
香港同胞	150.35	15.8	0.0	0.0	15.8	0.0
澳门同胞	155.46	13.6	0.0	0.0	13.6	0.0
台湾同胞	166.91	7.5	0.0	0.0	7.5	0.0
伊宁	159.33	38.1	17.9	11.1	9.1	0.0
外国人	163.50	38.3	18.3	11.4	8.6	0.0
香港同胞	141.01	18.0	0.0	0.0	18.0	0.0
澳门同胞	128.02	23.3	9.8	0.0	13.5	0.0
台湾同胞	—	—	—	—	—	—

住宿	餐饮	景区游览	娱乐	购物	市内交通	邮电通信	其他
14.0	7.0	6.9	6.5	14.9	2.7	3.0	5.9
13.2	6.8	6.2	4.6	18.5	2.2	3.3	6.2
18.3	9.5	11.2	16.1	9.5	0.9	3.6	6.4
24.8	5.0	11.6	5.1	10.3	2.7	3.7	6.4
18.1	7.7	9.7	9.6	21.4	7.9	4.2	10.4
11.1	5.5	7.1	6.5	24.3	2.0	2.5	7.4
10.5	5.4	6.9	6.0	27.7	1.5	2.1	7.1
15.1	8.2	8.6	16.4	17.8	0.0	3.8	7.9
24.4	0.0	13.5	0.0	22.5	0.0	7.4	14.8
18.5	7.2	9.1	9.3	16.6	8.4	5.5	13.1
13.1	6.7	6.7	6.5	14.6	3.1	3.0	12.6
13.0	6.8	6.4	4.9	17.5	2.3	3.4	10.0
19.7	10.3	9.3	18.6	11.0	3.7	2.9	7.4
17.5	1.5	11.5	1.3	19.9	0.0	3.4	30.6
16.2	7.1	8.1	8.6	16.3	7.1	3.4	23.4
10.6	5.5	5.1	4.0	27.4	2.0	2.2	9.9
10.5	5.7	4.9	3.6	27.8	1.9	2.1	10.0
14.4	7.5	8.7	14.9	31.8	0.0	1.2	5.7
19.0	0.0	10.6	0.0	31.3	0.0	4.6	20.9
13.6	5.3	6.7	6.8	51.4	6.2	1.5	1.0
13.1	6.8	6.8	6.5	14.6	2.0	4.3	7.8
12.9	7.0	6.3	5.5	15.5	2.1	4.8	7.6
16.4	8.5	9.9	17.0	14.7	0.0	3.4	12.1
25.1	2.3	18.4	3.4	13.9	0.4	4.1	9.1
—	—	—	—	—	—	—	—

二、入境游客停留时间

2-1 2013年入境过夜游客停留时间

(按外国人、港澳台胞、团体及散客分组)

		调查人数 (人)	(%)	1~3天 (%)	4~7天 (%)	8~14天 (%)	15天及以上 (%)
全　国	**总计**	**13 554**	**100**	**51.9**	**30.7**	**9.8**	**7.6**
	团体	2 856	100	32.2	48.1	14.6	5.1
	散客	10 698	100	57.1	26.0	8.5	8.4
外国人	小计	8 742	100	41.3	36.7	11.8	10.2
	团体	2 237	100	31.5	46.7	15.6	6.2
	散客	6 505	100	44.7	33.2	10.5	11.6
香港同胞	小计	3 215	100	79.7	14.5	4.1	1.7
	团体	303	100	41.6	49.5	8.9	0.0
	散客	2 912	100	83.7	10.9	3.6	1.8
澳门同胞	小计	516	100	67.8	24.0	5.0	3.2
	团体	80	100	38.8	47.5	12.5	1.2
	散客	436	100	73.2	19.7	3.7	3.4
台湾同胞	小计	1 081	100	46.5	33.4	13.1	7.0
	团体	236	100	25.0	60.2	13.6	1.2
	散客	845	100	52.5	25.9	13.0	8.6

2－2　2013 年入境过夜游客停留时间
（按性别、职业、团体及散客分组）

		调查人数（人）	（%）	1～3 天（%）	4～7 天（%）	8～14 天（%）	15 天及以上（%）
全　国	**总计**	**13 554**	**100**	**51.9**	**30.7**	**9.8**	**7.6**
	团体	2 856	100	32.2	48.1	14.6	5.1
	散客	10 698	100	57.1	26.0	8.5	8.4
男　性	小计	8 432	100	53.0	29.2	9.9	7.9
	团体	1 311	100	29.1	48.8	16.2	5.9
	散客	7 121	100	57.4	25.5	8.8	8.3
女　性	小计	5 122	100	50.0	33.1	9.6	7.3
	团体	1 545	100	34.9	47.6	13.3	4.2
	散客	3 577	100	56.6	26.9	8.0	8.5
政府工作人员	小计	481	100	46.4	35.6	15.0	3.0
	团体	150	100	19.3	51.3	25.3	4.1
	散客	331	100	58.6	28.4	10.3	2.7
专业技术人员	小计	2 172	100	55.8	26.2	9.7	8.3
	团体	221	100	28.1	48.4	16.7	6.8
	散客	1 951	100	58.9	23.6	8.9	8.6
职　员	小计	2 770	100	56.6	29.5	8.8	5.1
	团体	464	100	36.0	47.2	12.7	4.1
	散客	2 306	100	60.8	26.0	8.0	5.2
技工/工人	小计	549	100	57.0	26.6	10.0	6.4
	团体	89	100	46.1	38.2	14.6	1.1
	散客	460	100	59.1	24.3	9.1	7.5
商贸人员	小计	2 978	100	54.5	31.5	7.3	6.7
	团体	489	100	31.1	56.4	8.6	3.9
	散客	2 489	100	59.1	26.6	7.0	7.3
服务员/推销员	小计	635	100	62.5	25.5	8.2	3.8
	团体	149	100	40.3	44.3	13.4	2.0
	散客	486	100	69.3	19.8	6.6	4.3
退休人员	小计	952	100	43.7	32.1	14.0	10.2
	团体	409	100	28.4	41.1	19.1	11.4
	散客	543	100	55.2	25.4	10.1	9.3
家庭妇女	小计	881	100	57.8	29.6	6.8	5.8
	团体	314	100	57.3	36.0	6.7	0.0
	散客	567	100	58.0	26.1	6.9	9.0
军　人	小计	61	100	72.1	26.2	1.7	0.0
	团体	8	100	0.0	87.5	12.5	0.0
	散客	53	100	83.0	17.0	0.0	0.0
学　生	小计	1 393	100	33.5	40.3	12.6	13.6
	团体	417	100	18.5	59.7	17.0	4.8
	散客	976	100	40.0	32.1	10.7	17.2
其　他	小计	682	100	37.7	30.4	16.0	15.9
	团体	146	100	25.3	40.4	26.0	8.3
	散客	536	100	41.0	27.6	13.2	18.2

2-3 2013年入境过夜游客停留时间

（按年龄、旅游目的、团体及散客分组）

		调查人数（人）	调查人数（%）	1~3天（%）	4~7天（%）	8~14天（%）	15天及以上（%）
全　国	**总计**	**13 554**	**100**	**51.9**	**30.7**	**9.8**	**7.6**
	团体	2 856	100	32.2	48.1	14.6	5.1
	散客	10 698	100	57.1	26.0	8.5	8.4
65岁及以上	小计	744	100	39.4	34.7	15.2	10.7
	团体	308	100	24.7	43.8	17.2	14.3
	散客	436	100	49.8	28.2	13.8	8.2
45~64岁	小计	4 198	100	52.2	29.7	10.7	7.4
	团体	929	100	35.5	42.3	17.1	5.1
	散客	3 269	100	56.9	26.1	8.9	8.1
25~44岁	小计	6 908	100	55.4	29.6	8.3	6.7
	团体	1 179	100	36.1	49.6	11.4	2.9
	散客	5 729	100	59.3	25.5	7.6	7.6
15~24岁	小计	1 656	100	42.6	35.3	11.3	10.8
	团体	425	100	20.2	59.5	16.5	3.8
	散客	1 231	100	50.4	26.9	9.5	13.2
14岁及以下	小计	48	100	31.3	41.7	14.6	12.4
	团体	15	100	20.0	60.0	13.3	6.7
	散客	33	100	36.4	33.3	15.2	15.1
观光游览	小计	3 177	100	34.7	42.5	15.6	7.2
	团体	1 615	100	25.1	49.8	19.3	5.8
	散客	1 562	100	44.6	34.9	11.8	8.7
休闲度假	小计	2 569	100	55.8	30.2	8.5	5.5
	团体	549	100	37.2	46.8	11.5	4.5
	散客	2 020	100	60.9	25.7	7.7	5.7
探亲访友	小计	1 686	100	59.7	22.5	9.0	8.8
	团体	49	100	30.6	42.9	16.3	10.2
	散客	1 637	100	60.5	21.9	8.8	8.8
商　务	小计	3 561	100	56.0	25.9	8.6	9.5
	团体	129	100	58.1	25.6	9.3	7.0
	散客	3 432	100	55.9	26.0	8.6	9.5
会　议	小计	670	100	70.6	24.2	4.5	0.7
	团体	55	100	29.1	60.0	7.3	3.6
	散客	615	100	74.3	21.0	4.2	0.5
宗教朝拜	小计	77	100	79.2	16.9	1.3	2.6
	团体	7	100	71.4	28.6	0.0	0.0
	散客	70	100	80.0	15.7	1.4	2.9
文体交流	小计	527	100	50.5	31.5	7.8	10.2
	团体	65	100	15.4	70.8	10.8	3.0
	散客	462	100	55.4	26.0	7.4	11.2
购　物	小计	540	100	59.3	37.4	2.2	1.1
	团体	306	100	48.0	50.7	1.0	0.3
	散客	234	100	73.9	20.1	3.8	2.2
医疗保健	小计	111	100	64.9	25.2	4.5	5.4
	团体	19	100	57.9	26.3	15.8	0.0
	散客	92	100	66.3	25.0	2.2	6.5
其　他	小计	636	100	47.2	24.4	10.4	18.0
	团体	62	100	51.6	29.0	11.3	8.1
	散客	574	100	46.7	23.9	10.3	19.1

2－4 2013年外国过夜游客停留时间

（按国别分组）

	调查人数（人）	（%）	1～3天（%）	4～7天（%）	8～14天（%）	15天及以上
日　本	1 318	100	48.4	39.1	8.3	4.2
菲律宾	156	100	48.7	35.3	9.6	6.4
泰　国	229	100	40.2	47.6	7.4	4.8
新加坡	400	100	40.5	42.0	11.8	5.7
印度尼西亚	102	100	38.2	45.1	14.7	2.0
马来西亚	275	100	38.5	40.7	16.7	4.1
韩　国	1 717	100	50.4	36.8	6.6	6.2
朝　鲜	47	100	59.6	27.7	8.5	4.2
蒙　古	208	100	75.0	19.7	3.8	1.5
印　度	166	100	34.3	42.2	11.4	12.1
越　南	68	100	50.0	36.8	7.4	5.8
缅　甸	40	100	40.0	32.5	10.0	17.5
哈萨克斯坦	82	100	57.3	26.8	13.4	2.5
英　国	320	100	32.2	35.0	19.1	13.7
法　国	240	100	33.3	34.6	15.8	16.3
德　国	208	100	27.9	35.1	17.8	19.2
西班牙	93	100	30.1	47.3	11.8	10.8
意大利	131	100	32.1	38.2	18.3	11.4
荷　兰	104	100	29.8	43.3	7.7	19.2
瑞　典	98	100	30.6	39.8	14.3	15.3
俄罗斯	789	100	52.5	41.3	3.7	2.5
瑞　士	66	100	30.3	36.4	24.2	9.1
乌克兰	35	100	34.3	34.3	22.9	8.5
美　国	788	100	23.6	27.2	20.7	28.5
加拿大	244	100	27.0	32.0	20.9	20.1
澳大利亚	262	100	34.7	29.4	17.2	18.7
新西兰	95	100	35.8	34.7	14.7	14.8
非洲国家	96	100	16.7	51.0	18.8	13.5
中南美洲国家	79	100	16.5	39.2	27.8	16.5
其他国家	286	100	25.5	32.9	19.6	22.0

2-5 2013年入境过夜游客平均停留时间

单位:天/人

	平均停留	团 体	散 客
总 平 均	**6.6**	**5.7**	**6.8**
外 国 人	7.9	6.0	8.5
香港同胞	3.5	4.4	3.4
澳门同胞	4.0	4.9	3.8
台湾同胞	7.0	5.2	7.5
男 性	6.8	6.2	6.9
女 性	6.3	5.3	6.6
65岁及以上	7.0	7.3	6.8
45~64岁	6.4	5.8	6.6
25~44岁	6.1	5.0	6.3
15~24岁	8.9	6.5	9.7
14岁及以下	7.6	6.7	8.0
观光游览	6.4	6.2	6.5
休闲度假	5.1	5.3	5.1
探亲访友	6.0	7.6	5.9
商 务	7.5	4.9	7.6
会 议	3.7	4.9	3.5
宗教朝拜	3.7	3.3	3.7
文体交流	9.5	5.9	10.0
购 物	3.7	3.5	4.0
医疗保健	5.1	4.3	5.3
其 他	13.8	8.2	14.4
政府工作人员	5.7	6.8	5.2
专业技术人员	6.7	6.2	6.8
职 员	5.4	5.2	5.4
技工/工人	5.3	4.6	5.5
商贸人员	5.9	4.8	6.1
服务员/推销员	4.9	5.2	4.8
退休人员	6.7	6.8	6.6
家庭妇女	5.4	3.9	6.3
军 人	3.2	6.8	2.7
学 生	10.5	6.8	12.0
其 他	11.4	7.5	12.5

2－6 2013年入境过夜游客平均停留时间
（按外国人、港澳台胞、团体及散客、性别、年龄分组）

单位：天/人

		平均停留	性别		年龄				
			男性	女性	14岁及以下	15~24岁	25~44岁	45~64岁	65岁及以上
全国	**平均**	**6.6**	**6.8**	**6.3**	**7.6**	**8.9**	**6.1**	**6.4**	**7.0**
	团体	5.7	6.2	5.3	6.7	6.5	5.0	5.8	7.3
	散客	6.8	6.9	6.6	8.0	9.7	6.3	6.6	6.8
外国人	小计	7.9	8.2	7.3	9.5	11.3	7.4	7.3	7.6
	团体	6.0	6.5	5.5	7.7	7.0	5.1	6.1	7.9
	散客	8.5	8.5	8.4	10.4	13.0	8.1	7.7	7.3
香港同胞	小计	3.5	3.4	3.7	3.7	4.1	3.1	3.6	5.1
	团体	4.4	4.7	4.1	4.3	5.4	3.7	4.2	4.2
	散客	3.4	3.3	3.6	3.3	3.8	3.1	3.6	5.4
澳门同胞	小计	4.0	3.6	4.4	3.6	4.8	3.5	4.1	5.7
	团体	4.9	4.5	5.1	5.5	4.5	5.4	4.9	4.0
	散客	3.8	3.5	4.2	2.7	4.9	3.2	3.9	6.3
台湾同胞	小计	7.0	7.3	6.5	5.8	8.1	6.2	7.7	7.1
	团体	5.2	5.1	5.2	—	6.2	5.2	4.6	6.5
	散客	7.5	7.7	7.1	5.8	8.9	6.4	8.9	7.4

2-7 2013年入境过夜游客平均停留时间

		平均停留	职业				
			政府工作人员	专业技术人员	职员	技工工人	商贸人员
全国	**平均**	**6.6**	**5.7**	**6.7**	**5.4**	**5.3**	**5.9**
	团体	5.7	6.8	6.2	5.2	4.6	4.8
	散客	6.8	5.2	6.8	5.4	5.5	6.1
外国人	小计	7.9	6.5	8.3	6.5	6.7	6.4
	团体	6.0	7.2	6.7	5.4	4.7	4.9
	散客	8.5	6.0	8.6	6.8	7.2	6.8
香港同胞	小计	3.5	4.0	3.1	3.0	2.7	3.6
	团体	4.4	5.6	3.7	4.1	4.1	3.9
	散客	3.4	3.7	3.1	2.9	2.6	3.6
澳门同胞	小计	4.0	3.6	3.1	3.7	2.5	3.3
	团体	4.9	4.8	3.5	7.0	3.0	4.8
	散客	3.8	3.3	3.1	3.3	2.5	3.2
台湾同胞	小计	7.0	4.6	7.6	6.0	4.8	6.8
	团体	5.2	4.5	4.8	5.0	4.0	4.8
	散客	7.5	4.7	8.0	6.3	5.0	7.0

（按外国人、港澳台胞、团体及散客、职业分组）

单位：天/人

服务员推销员	退休人员	家庭妇女	军人	学生	其他
4.9	**6.7**	**5.4**	**3.2**	**10.5**	**11.4**
5.2	6.8	3.9	6.8	6.8	7.5
4.8	6.6	6.3	2.7	12.0	12.5
7.0	7.9	5.8	3.9	12.4	12.9
5.4	7.6	3.7	6.8	7.4	8.3
8.1	8.3	7.5	3.1	14.5	14.4
2.6	4.3	3.5	2.2	5.0	7.0
3.3	3.7	3.7		5.6	4.0
2.5	4.4	3.5	2.2	4.8	7.2
2.8	5.7	5.3	—	5.2	3.7
3.5	4.9	4.9	—	4.9	3.0
2.7	6.2	5.4	—	5.3	3.9
5.8	7.5	7.8	3.0	9.0	8.7
4.9	6.1	4.7	—	6.2	5.3
6.2	8.5	9.9	3.0	10.6	9.6

2-8 2013年入境过夜游客平均停留时间

		平均停留	旅游目的			
			观光游览	休闲度假	探亲访友	商务
全国	**平均**	**6.6**	**6.4**	**5.1**	**6.0**	**7.5**
	团体	5.7	6.2	5.3	7.6	4.9
	散客	6.8	6.5	5.1	5.9	7.6
外国人	小计	7.9	6.9	6.8	8.8	8.4
	团体	6.0	6.6	5.8	8.1	4.9
	散客	8.5	7.3	7.2	8.8	8.6
香港同胞	小计	3.5	4.6	3.1	3.5	3.3
	团体	4.4	4.9	3.8	2.0	3.5
	散客	3.4	4.5	3.0	3.5	3.3
澳门同胞	小计	4.0	4.5	3.8	4.9	3.0
	团体	4.9	4.5	5.5	9.3	4.0
	散客	3.8	4.4	3.6	4.7	3.0
台湾同胞	小计	7.0	5.9	4.8	7.8	8.8
	团体	5.2	5.5	4.3	1.7	5.8
	散客	7.5	6.4	5.0	8.0	8.8

(按外国人、港澳台胞、团体及散客、旅游目的分组)

单位:天/人

会议	宗教朝拜	文化/体育/科技交流	购物	医疗保健	其他
3.7	**3.7**	**9.5**	**3.7**	**5.1**	**13.8**
4.9	3.3	5.9	3.5	4.3	8.2
3.5	3.7	10.0	4.0	5.3	14.4
3.9	3.9	11.3	4.0	6.8	15.0
5.2	4.0	6.0	3.5	5.2	9.5
3.8	3.9	12.1	5.1	7.3	15.5
2.9	3.0	4.2	2.5	2.3	6.3
2.7	3.0	5.6	2.0	1.8	2.0
2.9	3.0	4.0	2.5	2.4	6.9
2.9	2.4	4.9	2.6	—	2.5
—	—	3.5	—	—	3.7
2.9	2.4	5.1	2.6	—	2.3
3.7	9.1	9.9	4.6	5.2	11.8
4.1	2.7	6.6	3.0	5.0	3.3
3.7	18.8	10.3	4.8	5.3	13.3

2-9 2013年外国过夜游客

	平均停留	职业				
		政府工作人员	专业技术人员	职员	技工工人	商贸人员
日本	5.7	4.4	5.6	6.2	5.4	4.2
菲律宾	6.1	7.2	5.4	7.1	4.6	4.4
泰国	6.3	7.0	4.4	5.7	4.7	4.5
新加坡	5.8	3.6	6.3	5.9	5.0	4.5
印度尼西亚	5.7	4.1	4.3	4.9	9.5	4.1
马来西亚	5.7	4.1	5.8	5.6	9.9	4.9
韩国	6.3	3.9	7.7	5.4	6.5	5.2
朝鲜	6.4	3.1	6.1	3.5	2.4	3.5
蒙古	3.2	2.3	3.3	4.7	4.5	2.8
印度	8.9	26.8	7.1	5.0	19.6	8.5
越南	7.8	5.3	2.4	5.5	4.9	3.9
缅甸	7.2	3.6	3.5	2.2	—	11.6
哈萨克斯坦	4.4	7.1	7.0	3.9	—	4.0
英国	11.2	7.8	9.2	7.4	4.1	16.1
法国	8.7	8.0	7.3	7.4	9.1	6.4
德国	14.0	6.7	10.2	11.0	9.6	16.5
西班牙	6.8	9.2	6.8	7.2	4.4	6.6
意大利	10.3	6.1	10.8	8.9	9.5	9.6
荷兰	9.6	7.3	6.4	6.7	—	5.7
瑞典	8.6	6.0	8.7	7.8	8.4	5.4
俄罗斯	4.4	3.5	4.6	4.8	3.7	3.9
瑞士	8.6	6.1	14.3	5.8	5.5	7.0
乌克兰	6.3	4.5	3.8	2.8	—	10.1
美国	14.7	18.3	15.4	9.2	10.2	8.0
加拿大	11.3	5.6	11.2	9.8	7.9	11.2
澳大利亚	9.7	8.7	9.2	6.5	11.1	8.8
新西兰	8.1	7.0	8.8	7.6	4.8	6.6
非洲国家	8.7	6.1	14.6	8.1	4.4	8.1
中南美洲国家	10.8	6.4	10.9	22.3	11.6	9.0
其他国家	13.7	6.5	11.9	12.1	4.3	14.8

平均停留时间(按国别、职业分组)

单位：天/人

服务员推销员	退休人员	家庭妇女	军人	学生	其他
5.5	5.5	5.3	3.9	8.7	6.5
3.6	7.6	5.3	—	10.1	4.5
5.6	4.5	4.7	2.2	14.6	5.4
5.8	8.5	6.7	—	6.0	6.7
3.0	5.2	11.3	—	6.4	8.6
7.6	6.7	6.2	4.1	5.3	5.2
4.5	4.9	4.4	3.7	10.4	10.6
55.0	4.8	5.0	2.2	6.2	2.2
2.4	4.5	2.6	6.0	3.5	3.2
4.0	18.5	6.5	4.4	10.4	10.1
6.1	2.4	22.3	—	17.2	1.8
10.7	7.7	3.3	4.4	3.3	—
2.1	5.9	3.3	—	5.4	—
5.5	8.9	6.5	3.3	10.4	23.3
8.5	10.0	5.7	5.5	18.0	8.9
6.8	11.3	6.2	—	26.6	19.4
6.7	7.6	4.9	—	10.7	4.6
5.2	10.4	6.3	12.0	23.2	6.9
5.4	16.0	4.6	4.7	25.9	10.5
10.1	4.4	4.6	1.1	17.6	8.6
2.3	4.4	2.3	2.2	9.7	5.5
12.0	7.7	5.3	3.3	9.6	7.7
7.5	4.4	10.5	—	8.2	11.0
13.8	13.6	15.9	4.9	19.9	21.4
6.5	10.7	7.0	—	9.3	26.2
8.0	13.5	9.2	1.7	15.0	14.5
2.2	16.8	4.3	—	7.6	1.1
8.3	7.5	—	—	7.8	8.7
7.2	—	—	—	12.1	8.7
24.1	9.8	24.0	—	13.1	18.7

2-10 2013年外国过夜游客平均停留时间
（按国别、旅游目的分组）

单位：天/人

	平均停留	旅游目的									
		观光游览	休闲度假	探亲访友	商务	会议	宗教朝拜	文体交流	购物	医疗保健	其他
日　　本	5.7	5.0	4.9	7.1	6.3	3.2	3.6	4.8	5.5	3.7	8.3
菲 律 宾	6.1	5.0	5.5	10.7	7.6	5.3	—	4.1	4.4	4.7	5.5
泰　　国	6.3	5.4	5.0	3.9	4.4	3.5	4.4	2.3	3.3	5.5	31.7
新 加 坡	5.8	6.6	6.4	6.5	4.8	3.3	4.8	6.6	2.2	—	3.7
印度尼西亚	5.7	6.2	6.2	5.2	4.5	3.9	3.3	2.4	5.5	33.0	4.1
马来西亚	5.7	5.7	6.2	8.2	4.8	3.0	—	4.6	6.6	2.2	3.0
韩　　国	6.3	4.9	5.6	7.1	6.5	4.0	3.5	9.1	10.5	3.3	12.7
朝　　鲜	6.4	5.9	3.9	3.3	4.4	2.2	—	2.4	—	2.2	25.4
蒙　　古	3.2	3.7	4.1	4.8	2.7	2.5	—	11.6	2.7	5.3	3.7
印　　度	8.9	10.3	5.1	10.7	9.1	5.1	—	6.3	3.3	52.8	9.2
越　　南	7.8	5.3	3.9	3.9	5.7	—	—	—	1.7	—	15.5
缅　　甸	7.2	5.7	4.7	5.5	10.8	2.2	2.2	3.3	2.2	—	1.1
哈萨克斯坦	4.4	5.7	7.0	4.3	3.4	3.1	2.2	7.9	3.1	—	3.3
英　　国	11.2	8.1	6.4	9.0	13.9	9.7	—	18.6	53.9	3.9	13.2
法　　国	8.7	9.5	6.4	15.5	7.8	6.0	4.8	4.4	7.7	5.5	13.1
德　　国	14.0	10.1	7.3	8.6	15.1	3.2	—	26.9	—	—	34.7
西 班 牙	6.8	7.1	9.0	6.2	6.4	—	—	4.4	3.3	4.4	2.2
意 大 利	10.3	10.6	6.4	4.3	10.5	3.2	—	9.3	1.1	—	25.9
荷　　兰	9.6	7.4	7.6	14.5	9.9	4.0	—	26.7	7.0	—	14.6
瑞　　典	8.6	8.5	6.7	19.8	9.4	3.6	—	6.0	2.2	—	10.1
俄 罗 斯	4.4	4.3	5.3	6.4	4.6	3.6	—	4.2	3.2	6.2	11.6
瑞　　士	8.6	8.0	7.5	9.7	10.9	5.5	—	12.0	7.7	1.1	6.6
乌 克 兰	6.3	7.8	3.3	11.6	—	1.1	—	3.5	—	—	7.0
美　　国	14.7	10.7	11.0	14.3	15.4	3.4	—	26.0	—	2.8	33.3
加 拿 大	11.3	9.1	9.2	7.2	17.3	3.8	—	14.4	—	14.3	15.9
澳大利亚	9.7	10.4	11.3	7.8	10.2	3.1	—	8.9	5.5	8.8	9.3
新 西 兰	8.1	9.9	8.0	5.4	9.8	4.5	—	4.5	—	—	6.9
非洲国家	8.7	7.8	9.9	7.8	8.0	5.3	—	7.5	—	—	27.4
中南美洲国家	10.8	9.0	14.8	66.0	14.0	5.9	—	11.0	—	5.5	4.1
其他国家	13.7	8.4	9.2	15.7	15.4	5.6	6.0	15.6	14.8	—	24.3

2－11　2013年外国过夜游客平均停留时间

（按国别、性别、年龄分组）

单位：天/人

	平均停留	性别		年龄				
		男性	女性	14岁及以下	15～24岁	25～44岁	45～64岁	65岁及以上
日本	5.7	5.9	5.4	2.0	8.9	5.5	5.6	5.4
菲律宾	6.1	5.8	6.5	7.7	8.0	6.0	5.1	7.8
泰国	6.3	5.8	6.9	—	11.0	5.9	4.8	4.3
新加坡	5.8	5.5	6.1	8.8	5.2	5.8	5.7	7.5
印度尼西亚	5.7	4.9	6.7	4.8	7.1	5.0	6.2	5.6
马来西亚	5.7	5.5	5.9	7.0	5.5	5.3	6.0	7.7
韩国	6.3	6.5	5.7	18.9	9.4	6.4	5.1	5.3
朝鲜	6.4	4.6	8.2	4.0	21.3	3.9	4.7	5.3
蒙古	3.2	3.5	3.0	1.1	3.4	3.1	3.4	3.0
印度	8.9	9.1	7.9	—	12.3	8.7	6.4	17.7
越南	7.8	4.5	11.4	—	12.1	9.6	3.9	2.8
缅甸	7.2	8.9	4.7	—	3.3	8.2	3.4	7.7
哈萨克斯坦	4.4	4.7	3.5	—	5.1	5.1	3.6	4.9
英国	11.2	10.5	12.2	7.0	11.3	11.9	10.7	6.2
法国	8.7	9.0	8.0	—	17.2	7.3	7.6	11.5
德国	14.0	15.3	11.1	16.5	25.7	10.7	14.1	12.5
西班牙	6.8	6.5	7.5	11.0	7.1	6.5	7.0	8.1
意大利	10.3	13.5	5.9	—	18.5	9.8	8.6	7.6
荷兰	9.6	11.9	7.2	—	23.2	6.1	8.7	12.6
瑞典	8.6	8.7	8.5	—	11.7	8.6	6.9	3.6
俄罗斯	4.4	5.5	3.6	2.2	5.7	3.9	5.0	4.2
瑞士	8.6	10.3	6.4	—	6.5	8.0	11.0	7.7
乌克兰	6.3	6.3	6.2	—	7.2	4.9	7.4	—
美国	14.7	14.2	15.5	11.5	19.6	14.9	12.5	12.4
加拿大	11.3	13.6	7.8	—	7.9	10.9	13.7	10.5
澳大利亚	9.7	10.5	7.9	—	11.8	8.5	9.7	13.0
新西兰	8.1	7.2	8.9	11.0	6.8	7.9	5.4	14.2
非洲国家	8.7	8.9	8.3	7.7	13.3	7.6	8.8	8.0
中南美洲国家	10.8	10.7	11.1	5.5	11.9	10.7	10.5	7.7
其他国家	13.7	12.2	17.3	—	12.9	13.1	15.7	11.8

2-12 2013年入境过夜游客在各城市平均停留时间
(按外国人、港澳台胞分组)

单位：天/人

	平均停留	外国人	香港同胞	澳门同胞	台湾同胞
北　京	3.4	3.5	2.7	3.0	3.2
天　津	4.0	4.3	3.3	2.1	2.4
石家庄	2.7	2.5	2.7	3.3	3.0
唐　山	3.6	4.0	1.4	2.4	1.7
秦皇岛	4.5	5.0	2.6	2.3	1.7
保　定	1.3	1.3	1.1	1.5	1.3
承　德	3.0	2.8	5.7	4.0	4.4
廊　坊	1.3	1.3	1.0	1.1	1.0
太　原	2.6	2.6	2.4	2.5	3.1
大　同	2.1	2.0	—	—	2.3
长　治	2.3	2.4	2.1	2.3	2.3
晋　中	2.2	2.2	1.8	2.3	2.4
运　城	1.5	1.5	1.2	1.4	1.8
忻　州	1.4	1.4	1.3	1.5	1.1
呼和浩特	4.4	4.3	4.4	4.9	4.5
满洲里	3.1	3.1	—	—	—
二连浩特	2.2	2.2	—	—	—
包　头	4.5	6.0	2.1	2.0	1.8
沈　阳	2.7	2.8	1.9	—	2.7
大　连	3.8	3.6	4.0	3.9	4.1
鞍　山	3.7	3.7	—	—	—
抚　顺	3.3	3.4	3.3	—	3.2
本　溪	1.0	1.0	1.0	1.0	1.0
丹　东	6.7	7.0	5.3	3.5	5.0
锦　州	2.2	2.2	1.5	2.0	2.0
营　口	2.0	2.0	1.0	—	—
盘　锦	1.7	1.6	1.7	1.7	2.1
葫芦岛	2.0	2.0	2.0	2.0	2.0
长　春	3.9	4.3	2.9	2.3	3.2
吉　林	1.1	1.1	1.0	1.0	1.0
通　化	2.0	2.0	2.0	2.0	2.5
松　原	1.0	1.0	1.0	1.0	—
延　吉	2.9	3.1	2.0	1.8	2.0

2－12(续1)　　单位：天/人

	平均停留	外国人	香港同胞	澳门同胞	台湾同胞
哈尔滨	3.4	3.5	3.2	3.5	2.7
齐齐哈尔	1.0	1.0	1.0	—	1.0
大　庆	2.5	2.5	3.0	2.0	1.5
佳木斯	1.6	1.6	—	—	—
牡丹江	2.4	2.4	—	—	—
上　海	2.7	2.8	2.3	2.6	2.5
南　京	2.1	2.1	2.2	2.3	2.3
无　锡	1.5	1.5	1.4	1.3	1.4
苏　州	2.7	2.8	2.6	3.0	2.6
南　通	3.4	3.3	3.6	3.2	5.3
扬　州	2.1	2.0	1.9	1.3	2.3
杭　州	2.5	2.5	2.4	1.7	2.8
温　州	3.4	3.4	2.3	1.0	4.6
绍　兴	2.4	2.2	3.6	2.3	2.6
金　华	2.4	2.5	1.9	1.0	2.1
合　肥	3.1	3.1	3.9	5.0	3.5
芜　湖	3.1	3.0	3.5	5.5	3.5
马鞍山	3.8	3.9	1.3	—	—
铜　陵	2.0	2.1	1.5	1.5	2.0
安　庆	1.6	1.5	1.8	3.0	1.8
黄　山	2.5	2.5	2.5	2.1	2.6
滁　州	2.0	2.1	1.0	—	2.0
亳　州	2.0	1.9	2.1	3.0	3.0
池　州	2.9	2.9	2.9	2.7	2.6
宣　城	1.7	1.7	2.8	1.5	1.6
福　州	2.6	2.7	2.4	2.2	2.6
厦　门	4.4	4.5	4.7	8.4	2.7
泉　州	3.2	3.8	2.4	1.6	1.4
漳　州	2.3	2.6	2.6	2.0	1.7
武夷山	2.2	2.2	2.6	2.0	2.2
南　昌	2.6	2.7	2.1	2.8	2.5
景德镇	1.4	1.4	1.4	1.9	1.3
九　江	2.4	2.4	2.4	2.6	2.7
鹰　潭	2.2	2.3	1.9	2.1	3.1
赣　州	1.9	2.1	1.6	1.8	2.0
吉　安	2.4	2.6	2.0	2.6	2.5

2－12(续2) 单位：天/人

	平均停留	外国人	香港同胞	澳门同胞	台湾同胞
济　南	2.5	2.8	2.2	2.4	1.8
青　岛	2.3	2.3	2.2	2.0	1.9
烟　台	2.4	2.6	2.5	2.3	2.0
曲　阜	1.0	1.0	1.1	1.0	1.1
泰　安	2.0	2.0	2.5	—	2.1
威　海	3.7	3.8	1.5	—	3.4
日　照	2.2	1.9	2.6	2.2	2.5
郑　州	2.5	2.4	2.1	3.7	4.1
开　封	1.3	1.3	1.5	1.0	1.7
洛　阳	2.9	2.9	3.3	2.2	2.8
三门峡	1.5	1.6	1.3	1.3	1.6
武　汉	3.2	3.5	2.5	2.8	3.4
十　堰	2.1	2.4	2.0	1.9	2.1
宜　昌	2.6	2.7	2.2	2.5	2.7
襄　阳	3.3	3.8	1.9	1.7	1.5
荆　州	1.4	1.5	1.3	1.4	1.5
湖北游船	2.7	2.7	2.8	3.1	2.6
长　沙	2.8	2.8	3.3	2.1	2.9
湘　潭	2.2	2.1	2.1	1.9	2.9
衡　阳	1.6	1.4	2.2	2.0	2.9
岳　阳	2.0	2.0	2.0	1.8	2.0
张家界	2.8	2.8	—	—	—
广　州	3.6	3.8	2.5	2.2	2.9
深　圳	3.2	3.3	2.7	2.9	2.9
珠　海	2.3	3.2	1.5	1.6	3.2
汕　头	3.1	3.1	3.2	2.7	3.5
湛　江	3.2	3.9	1.9	3.7	1.9
惠　州	3.9	4.4	3.2	3.0	2.7
东　莞	4.7	6.7	2.8	2.6	4.7
中　山	3.2	3.7	2.4	2.2	3.6
南　宁	1.5	1.5	1.7	1.8	1.5
桂　林	2.5	2.3	3.0	3.0	3.1
梧　州	2.1	1.8	2.1	2.2	2.2
北　海	2.5	2.6	2.2	2.5	2.1

2－12(续3)

单位：天/人

	平均停留	外国人	香港同胞	澳门同胞	台湾同胞
防城港	1.0	1.0	1.1	1.0	1.1
贺州	1.8	1.9	1.8	1.7	1.7
崇左	1.2	1.3	1.2	1.3	1.1
海口	2.8	2.8	2.5	3.2	2.8
三亚	7.8	8.3	3.3	2.8	4.6
重庆	2.6	2.7	2.3	2.9	2.2
重庆游船	3.5	3.5	2.0	—	4.7
成都	2.5	2.4	3.2	2.6	2.5
绵阳	1.6	1.6	1.7	1.6	1.9
乐山	1.2	1.2	1.3	1.1	1.2
阿坝	1.4	1.4	1.6	1.6	1.1
贵阳	3.9	3.8	3.9	3.8	3.9
安顺	3.5	3.3	3.5	3.6	3.4
黔东南	3.2	3.0	3.0	3.2	3.4
昆明	3.7	3.8	3.6	3.2	3.0
拉萨	7.3	7.5	6.7	6.1	6.5
西安	2.5	2.6	2.5	2.5	2.4
咸阳	2.0	2.0	—	—	—
兰州	1.6	1.6	1.7	1.8	1.6
敦煌	1.6	1.7	1.6	1.6	1.4
西宁	2.6	2.7	2.3	2.8	2.3
黄南	2.0	2.0	2.0	—	—
格尔木	3.3	3.5	2.4	2.0	2.9
银川	1.9	1.8	2.1	2.2	1.8
乌鲁木齐	3.4	3.3	3.5	3.5	3.2
吐鲁番	2.8	2.9	2.9	2.3	2.0
库尔勒	2.6	2.5	2.7	2.6	2.6
喀什	4.8	4.8	6.0	3.6	6.0
伊宁	2.9	2.8	3.7	3.3	—

2-13 2013年入境过夜游客在各城市平均停留时间（按性别、年龄分组）

单位：天/人

	平均停留	性别		年龄				
		男性	女性	14岁及以下	15~24岁	25~44岁	45~64岁	65岁及以上
北京	3.4	3.2	3.7	4.3	4.6	3.2	3.4	3.6
天津	4.0	4.4	3.4	1.0	4.7	4.4	3.7	2.5
石家庄	2.7	2.7	2.7	—	3.5	2.7	2.6	3.1
唐山	3.6	4.0	2.6	—	3.7	2.9	4.2	9.5
秦皇岛	4.6	6.3	2.7	3.7	3.4	5.2	4.2	2.6
保定	1.3	1.4	1.2	—	1.1	1.3	1.5	1.5
承德	3.0	2.5	3.4	2.0	4.8	2.5	2.8	1.8
廊坊	1.3	1.3	1.3	1.0	1.5	1.3	1.3	1.0
太原	2.6	2.7	2.5	—	4.0	2.4	2.7	2.7
大同	2.1	2.1	2.0	—	2.0	2.1	2.1	—
长治	2.3	2.3	2.4	2.0	2.4	2.1	2.6	4.5
晋中	2.2	2.1	2.3	—	2.1	2.2	2.1	2.3
运城	1.5	1.7	1.3	—	1.1	1.8	1.5	1.2
忻州	1.4	1.5	1.3	1.1	1.2	1.5	1.5	1.3
呼和浩特	4.4	4.0	4.7	—	4.3	4.5	3.9	5.5
满洲里	3.1	3.0	3.1	—	—	3.1	2.0	—
二连浩特	2.2	2.2	2.3	1.0	1.8	2.0	2.9	2.3
包头	4.5	5.5	3.0	3.5	3.7	3.1	6.8	1.0
沈阳	2.7	2.7	2.7	1.0	2.7	2.7	2.7	2.8
大连	3.8	3.6	3.9	3.0	4.2	3.8	3.6	3.5
鞍山	3.7	3.7	3.8	—	1.8	3.4	4.0	7.1
抚顺	3.3	3.3	3.4	—	3.2	3.1	4.2	2.7
本溪	1.0	1.0	1.0	—	1.0	1.0	1.0	1.0
丹东	13.5	16.9	10.6	4.0	94.3	3.5	3.6	4.9
锦州	2.2	2.2	2.2	—	2.0	2.2	2.1	2.4
营口	2.0	2.1	1.5	—	—	1.9	2.0	—
盘锦	1.7	1.7	1.6	—	1.3	1.8	1.7	1.5
葫芦岛	2.0	2.0	2.0	—	2.0	2.0	2.0	2.0
长春	3.9	4.1	3.7	—	3.2	4.0	4.7	3.8
吉林	1.1	1.1	1.1	—	1.0	1.1	1.0	1.0

2－13(续1)　　单位：天/人

	平均停留	性别		年龄				
		男性	女性	14岁及以下	15～24岁	25～44岁	45～64岁	65岁及以上
通化	2.0	2.0	1.9	—	2.0	2.4	1.8	1.8
松原	1.0	1.0	1.0	—	1.5	1.0	1.0	1.0
延吉	2.9	2.7	3.2	3.0	2.2	3.6	3.0	2.0
哈尔滨	3.4	3.4	3.4	5.0	3.8	3.4	3.4	3.3
齐齐哈尔	1.0	1.0	1.0	1.0	—	1.0	1.0	1.0
大庆	2.5	2.8	2.2	1.0	1.1	3.2	1.9	1.5
佳木斯	1.6	1.3	1.7	1.1	1.9	1.6	1.5	1.8
牡丹江	2.4	2.4	2.4	1.8	1.7	1.9	2.3	4.9
上海	2.7	2.6	2.9	2.1	2.7	2.5	2.8	3.1
南京	2.1	2.1	2.2	1.5	2.1	2.2	2.1	1.9
无锡	1.5	1.5	1.5	—	1.5	1.5	1.4	1.8
苏州	2.7	2.8	2.7	—	2.5	2.7	2.9	2.1
南通	3.4	3.4	3.3	—	3.4	3.4	3.4	3.0
扬州	2.1	2.0	2.2	—	1.5	2.0	2.2	1.5
杭州	2.5	2.5	2.4	1.5	2.5	2.7	2.2	2.9
温州	3.4	3.0	4.4	—	3.2	3.4	3.7	2.0
绍兴	2.4	2.5	2.2	—	1.4	2.6	2.4	1.5
金华	2.4	2.6	2.1	—	2.0	2.1	3.0	4.0
合肥	3.1	3.6	2.7	—	2.8	3.4	3.0	2.7
芜湖	3.1	3.0	3.2	—	2.8	3.1	3.2	2.4
马鞍山	3.8	4.1	3.0	—	4.8	2.9	4.4	4.7
铜陵	2.0	2.1	1.8	—	—	1.9	2.1	—
安庆	1.6	1.5	1.7	—	1.7	1.8	1.4	1.8
黄山	2.5	2.5	2.5	—	2.2	2.5	2.6	2.5
滁州	2.0	2.1	1.5	—	1.4	2.2	1.9	1.0
亳州	2.0	2.0	1.9	—	3.0	2.0	2.1	1.3
池州	2.9	2.9	2.8	3.3	2.2	2.9	2.8	2.7
宣城	1.7	1.8	1.7	—	2.1	1.7	1.8	1.5
福州	2.6	2.5	3.0	—	3.0	2.7	2.5	2.5
厦门	4.4	5.0	3.5	2.0	5.6	4.4	3.9	2.9
泉州	5.3	7.1	2.2	—	2.2	7.2	2.8	2.5
漳州	2.3	2.5	1.9	—	1.3	2.1	2.7	2.7
武夷山	2.2	2.3	2.1	—	2.0	2.3	2.0	2.7
南昌	2.6	2.8	2.1	—	2.4	2.7	2.4	2.9
景德镇	1.4	1.4	1.4	—	1.3	1.4	1.4	2.0

2-13(续2) 单位：天/人

	平均停留	性别		年龄				
		男性	女性	14岁及以下	15~24岁	25~44岁	45~64岁	65岁及以上
九江	2.4	2.4	2.4	3.0	2.6	2.3	2.7	2.5
鹰潭	2.2	2.1	2.5	—	3.2	1.9	2.2	2.8
赣州	1.9	1.7	2.1	—	2.9	2.0	1.5	1.5
吉安	2.4	2.5	2.4	—	2.9	2.2	2.5	3.0
济南	2.5	2.5	2.4	—	2.8	2.9	1.9	1.4
青岛	2.3	2.6	1.9	1.0	2.2	2.3	2.4	1.9
烟台	2.4	2.4	2.4	—	2.7	2.5	2.2	2.7
曲阜	1.0	1.0	1.0	—	1.0	1.0	1.1	—
泰安	2.0	2.0	2.1	1.5	2.1	2.2	2.0	1.7
威海	3.7	3.8	3.6	—	3.4	3.7	4.0	3.1
日照	2.2	1.8	2.5	—	2.4	2.3	2.1	1.3
郑州	2.5	2.6	2.4	1.0	2.4	2.6	2.4	3.2
开封	1.3	1.3	1.3	1.0	1.5	1.3	1.7	1.0
洛阳	2.9	2.6	3.2	3.7	2.8	2.8	2.9	2.9
三门峡	1.5	1.6	1.4	—	1.7	1.5	1.6	1.4
武汉	3.2	3.0	3.5	3.0	3.1	3.1	3.6	3.3
十堰	2.1	2.0	2.3	—	1.6	2.2	2.3	1.9
宜昌	2.6	2.6	2.6	3.0	2.4	2.5	2.6	3.1
襄阳	3.3	3.5	3.1	—	2.8	3.4	3.7	2.0
荆州	1.4	1.8	1.2	—	1.0	1.4	1.6	—
湖北游船	2.7	2.9	2.5	2.3	2.7	2.7	2.8	2.7
长沙	2.8	2.8	2.8	2.0	3.2	3.1	2.4	1.8
湘潭	2.2	2.1	2.5	—	2.1	2.3	1.5	6.8
衡阳	1.6	1.6	1.8	—	3.0	1.6	1.5	1.7
岳阳	2.0	2.0	1.9	—	1.0	1.9	2.0	2.0
张家界	2.8	2.8	2.8	4.0	2.1	2.8	2.8	2.8
广州	3.6	3.6	3.6	5.7	3.3	3.6	3.7	3.5
深圳	3.2	3.3	2.9	4.0	3.4	3.2	3.1	3.1
珠海	2.3	2.6	2.0	3.0	1.8	2.2	2.5	4.5
汕头	3.1	3.2	2.9	2.3	3.2	2.7	3.2	3.2
湛江	3.2	3.5	2.9	—	3.0	3.4	3.0	2.4
惠州	3.9	3.8	4.0	—	4.3	4.2	2.8	2.0
东莞	4.7	4.9	4.5	—	4.3	5.4	4.0	3.8
中山	3.2	3.1	3.4	1.0	4.8	2.8	3.4	3.6
南宁	1.5	1.5	1.6	—	1.8	1.6	1.5	1.5
桂林	2.5	2.3	2.6	2.0	2.8	2.6	2.2	2.3
梧州	2.1	1.9	2.2	1.5	2.2	2.2	2.0	1.6

单位：天/人

	平均停留	性别		年龄				
		男性	女性	14岁及以下	15～24岁	25～44岁	45～64岁	65岁及以上
北海	2.5	2.4	2.7	—	2.7	2.3	2.5	4.6
防城港	1.0	1.0	1.0	1.0	1.0	1.0	1.0	1.0
贺州	1.8	1.8	1.6	—	2.0	1.9	1.7	1.7
崇左	1.2	1.2	1.2	—	1.0	1.3	1.2	1.0
海口	2.8	2.9	2.5	2.7	2.6	3.1	2.5	2.4
三亚	7.8	7.5	8.1	—	4.9	7.7	8.5	11.2
重庆	2.9	3.2	2.3	1.0	2.5	2.5	3.9	1.9
重庆游船	3.5	3.6	3.4	1.0	3.3	3.6	3.5	3.6
成都	2.5	2.4	2.7	2.8	2.9	2.4	2.6	2.0
绵阳	1.6	1.7	1.3	1.0	1.9	1.8	1.4	1.3
乐山	1.2	1.2	1.2	1.0	1.3	1.2	1.2	1.1
阿坝	1.4	1.4	1.4	—	1.2	1.4	1.4	1.4
贵阳	3.9	3.8	3.9	3.2	4.0	3.9	3.8	3.8
安顺	3.5	3.4	3.5	—	3.6	3.5	3.5	3.2
黔东南	3.2	3.1	3.3	3.0	3.6	3.1	3.2	3.2
昆明	3.7	3.6	3.8	—	5.2	3.6	3.6	6.4
拉萨	7.3	7.3	7.5	7.5	7.7	7.2	7.4	7.6
西安	2.8	3.1	2.4	2.0	6.0	2.5	2.5	2.3
咸阳	2.0	2.0	2.0	—	3.0	1.8	2.0	2.3
兰州	1.6	1.6	1.7	2.0	1.8	1.6	1.8	1.4
敦煌	1.6	1.6	1.7	1.5	1.6	1.7	1.6	1.4
西宁	2.6	2.5	2.8	2.0	3.4	2.6	2.6	2.0
黄南	2.0	1.8	2.2	—	—	1.8	1.9	2.2
格尔木	3.3	3.3	3.1	—	3.7	3.8	3.1	2.4
银川	1.9	1.8	2.0	—	2.4	1.9	1.6	2.0
乌鲁木齐	3.4	3.5	3.2	6.0	3.2	3.3	3.7	3.0
吐鲁番	2.8	3.0	2.6	7.5	2.6	2.1	2.9	4.6
库尔勒	2.6	2.6	2.5	—	2.7	2.5	2.8	2.7
喀什	4.8	4.7	4.8	—	4.4	4.4	5.8	4.3
伊宁	2.9	2.9	3.0	—	—	2.9	3.1	3.0

2－14　2013年入境过夜游客在各城市

	平均停留	职业				
		政府工作人员	专业技术人员	职员	技工工人	商贸人员
北京	3.4	3.1	3.2	3.1	3.4	3.3
天津	4.0	2.5	5.9	4.5	6.1	2.5
石家庄	2.7	2.2	2.7	2.6	2.0	2.9
唐山	3.6	2.0	4.4	4.5	4.8	2.4
秦皇岛	4.6	3.4	8.8	4.3	5.7	3.1
保定	1.3	1.4	1.3	1.4	1.3	1.3
承德	3.0	3.8	2.5	2.3	1.7	2.5
廊坊	1.3	1.4	1.2	1.1	2.0	1.1
太原	2.6	2.5	2.8	2.6	2.4	2.7
大同	2.1	—	2.1	2.0	2.1	—
长治	2.3	2.7	2.2	1.5	2.3	2.7
晋中	2.2	2.0	2.1	2.2	2.2	2.2
运城	1.5	2.0	1.7	1.6	2.3	1.9
忻州	1.4	1.3	1.6	1.7	1.3	1.3
呼和浩特	4.4	6.0	4.4	4.8	2.8	4.7
满洲里	3.1	—	—	—	—	3.1
二连浩特	2.2	3.2	3.1	2.0	2.2	2.3
包头	4.5	1.8	9.2	3.5	3.8	3.2
沈阳	2.7	2.7	2.3	2.8	3.0	2.5
大连	3.8	3.8	3.8	3.8	3.5	3.8
鞍山	3.7	3.1	4.5	3.6	3.1	2.4
抚顺	3.3	4.0	3.8	2.6	2.0	2.9
本溪	1.0	1.0	1.0	1.0	1.0	1.0
丹东	13.5	3.6	3.0	3.0	2.4	3.6
锦州	2.2	2.3	2.4	2.2	2.0	1.8
营口	2.0	—	2.2	1.8	1.5	2.0
盘锦	1.7	1.7	1.8	1.7	1.8	1.8
葫芦岛	2.0	2.0	2.1	2.0	2.0	2.0
长春	3.9	4.1	4.5	3.4	7.0	4.2
吉林	1.1	1.5	1.0	1.0	1.0	1.1

平均停留时间（按职业分组）

单位：天/人

服务员 推销员	退　休 人　员	家　庭 妇　女	军　人	学　生	其　他
3.2	3.7	3.6	2.8	4.7	3.9
2.4	2.8	3.1	2.0	3.7	4.1
2.3	2.0	2.5	3.0	3.5	2.9
20.0	2.5	1.3	5.0	2.0	2.8
3.0	1.5	2.5	3.0	3.0	3.2
1.3	1.6	1.1	—	1.1	1.0
2.5	2.0	5.3	2.0	5.0	2.9
1.0	1.0	1.0	2.0	1.9	1.3
2.8	—	3.0	2.0	2.8	2.0
—	2.0	—	—	2.1	—
1.8	7.0	—	—	2.0	2.3
2.3	2.4	—	—	—	—
1.5	1.3	1.2		1.0	1.6
1.4	1.7	1.0	1.2	1.0	—
2.3	3.7	3.8	7.0	3.6	4.9
—	—	—	—	—	—
2.0	2.0	2.0	1.5	1.6	2.1
1.5	1.0	6.7	—	3.4	1.4
—	2.8	5.5	—	2.0	3.4
3.3	3.4	4.3	—	3.9	1.8
1.0	6.4	2.6	1.0	3.5	1.0
3.7	2.8	4.3	—	3.5	3.3
1.0	1.0	1.0	1.0	1.0	1.0
32.3	5.8	4.3	2.0	—	2.6
1.8	3.0	—	2.0	—	—
—	2.0	—	—	—	—
—	1.6	1.7	2.0	1.3	1.8
2.0	2.0	2.0	—	—	—
4.0	5.2	4.8	—	3.0	3.0
1.0	1.0	1.3	—	1.0	1.0

2-14(续1)

	平均停留	职业				
		政府工作人员	专业技术人员	职员	技工工人	商贸人员
通化	2.0	3.0	1.8	1.8	1.5	2.5
松原	1.0	1.0	1.0	1.1	1.0	1.0
延吉	2.9	5.0	3.4	3.6	2.2	3.3
哈尔滨	3.4	3.0	5.0	2.7	4.0	3.0
齐齐哈尔	1.0	1.0	1.0	1.0	—	1.0
大庆	2.5	3.1	2.7	1.5	3.5	2.7
佳木斯	1.6	1.8	2.0	1.5	1.7	1.9
牡丹江	2.4	1.0	2.7	1.9	1.7	1.7
上海	2.7	3.1	2.8	2.5	2.6	2.6
南京	2.1	1.5	2.3	2.0	1.3	2.2
无锡	1.5	1.2	1.6	1.4	1.3	1.5
苏州	2.7	3.7	2.6	2.6	2.5	3.3
南通	3.4	2.8	3.4	3.3	4.0	3.4
扬州	2.1	4.0	2.0	2.2	1.6	1.9
杭州	2.5	2.3	3.3	2.1	3.3	2.6
温州	3.4	1.0	3.2	2.9	2.0	3.2
绍兴	2.4	1.0	2.1	1.6	2.0	3.1
金华	2.4	1.7	2.0	1.6	1.0	3.2
合肥	3.1	4.0	3.5	3.3	5.3	3.1
芜湖	3.1	3.6	3.2	2.9	3.0	3.3
马鞍山	3.8	4.0	4.1	2.6	2.7	3.5
铜陵	2.0	—	3.5	1.9	1.5	1.8
安庆	1.6	1.7	1.6	1.8	1.5	1.3
黄山	2.5	2.6	2.5	2.1	2.6	2.8
滁州	2.0	4.5	2.3	1.7	1.1	2.0
亳州	2.0	2.4	1.9	1.9	1.0	1.9
池州	2.9	2.8	2.7	3.1	2.6	2.5
宣城	1.7	1.0	2.2	1.6	2.0	1.8
福州	2.6	4.0	2.7	2.5	2.6	2.3
厦门	4.4	2.6	6.8	5.1	2.2	3.5
泉州	5.3	15.0	4.5	2.1	2.6	7.9
漳州	2.3	—	3.5	1.8	3.5	2.5
武夷山	2.2	1.5	2.7	2.0	2.2	2.9
南昌	2.6	1.6	2.5	2.3	3.4	3.3
景德镇	1.4	1.2	1.4	1.5	1.5	1.3

单位：天/人

服务员推销员	退休人员	家庭妇女	军人	学生	其他
1.5	1.6	2.3	—	2.0	2.6
—	1.0	1.0	—	1.5	1.0
3.1	3.8	2.0	—	2.2	2.1
3.8	2.7	3.6	2.0	4.1	2.9
—	1.0	1.0	—	—	1.0
2.0	1.2	3.1	—	1.9	1.5
1.5	1.7	1.5	1.0	1.5	1.6
1.9	4.1	1.9	—	2.0	2.9
2.4	3.0	2.9	3.5	2.8	4.1
3.2	1.9	2.8	4.0	1.9	2.6
1.0	1.4	1.6	—	1.4	1.3
2.5	2.5	2.8	2.1	2.3	3.1
3.3	—	3.1	3.0	4.0	—
2.0	2.4	1.7	2.0	1.5	1.8
1.7	2.1	2.3	2.0	2.5	1.9
2.0	—	8.0	—	4.0	—
1.7	1.0	2.2	—	1.3	2.2
—	3.5	2.0	2.0	2.0	2.0
—	2.9	2.2	—	2.4	3.0
3.0	2.4	4.0	—	3.3	—
1.7	8.0	2.8	—	6.3	6.6
2.3	—	—	—	—	2.6
1.0	1.5	1.6	3.0	1.5	2.0
2.3	2.3	2.5	—	2.1	2.6
2.0	—	—	—	—	1.2
2.5	1.8	3.5	1.5	2.0	1.9
2.8	2.9	2.5	—	2.6	3.5
—	1.5	1.5	—	1.3	1.3
2.0	3.1	4.0	4.5	4.0	2.6
7.9	3.4	4.1	10.0	3.2	4.4
—	2.0	2.5	—	4.0	1.8
1.3	2.8	2.1	1.0	1.0	2.3
2.0	2.2	1.8	3.0	2.0	1.9
2.5	1.6	2.0	—	3.3	2.6
1.3	2.0	2.0	1.0	—	1.0

2－14(续2)

	平均停留	职业				
		政府工作人员	专业技术人员	职员	技工工人	商贸人员
九　江	2.4	2.5	2.3	2.3	2.0	2.8
鹰　潭	2.2	3.0	2.0	1.9	2.0	2.5
赣　州	1.9	2.1	2.3	1.3	3.0	1.5
吉　安	2.4	3.0	2.0	2.3	1.8	2.1
济　南	2.5	3.4	4.0	2.2	1.7	2.9
青　岛	2.3	3.2	2.0	2.2	2.1	2.9
烟　台	2.4	2.9	2.5	1.9	2.3	2.3
曲　阜	1.0	2.0	1.0	1.0	1.0	1.0
泰　安	2.0	2.1	2.5	1.7	1.0	2.6
威　海	3.7	2.0	3.3	3.1	6.0	3.8
日　照	2.2	2.2	2.3	1.5	2.0	3.0
郑　州	2.5	2.6	2.5	2.5	2.0	1.8
开　封	1.3	1.1	1.8	1.5	1.3	1.0
洛　阳	2.9	2.8	2.6	2.3	3.1	3.3
三门峡	1.5	2.3	1.7	1.4	1.2	1.4
武　汉	3.2	3.0	3.8	2.7	3.8	2.7
十　堰	2.1	1.8	2.7	2.0	2.0	2.2
宜　昌	2.6	2.9	2.5	2.6	2.3	2.7
襄　阳	3.3	5.5	3.9	2.4	2.0	4.0
荆　州	1.4	1.0	2.0	1.1	—	2.1
湖北游船	2.7	2.3	2.7	3.0	2.4	2.5
长　沙	2.8	2.1	3.8	2.3	4.3	2.8
湘　潭	2.2	5.7	1.4	1.9	30.0	2.1
衡　阳	1.6	1.6	1.4	1.6	1.1	1.5
岳　阳	2.0	2.0	1.8	2.0	1.9	2.0
张家界	2.8	2.5	3.1	3.2	2.8	3.9
广　州	3.6	3.6	3.9	3.2	3.6	3.8
深　圳	3.2	2.3	4.0	2.9	4.2	2.9
珠　海	2.3	1.7	2.1	1.9	2.6	2.9
汕　头	3.1	3.2	3.3	3.9	3.0	2.5
湛　江	3.2	3.6	2.4	2.9	1.9	4.2
惠　州	3.9	4.3	3.6	4.0	—	4.0
东　莞	4.7	4.4	4.4	4.1	6.9	5.8
中　山	3.2	2.3	4.9	2.5	3.3	3.1
南　宁	1.5	1.7	1.4	1.4	2.0	1.3
桂　林	2.5	2.6	2.4	2.3	3.0	2.3

单位：天/人

服务员推销员	退休人员	家庭妇女	军人	学生	其他
2.7	2.5	2.3	—	2.6	2.0
2.0	2.2	2.0	—	4.0	2.1
2.5	1.8	2.3	2.5	1.6	2.6
1.8	3.7	2.8	—	2.5	3.1
1.8	1.2	2.6	1.5	2.5	1.8
2.0	1.5	2.5	—	2.3	1.7
1.5	2.6	2.4	4.0	3.1	1.0
1.5	—	1.0	—	1.0	1.0
1.5	1.6	1.5	—	2.7	2.3
2.0	5.4	5.8	—	3.4	1.0
2.8	1.7	2.6	—	2.7	1.5
2.3	1.6	3.0	—	1.5	4.2
1.0	1.3	1.0	1.0	1.0	1.0
4.0	2.7	3.2	3.0	2.9	4.0
1.0	1.5	1.2	—	1.8	1.0
2.5	3.2	3.4	—	3.1	5.1
2.0	2.2	2.0	2.0	1.9	2.2
3.3	2.7	2.7	—	2.1	2.3
—	2.0	4.1	—	2.0	2.3
2.0	1.4	1.0	—	1.0	1.5
3.2	2.7	2.9	—	2.6	3.4
2.9	2.1	3.1	1.5	2.9	2.5
2.3	2.6	4.3	—	1.3	1.8
1.5	2.1	2.0	—	3.8	6.0
2.0	2.0	—	—	—	—
2.8	2.7	2.7	2.8	2.1	2.7
3.8	3.2	3.9	3.5	3.0	4.0
2.6	3.1	3.3	2.3	2.9	3.0
1.8	2.6	2.0	3.0	1.6	2.4
2.6	2.7	3.0	2.0	3.0	2.3
2.1	3.4	4.5	2.7	4.3	2.9
3.0	3.3	2.5	4.0	5.3	2.0
4.5	3.6	3.3	4.3	4.0	7.5
3.9	2.5	2.7	—	4.3	3.3
1.0	1.5	1.5	1.2	1.9	1.7
2.6	2.2	2.3	—	2.8	3.7

2－14(续3)

	平均停留	职业				
		政府工作人员	专业技术人员	职员	技工工人	商贸人员
梧州	2.1	1.6	1.9	2.0	3.0	2.3
北海	2.5	1.6	2.0	2.3	2.5	2.6
防城港	1.0	1.0	1.3	1.0	1.0	1.0
贺州	1.8	—	2.0	1.9	2.0	1.9
崇左	1.2	1.3	1.1	1.1	1.0	1.3
海口	2.8	2.9	2.6	2.8	4.9	2.7
三亚	7.8	8.1	8.2	7.4	10.2	7.0
重庆	2.9	2.5	6.3	2.3	6.2	2.4
重庆游船	3.5	3.0	3.3	3.2	3.3	3.7
成都	2.5	2.2	2.4	2.3	2.1	2.7
绵阳	1.6	1.3	1.8	1.2	1.6	1.7
乐山	1.2	1.4	1.3	1.1	1.1	1.4
阿坝	1.4	1.3	1.3	1.4	1.3	1.6
贵阳	3.9	4.1	3.7	3.8	3.8	3.9
安顺	3.5	3.8	3.4	3.4	3.6	3.5
黔东南	3.2	3.0	3.3	3.2	2.8	3.3
昆明	3.7	3.5	3.3	4.0	3.7	3.4
拉萨	7.3	7.7	7.0	7.3	7.4	7.4
西安	2.8	2.2	2.7	2.3	2.3	2.6
咸阳	2.0	—	1.0	3.0	—	1.3
兰州	1.6	1.9	1.7	1.6	1.4	2.0
敦煌	1.6	1.6	1.6	1.5	1.8	2.0
西宁	2.6	2.8	2.5	2.5	3.2	3.3
黄南	2.0	2.2	1.4	1.9	2.3	2.4
格尔木	3.3	5.6	3.2	1.8	3.5	2.9
银川	1.9	1.9	1.9	1.8	2.2	1.7
乌鲁木齐	3.4	3.8	3.7	3.5	2.6	3.4
吐鲁番	2.8	2.3	2.2	2.7	3.0	1.8
库尔勒	2.6	2.3	2.7	2.4	—	2.9
喀什	4.8	2.0	4.9	4.4	6.2	5.2
伊宁	2.9	3.0	3.4	2.9	2.0	3.2

单位：天/人

服务员推销员	退休人员	家庭妇女	军人	学生	其他
2.3	1.7	2.8	—	2.0	2.5
2.7	3.4	3.1	—	3.0	2.5
1.0	1.0	1.0	—	1.0	1.1
—	1.5	1.6	—	—	2.0
—	1.7	1.0	—	1.0	1.4
2.2	2.9	1.9	1.0	3.4	2.1
7.8	9.0	7.3	14.0	5.2	9.9
1.6	1.8	2.6	1.5	2.2	2.4
3.4	4.0	5.0	—	2.8	2.8
2.4	2.3	2.7	3.8	2.4	3.6
1.2	1.4	1.3	—	1.7	1.3
1.1	1.2	1.1	1.2	1.2	1.1
1.3	1.4	1.2	1.3	1.3	1.4
3.9	3.7	4.0	3.5	4.1	3.8
3.6	3.0	3.5	4.0	3.8	2.7
3.0	3.2	2.9	—	3.1	3.8
3.5	3.1	4.0	5.3	5.4	4.1
7.3	7.7	7.9	6.2	7.1	7.1
2.2	2.4	2.5	2.0	6.1	2.4
—	—	—	—	—	2.0
1.5	1.4	1.8	1.0	1.7	1.5
1.7	1.6	1.9	—	1.4	1.8
1.8	1.9	1.9	—	3.5	2.4
2.0	3.0	1.5	2.7	—	1.8
4.2	3.8	2.3	—	1.5	8.5
3.0	2.0	1.5	—	1.8	1.9
3.2	2.8	3.1	3.0	3.6	2.6
1.4	5.1	2.1	2.0	2.7	4.9
2.4	2.9	2.4	—	3.0	2.3
5.4	4.0	5.0	4.3	4.4	4.3
2.3	2.0	2.9	3.0	—	—

2-15 2013年入境过夜游客在各城市平均停留时间
(按旅游目的分组)

单位：天/人

	平均停留	旅游目的									
		观光游览	休闲度假	探亲访友	商务	会议	宗教朝拜	文体交流	购物	医疗保健	其他
北京	3.4	3.5	3.7	3.8	3.1	2.8	2.8	3.2	3.9	5.0	11.5
天津	4.0	2.5	2.7	3.8	5.6	2.5	3.0	2.6	2.6	4.0	4.1
石家庄	2.7	2.5	2.8	2.4	2.9	1.8	—	3.0	3.0	3.0	2.5
唐山	3.6	2.1	2.4	2.2	4.5	3.1	—	3.5	2.0	10.0	2.4
秦皇岛	4.6	2.8	3.6	2.5	6.4	2.4	—	2.5	2.5	—	28.0
保定	1.3	1.3	1.4	—	—	—	—	—	—	—	2.0
承德	3.0	2.8	3.5	1.8	3.0	3.0	—	4.3	1.0	—	2.0
廊坊	1.3	1.3	1.2	1.2	1.2	1.5	1.0	1.0	1.0	—	2.0
太原	2.6	2.6	2.4	2.9	2.6	2.5	2.2	2.3	2.9	—	—
大同	2.1	2.1	2.0	—	—	—	—	—	—	—	—
长治	2.3	2.0	2.1	2.7	2.2	2.4	—	2.6	2.0	1.7	1.9
晋中	2.2	2.1	2.1	2.3	2.3	2.3	2.4	2.2	3.0	2.0	—
运城	1.5	1.1	1.0	1.9	2.1	—	1.6	2.0	—	—	2.2
忻州	1.4	1.3	1.6	1.0	1.0	1.0	1.5	1.2	—	1.0	1.0
呼和浩特	4.4	4.5	4.5	5.0	4.0	4.3	3.0	3.0	2.0	—	3.8
满洲里	3.1	—	—	—	—	—	—	—	3.1	—	—
二连浩特	2.2	1.7	1.9	1.6	2.6	1.5	—	3.0	2.0	3.6	1.6
包头	4.5	2.5	1.6	4.6	7.3	2.3	1.0	2.0	—	1.0	—
沈阳	2.7	1.8	2.2	3.5	3.1	2.4	—	2.8	—	5.0	3.7
大连	3.8	3.5	4.2	4.5	3.4	3.5	—	4.0	1.0	2.0	4.6
鞍山	3.7	1.6	2.4	2.3	1.6	2.3	—	1.5	—	5.6	3.3
抚顺	3.3	2.6	2.9	3.8	3.1	2.9	—	3.9	2.0	4.6	3.6
本溪	1.0	1.0	1.0	1.0	1.0	1.0	—	—	—	—	—
丹东	13.5	2.6	4.6	6.2	3.5	2.4	4.0	16.1	2.5	4.5	—
锦州	2.2	2.3	2.5	1.7	1.8	2.1	3.0	—	—	—	—
营口	2.0	2.0	1.7	2.0	2.0	1.3	—	2.5	—	—	2.5
盘锦	1.7	1.6	1.7	1.6	1.8	2.0	—	2.0	—	—	—
葫芦岛	2.0	2.0	2.0	—	2.1	2.0	—	—	—	—	—
长春	3.9	3.0	3.3	5.8	4.4	3.6	—	5.1	3.0	12.5	11.5
吉林	1.1	1.1	1.1	1.0	1.1	—	—	1.0	—	—	1.0
通化	2.0	1.7	1.9	2.5	2.6	3.0	—	2.2	—	—	2.8
松原	1.0	1.0	1.0	1.0	1.0	1.0	—	1.1	—	—	1.0

2－15(续1) 单位：天/人

	平均停留	旅游目的									
		观光游览	休闲度假	探亲访友	商务	会议	宗教朝拜	文体交流	购物	医疗保健	其他
延　　吉	2.9	2.2	3.9	2.0	4.5	3.5	—	3.0	4.2	5.3	—
哈 尔 滨	3.4	2.7	3.4	4.5	2.7	3.0	6.0	5.6	4.0	—	3.7
齐齐哈尔	1.0	1.0	1.0	—	1.0	—	—	—	—	—	1.0
大　　庆	2.5	2.2	2.0	1.8	2.8	3.6	—	3.4	—	—	—
佳 木 斯	1.6	1.5	1.6	1.5	3.0	—	—	—	1.5	2.5	2.0
牡 丹 江	2.4	1.3	2.1	—	1.7	—	—	3.9	2.0	9.0	1.0
上　　海	2.7	2.9	3.0	2.6	2.5	2.4	7.5	3.3	3.0	8.0	1.5
南　　京	2.1	2.4	2.0	2.2	2.3	1.7	—	1.4	1.0	—	1.0
无　　锡	1.5	1.3	1.5	1.7	1.5	1.7	1.0	1.6	—	1.0	2.0
苏　　州	2.7	2.8	2.9	2.5	2.6	2.5	—	—	3.2	—	2.3
南　　通	3.4	3.6	3.2	3.1	3.4	4.0	—	3.0	2.5	—	—
扬　　州	2.1	2.0	2.5	2.3	2.0	1.7	—	—	—	3.0	—
杭　　州	2.5	2.1	2.5	2.3	3.1	2.0	4.0	2.1	5.0	1.0	2.6
温　　州	3.4	3.3	3.0	8.0	3.0	3.1	—	—	—	—	2.0
绍　　兴	2.4	1.6	2.1	2.6	3.2	1.4	—	—	—	—	1.7
金　　华	2.4	1.7	2.3	3.3	2.4	2.1	—	3.0	6.3	—	2.0
合　　肥	3.1	2.7	2.8	3.8	3.4	3.1	4.0	4.5	—	—	4.0
芜　　湖	3.1	3.0	3.2	2.8	2.8	3.3	—	2.7	4.0	1.5	—
马 鞍 山	3.8	1.2	5.2	3.6	2.9	2.2	—	8.1	—	—	7.8
铜　　陵	2.0	1.8	1.8	—	3.6	—	1.8	2.7	—	—	—
安　　庆	1.6	1.5	1.2	1.9	2.0	1.0	—	1.7	1.0	2.0	1.5
黄　　山	2.5	2.2	2.4	3.7	3.2	—	—	3.4	3.0	4.0	3.5
滁　　州	2.0	1.8	1.0	2.0	2.2	1.3	—	1.1	—	1.0	1.0
亳　　州	2.0	2.2	1.8	3.5	1.7	1.5	—	1.7	—	3.0	1.5
池　　州	2.9	2.7	3.3	2.0	3.0	1.5	2.2	2.8	—	—	5.0
宣　　城	1.7	1.4	1.8	2.6	2.2	1.0	—	1.0	—	—	2.0
福　　州	2.6	3.3	2.8	3.0	2.1	1.7	7.0	2.4	—	—	2.2
厦　　门	4.4	4.4	4.2	2.9	5.6	2.2	5.0	2.9	5.0	—	3.4
泉　　州	5.3	1.6	2.3	3.2	7.0	5.0	—	3.0	—	—	1.1
漳　　州	2.3	1.8	2.2	3.6	2.3	2.0	1.0	2.0	—	—	3.3
武 夷 山	2.2	2.1	2.5	2.0	1.8	—	—	—	—	—	—
南　　昌	2.6	2.0	2.5	3.7	3.0	2.6	—	2.3	—		2.0
景 德 镇	1.4	1.4	1.7	—	1.0	—	—	—	1.5	—	1.0
九　　江	2.4	2.3	2.5	3.0	2.8	2.0	—	2.9	—	—	2.0

2－15(续2)

单位：天/人

	平均停留	旅游目的									
		观光游览	休闲度假	探亲访友	商务	会议	宗教朝拜	文体交流	购物	医疗保健	其他
鹰　潭	2.2	2.0	2.4	4.5	2.3	3.0	3.0	3.3	2.0	—	1.9
赣　州	1.9	1.4	1.9	2.3	2.2	1.0	—	2.0	—	—	3.4
吉　安	2.4	2.0	2.8	4.1	2.0	3.0	—	7.0	—	—	1.6
济　南	2.5	1.8	3.4	2.3	2.8	2.2	—	1.8	—	—	8.0
青　岛	2.3	2.1	2.7	1.8	2.5	1.9	2.0	2.6	1.5	1.7	1.5
烟　台	2.4	2.7	2.3	2.7	2.3	1.9	—	3.0	—	3.0	3.0
曲　阜	1.0	1.0	1.0	1.0	1.0	2.0	—	1.0	—	—	—
泰　安	2.0	1.6	2.5	3.0	2.8	2.8	2.0	3.3	—	—	—
威　海	3.7	2.9	5.0	7.0	3.2	2.5	1.0	—	4.0	4.0	3.0
日　照	2.2	1.6	2.0	4.6	2.8	3.0	—	3.1	—	5.0	2.1
郑　州	2.5	1.8	2.7	4.5	2.5	2.5	1.5	5.4	—	1.0	3.4
开　封	1.3	1.1	1.6	1.4	1.3	1.5	1.0	1.0	—	—	—
洛　阳	2.9	2.8	2.8	4.0	2.9	2.3	—	—	3.0	—	—
三门峡	1.5	1.2	1.5	2.9	1.7	1.9	—	2.0	—	—	2.0
武　汉	3.2	2.9	3.6	3.6	3.4	3.1	2.7	3.1	3.0	3.0	2.9
十　堰	2.1	2.2	2.0	2.0	2.2	1.7	2.3	—	—	—	2.5
宜　昌	2.6	2.6	2.3	2.6	2.5	3.2	4.0	3.8	2.2	—	—
襄　阳	3.3	1.5	3.4	7.4	4.7	2.0	—	3.3	1.0	2.7	3.3
荆　州	1.4	1.0	4.0	—	2.2	—	—	2.0	—	—	2.2
湖北游船	2.7	2.8	2.3	3.7	2.9	2.0	—	3.3	—	—	4.0
长　沙	2.8	2.3	3.1	3.1	3.1	2.3	3.3	3.1	2.0	2.7	3.5
湘　潭	2.2	1.4	2.0	3.4	2.7	1.5	—	1.0	—	—	2.5
衡　阳	1.6	1.5	1.7	2.0	1.8	1.4	1.0	1.9	—	—	5.0
岳　阳	2.0	2.0	1.9	2.2	2.0	2.0	—	2.0	—	—	—
张家界	2.8	2.7	2.6	5.0	4.5	3.6	—	—	—	—	2.8
广　州	3.6	3.2	3.5	3.2	4.0	2.9	4.3	3.8	3.7	4.5	3.2
深　圳	3.2	2.8	3.3	3.1	3.9	2.7	3.2	2.5	2.7	2.8	2.6
珠　海	2.3	2.0	2.7	2.4	2.8	2.1	3.0	2.8	1.6	2.3	1.4
汕　头	3.1	3.3	2.8	2.6	2.9	2.7	2.7	3.5	3.6	3.0	4.7
湛　江	3.2	2.4	4.8	3.5	2.8	2.1	—	4.3	2.5	—	4.1
惠　州	3.9	3.3	3.2	3.0	4.8	3.6	3.5	6.0	2.3	—	—
东　莞	4.7	4.8	4.5	5.0	6.2	3.7	1.5	1.7	1.4	4.8	12.5
中　山	3.2	3.1	2.8	4.6	3.3	2.2	—	3.7	2.0	1.0	9.0
南　宁	1.5	1.6	2.0	1.4	1.3	1.0	2.0	1.3	—	1.5	1.5
桂　林	2.5	2.4	2.3	3.0	2.9	2.1	—	1.5	—	1.0	6.7
梧　州	2.1	2.2	1.9	2.5	2.4	1.7	1.0	1.6	2.3	—	3.0

2－15(续3)　　单位：天/人

	平均停留	旅游目的									
		观光游览	休闲度假	探亲访友	商务	会议	宗教朝拜	文体交流	购物	医疗保健	其他
北　　海	2.5	1.9	2.7	4.0	2.6	1.8	—	2.5	—	—	8.0
防 城 港	1.0	1.0	1.0	1.0	1.0	1.0	—	—	1.0	—	1.0
贺　　州	1.8	1.6	2.1	—	1.9	—	—	—	—	—	—
崇　　左	1.2	1.1	1.4	1.5	1.2	—	—	1.0	1.0	—	2.0
海　　口	2.8	2.4	3.0	2.8	2.3	3.4	2.7	4.0	1.8	3.0	3.3
三　　亚	7.8	7.3	8.3	3.6	3.3	3.1	3.0	4.6	—	12.7	7.7
重　　庆	2.9	2.3	2.1	3.0	2.9	1.8	1.5	2.9	1.9	2.0	26.7
重庆游船	3.5	3.4	3.4	—	—	4.3	—	3.5	—	—	—
成　　都	2.5	2.2	3.0	2.8	2.4	2.3	2.3	3.0	1.0	3.8	1.3
绵　　阳	1.6	1.1	1.5	2.5	2.0	1.2	1.0	1.8	—	1.0	1.1
乐　　山	1.2	1.1	1.3	1.4	1.8	1.3	1.1	1.6	2.0	1.0	1.0
阿　　坝	1.4	1.4	1.3	—	—	2.0	1.2	—	—	—	2.0
贵　　阳	3.9	3.9	3.8	3.9	4.0	4.0	3.0	3.0	—	4.0	3.7
安　　顺	3.5	3.4	3.4	3.5	3.5	4.0	—	—	—	—	3.8
黔 东 南	3.2	3.1	3.2	3.3	3.0	3.5	—	—	—	—	3.0
昆　　明	3.7	3.7	4.1	4.9	3.3	3.6	5.6	3.4	2.3	6.7	4.0
拉　　萨	7.3	7.4	7.4	7.5	7.1	7.8	7.0	7.3	8.8	5.5	7.2
西　　安	2.8	2.4	2.4	3.3	2.6	2.4	2.8	2.8	2.8	2.0	30.5
咸　　阳	2.0	2.0	3.0	—	1.9	—	—	—	—	—	—
兰　　州	1.6	1.3	1.4	2.6	2.1	2.2	1.7	2.1	2.0	1.7	1.7
敦　　煌	1.6	1.6	1.6	1.7	1.5	1.6	1.4	2.0	—	2.3	1.5
西　　宁	2.6	2.2	2.8	3.5	3.5	3.3	4.3	2.3	1.0	1.0	4.5
黄　　南	2.0	1.7	2.0	2.2	3.3	1.8	2.1	2.0	2.2	3.0	2.0
格 尔 木	3.3	2.7	4.6	2.5	3.6	3.6	3.3	2.3	—	—	13.5
银　　川	1.9	1.5	1.8	1.5	1.6	2.3	—	2.2	—	—	1.6
乌鲁木齐	3.4	3.2	3.7	5.4	3.2	3.2	—	4.5	1.8	—	2.0
吐 鲁 番	2.8	2.7	2.3	6.0	2.2	1.7	7.0	—	3.0	—	3.0
库 尔 勒	2.6	2.6	2.6	—	2.2	2.5	—	—	3.0	—	—
喀　　什	4.8	4.0	5.9	—	2.0	—	—	—	—	—	—
伊　　宁	2.9	2.8	3.2	—	2.5	3.0	—	—	2.0	—	—

三、入境游客来华(内地)旅游次数

3－1　2013年入境游客来华(内地)旅游次数

(按团体及散客、外国人、港澳台胞分组)

		调查人数		次数构成(%)		
		(人)	(%)	第1次	第2～3次	≥4次
全　国	**总计**	**16 243**	**100**	**24.0**	**31.3**	**44.7**
	团体	3 379	100	46.6	26.4	27.0
	散客	12 864	100	18.0	32.6	49.4
外 国 人	小计	10 466	100	31.1	33.5	35.4
	团体	2 722	100	48.7	24.3	27.0
	散客	7 744	100	24.9	36.8	38.3
香港同胞	小计	3 369	100	8.3	25.5	66.2
	团体	318	100	33.0	37.4	29.6
	散客	3 051	100	5.7	24.3	70.0
澳门同胞	小计	1 097	100	10.5	26.7	62.8
	团体	90	100	46.7	36.7	16.6
	散客	1 007	100	7.2	25.8	67.0
台湾同胞	小计	1 311	100	18.6	32.2	49.2
	团体	249	100	41.0	31.7	27.3
	散客	1 062	100	13.4	32.3	54.3

3-2 2013年入境游客来华(内地)旅游次数

		过夜游客		次数构成(%)		
		(人)	(%)	第1次	第2~3次	≥4次
全　国	**总计**	**13 554**	**100**	**25.0**	**30.7**	**44.3**
	团体	2 856	100	49.0	25.0	26.0
	散客	10 698	100	18.7	32.2	49.1
外 国 人	小计	8 742	100	32.4	32.2	35.4
	团体	2 237	100	52.2	22.3	25.5
	散客	6 505	100	25.6	35.6	38.8
香港同胞	小计	3 215	100	7.9	25.4	66.7
	团体	303	100	33.3	36.0	30.7
	散客	2 912	100	5.3	24.3	70.4
澳门同胞	小计	516	100	18.6	34.5	46.9
	团体	80	100	46.3	36.3	17.4
	散客	436	100	13.5	34.2	52.3
台湾同胞	小计	1 081	100	19.6	31.6	48.8
	团体	236	100	39.8	32.2	28.0
	散客	845	100	14.0	31.5	54.5

（按过夜与不过夜、团体及散客、外国人、港澳台胞分组）

一日游游客		次数构成（%）		
（人）	（%）	第1次	第2～3次	≥4次
2 689	**100**	**18.5**	**34.5**	**47.0**
523	100	33.7	34.2	32.1
2 166	100	14.9	34.5	50.6
1 724	100	24.5	40.1	35.4
485	100	32.8	33.4	33.8
1 239	100	21.3	42.7	36.0
154	100	15.6	26.6	57.8
15	100	26.7	66.7	6.6
139	100	14.4	22.3	63.3
581	100	3.3	19.8	76.9
10	100	50.0	40.0	10.0
571	100	2.5	19.4	78.1
230	100	13.9	34.8	51.3
13	100	61.5	23.1	15.4
217	100	11.1	35.5	53.4

3-3 2013年入境游客来华(内地)旅游次数
(按团体及散客、性别、年龄分组)

		调查人数		次数构成(%)		
		(人)	(%)	第1次	第2~3次	≥4次
全　国	**总计**	**16 243**	**100**	**24.0**	**31.3**	**44.7**
	团体	3 379	100	46.6	26.4	27.0
	散客	12 864	100	18.0	32.6	49.4
男　性	小计	9 929	100	22.3	30.8	46.9
	团体	1 552	100	49.4	27.9	22.7
	散客	8 377	100	17.2	31.4	51.4
女　性	小计	6 314	100	26.6	32.0	41.4
	团体	1 827	100	44.2	25.1	30.7
	散客	4 487	100	19.5	34.8	45.7
65岁及以上	小计	901	100	34.2	22.5	43.3
	团体	373	100	60.6	24.4	15.0
	散客	528	100	15.5	21.2	63.3
45~64岁	小计	4 819	100	23.6	29.3	47.1
	团体	1 089	100	47.3	27.5	25.2
	散客	3 730	100	16.7	29.8	53.5
25~44岁	小计	8 337	100	21.0	33.5	45.5
	团体	1 392	100	39.4	26.0	34.6
	散客	6 945	100	17.3	35.0	47.7
15~24岁	小计	2 124	100	31.7	31.0	37.3
	团体	506	100	54.3	26.7	19.0
	散客	1 618	100	24.7	32.3	43.0
14岁及以下	小计	62	100	38.7	27.4	33.9
	团体	19	100	57.9	21.1	21.0
	散客	43	100	30.2	30.2	39.6

3-4　2013年入境游客来华(内地)旅游次数

(按团体及散客、职业分组)

		调查人数		次数构成(%)		
		(人)	(%)	第1次	第2~3次	≥4次
全　　国	**总计**	**16 243**	**100**	**24.0**	**31.3**	**44.7**
	团体	3 379	100	46.6	26.4	27.0
	散客	12 864	100	18.0	32.6	49.4
政府工作人员	小计	581	100	38.6	29.4	32.0
	团体	181	100	57.5	26.5	16.0
	散客	400	100	30.0	30.8	39.2
专业技术人员	小计	2 507	100	20.9	30.6	48.5
	团体	260	100	45.8	29.2	25.0
	散客	2 247	100	18.0	30.8	51.2
职　　员	小计	3 280	100	22.1	34.1	43.8
	团体	553	100	49.2	29.3	21.5
	散客	2 727	100	16.6	35.0	48.4
技工/工人	小计	757	100	23.8	33.6	42.6
	团体	123	100	40.7	21.1	38.2
	散客	634	100	20.5	36.0	43.5
商贸人员	小计	3 430	100	16.1	31.0	52.9
	团体	596	100	25.5	23.0	51.5
	散客	2 834	100	14.1	32.7	53.2
服务员/推销员	小计	806	100	22.5	28.7	48.8
	团体	178	100	43.3	28.7	28.0
	散客	628	100	16.6	28.7	54.7
退休人员	小计	1 142	100	33.4	26.6	40.0
	团体	481	100	59.0	24.1	16.9
	散客	661	100	14.7	28.4	56.9
家庭妇女	小计	1 072	100	24.3	28.8	46.9
	团体	343	100	48.4	24.5	27.1
	散客	729	100	13.0	30.9	56.1
军　　人	小计	75	100	17.3	25.3	57.4
	团体	10	100	40.0	40.0	20.0
	散客	65	100	13.8	23.1	63.1
学　　生	小计	1 702	100	36.4	32.4	31.2
	团体	474	100	57.6	27.4	15.0
	散客	1 228	100	28.2	34.3	37.5
其　　他	小计	891	100	26.3	33.3	40.4
	团体	180	100	41.1	32.2	26.7
	散客	711	100	22.5	33.6	43.9

3-5 2013 年入境游客来华(内地)旅游次数

(按团体及散客、旅游目的分组)

		调查人数		次数构成(%)		
		(人)	(%)	第 1 次	第 2~3 次	≥4 次
全　　国	**总计**	**16 243**	**100**	**24.0**	**31.3**	**44.7**
	团体	3 379	100	46.6	26.4	27.0
	散客	12 864	100	18.0	32.6	49.4
观光游览	小计	3 796	100	45.5	32.1	22.4
	团体	1 881	100	57.4	28.0	14.6
	散客	1 915	100	33.7	36.1	30.2
休闲度假	小计	3 108	100	23.4	34.1	42.5
	团体	695	100	47.5	28.9	23.6
	散客	2 413	100	16.5	35.6	47.9
探亲访友	小计	1 955	100	10.1	31.6	58.3
	团体	55	100	38.2	29.1	32.7
	散客	1 900	100	9.3	31.7	59.0
商　　务	小计	3 976	100	13.7	29.9	56.4
	团体	151	100	23.8	31.1	45.1
	散客	3 825	100	13.3	29.9	56.8
会　　议	小计	745	100	19.3	35.8	44.9
	团体	59	100	32.2	28.8	39.0
	散客	686	100	18.2	36.4	45.4
宗教朝拜	小计	86	100	16.3	32.6	51.1
	团体	8	100	62.5	37.5	0.0
	散客	78	100	11.5	32.1	56.4
文体交流	小计	621	100	27.1	37.4	35.5
	团体	69	100	42.0	42.0	16.0
	散客	552	100	25.2	36.8	38.0
购　　物	小计	890	100	6.7	18.3	75.0
	团体	328	100	5.8	6.4	87.8
	散客	562	100	7.3	25.3	67.4
医疗保健	小计	139	100	22.3	30.9	46.8
	团体	20	100	40.0	20.0	40.0
	散客	119	100	19.3	32.8	47.9
其　　他	小计	927	100	30.2	28.8	41.0
	团体	113	100	24.8	24.8	50.4
	散客	814	100	31.0	29.4	39.6

3－6　2013年入境游客到各省(区、市)旅游次数

	调查人数		次数构成(%)		
	(人)	(%)	第1次	第2～3次	≥4次
北　京	1 991	100	49.5	35.2	15.3
天　津	500	100	47.6	37.8	14.6
河　北	1 062	100	73.0	19.4	7.6
山　西	699	100	87.1	10.7	2.2
内蒙古	530	100	33.2	20.9	45.9
辽　宁	1 319	100	60.7	28.4	10.9
吉　林	600	100	73.7	23.2	3.1
黑龙江	700	100	52.1	27.1	20.8
上　海	1 696	100	41.5	32.1	26.4
江　苏	1 137	100	57.0	33.6	9.4
浙　江	966	100	45.5	33.5	21.0
安　徽	1 756	100	74.1	21.9	4.0
福　建	947	100	46.0	38.0	16.0
江　西	700	100	71.0	21.6	7.4
山　东	1 079	100	55.1	30.0	14.9
河　南	803	100	77.6	16.6	5.8
湖　北	1 059	100	71.4	21.9	6.7
湖　南	1 509	100	80.4	16.8	2.8
广　东	4 930	100	34.7	35.7	29.6
广　西	900	100	68.9	25.7	5.4
海　南	900	100	50.1	40.9	9.0
重　庆	599	100	68.6	23.4	8.0
四　川	2 479	100	74.9	20.5	4.6
贵　州	600	100	43.7	31.5	24.8
云　南	799	100	48.7	36.8	14.5
西　藏	500	100	43.6	29.6	26.8
陕　西	1 188	100	77.8	16.0	6.2
甘　肃	700	100	67.0	27.3	5.7
青　海	394	100	68.5	30.2	1.3
宁　夏	150	100	48.7	37.3	14.0
新　疆	600	100	69.8	25.5	4.7

3-7 2013年外国游客到各省(区、市)旅游次数

	调查人数		次数构成(%)		
	(人)	(%)	第1次	第2~3次	≥4次
北　京	1 762	88.5	51.5	34.1	14.4
天　津	381	76.2	47.0	37.3	15.7
河　北	848	79.8	71.6	20.4	8.0
山　西	497	71.1	87.1	10.9	2.0
内蒙古	460	86.8	27.4	20.7	51.9
辽　宁	1 005	76.2	56.9	30.5	12.6
吉　林	503	83.8	70.8	25.8	3.4
黑龙江	582	83.1	46.9	29.2	23.9
上　海	1 415	83.4	43.7	30.7	25.6
江　苏	784	69.0	53.8	37.4	8.8
浙　江	749	77.5	45.9	33.1	21.0
安　徽	1 576	89.7	74.0	22.2	3.8
福　建	632	66.7	52.8	33.5	13.7
江　西	386	55.1	73.8	20.7	5.5
山　东	753	69.8	53.5	30.3	16.2
河　南	655	81.6	78.5	15.9	5.6
湖　北	585	55.2	70.9	22.6	6.5
湖　南	1 259	83.4	81.8	16.2	2.0
广　东	3 106	63.0	41.0	37.2	21.8
广　西	540	60.0	68.5	25.4	6.1
海　南	738	82.0	51.6	39.7	8.7
重　庆	449	75.0	74.2	20.3	5.5
四　川	1 874	75.6	75.5	20.1	4.4
贵　州	125	20.8	60.0	32.8	7.2
云　南	631	79.0	49.1	37.4	13.5
西　藏	442	88.4	45.7	29.0	25.3
陕　西	1 046	88.0	79.0	14.9	6.1
甘　肃	459	65.6	66.9	27.2	5.9
青　海	324	82.2	67.0	31.5	1.5
宁　夏	116	77.3	45.7	37.1	17.2
新　疆	437	72.8	69.3	27.0	3.7

3－8　2013年香港游客到各省(区、市)旅游次数

	调查人数		次数构成(%)		
	(人)	(%)	第1次	第2~3次	≥4次
北　京	116	5.8	33.6	42.2	24.2
天　津	66	13.2	45.5	42.4	12.1
河　北	61	5.7	68.9	19.7	11.4
山　西	74	10.6	85.1	9.5	5.4
内蒙古	30	5.7	66.7	33.3	0.0
辽　宁	102	7.7	60.8	32.4	6.8
吉　林	44	7.3	86.4	9.1	4.5
黑龙江	36	5.1	77.8	13.9	8.3
上　海	131	7.7	26.7	39.7	33.6
江　苏	126	11.1	57.9	28.6	13.5
浙　江	107	11.1	44.9	33.6	21.5
安　徽	75	4.3	65.3	24.0	10.7
福　建	150	15.8	34.7	42.7	22.6
江　西	150	21.4	76.0	17.3	6.7
山　东	154	14.3	63.0	25.3	11.7
河　南	52	6.5	67.3	28.8	3.9
湖　北	222	21.0	76.6	17.1	6.3
湖　南	121	8.0	78.5	14.9	6.6
广　东	947	19.2	23.8	31.2	45.0
广　西	150	16.7	65.3	29.3	5.4
海　南	101	11.2	42.6	47.5	9.9
重　庆	84	14.0	39.3	40.5	20.2
四　川	195	7.9	65.6	29.2	5.2
贵　州	148	24.7	38.5	31.8	29.7
云　南	74	9.3	41.9	39.2	18.9
西　藏	18	3.6	16.7	38.9	44.4
陕　西	66	5.6	68.2	22.7	9.1
甘　肃	72	10.3	63.9	31.9	4.2
青　海	30	7.6	70.0	30.0	0.0
宁　夏	12	8.0	33.3	66.7	0.0
新　疆	70	11.7	65.7	27.1	7.2

3-9 2013年澳门游客到各省(区、市)旅游次数

	调查人数		次数构成(%)		
	(人)	(%)	第1次	第2~3次	≥4次
北京	29	1.5	44.8	41.4	13.8
天津	15	3.0	46.7	33.3	20.0
河北	49	4.6	81.6	18.4	0.0
山西	61	8.7	93.4	4.9	1.7
内蒙古	11	2.1	72.7	9.1	18.2
辽宁	49	3.7	81.6	16.3	2.1
吉林	17	2.8	82.4	17.6	0.0
黑龙江	13	1.9	30.8	69.2	0.0
上海	31	1.8	32.3	51.6	16.1
江苏	42	3.7	54.8	31.0	14.2
浙江	31	3.2	45.2	41.9	12.9
安徽	25	1.4	84.0	12.0	4.0
福建	41	4.3	22.0	61.0	17.0
江西	65	9.3	64.6	26.2	9.2
山东	42	3.9	54.8	33.3	11.9
河南	28	3.5	78.6	10.7	10.7
湖北	66	6.2	69.7	21.2	9.1
湖南	39	2.6	69.2	28.2	2.6
广东	401	8.1	20.0	33.2	46.8
广西	72	8.0	75.0	20.8	4.2
海南	21	2.3	52.4	42.9	4.7
重庆	16	2.7	62.5	31.3	6.2
四川	93	3.8	73.1	20.4	6.5
贵州	163	27.2	42.3	37.4	20.3
云南	34	4.3	47.1	23.5	29.4
西藏	18	3.6	22.2	27.8	50.0
陕西	17	1.4	88.2	11.8	0.0
甘肃	70	10.0	71.4	21.4	7.2
青海	9	2.3	77.8	22.2	0.0
宁夏	16	10.7	81.3	12.5	6.2
新疆	54	9.0	75.9	18.5	5.6

3－10　2013 年台湾游客到各省(区、市)旅游次数

	调查人数		次数构成(%)		
	(人)	(%)	第1次	第2～3次	≥4次
北　京	84	4.2	32.1	45.2	22.7
天　津	38	7.6	57.9	36.8	5.3
河　北	104	9.8	82.7	11.5	5.8
山　西	67	9.6	83.6	16.4	0.0
内蒙古	29	5.5	75.9	17.2	6.9
辽　宁	163	12.4	77.9	16.6	5.5
吉　林	36	6.0	94.4	5.6	0.0
黑龙江	69	9.9	87.0	8.7	4.3
上　海	119	7.0	33.6	35.3	31.1
江　苏	185	16.3	70.3	21.6	8.1
浙　江	79	8.2	43.0	34.2	22.8
安　徽	80	4.6	81.3	16.3	2.4
福　建	124	13.1	33.1	47.6	19.3
江　西	99	14.1	56.6	28.3	15.1
山　东	130	12.0	55.4	33.1	11.5
河　南	68	8.5	76.5	16.2	7.3
湖　北	186	17.6	67.2	25.8	7.0
湖　南	90	6.0	67.8	22.2	10.0
广　东	476	9.7	28.2	37.6	34.2
广　西	138	15.3	71.0	25.4	3.6
海　南	40	4.4	40.0	45.0	15.0
重　庆	50	8.3	70.0	20.0	10.0
四　川	317	12.8	77.6	17.4	5.0
贵　州	164	27.3	37.2	24.4	38.4
云　南	60	7.5	53.3	35.0	11.7
西　藏	22	4.4	40.9	36.4	22.7
陕　西	59	5.0	64.4	28.8	6.8
甘　肃	99	14.1	66.7	28.3	5.0
青　海	31	7.9	80.6	19.4	0.0
宁　夏	6	4.0	50.0	50.0	0.0
新　疆	39	6.5	74.4	15.4	10.2

四、入境游客的行程

4－1　2013年入境游客游览城市座数及所占比重

		口岸调查人数		1座	2座	3座
		(人)	(%)	(%)	(%)	(%)
全　国	**总计**	**16 243**	**100**	**62.4**	**17.7**	**8.8**
	团体	3 379	100	46.3	16.0	12.9
	散客	12 864	100	66.7	18.1	7.8
外 国 人	小计	10 466	100	56.1	19.1	10.6
	团体	2 722	100	46.8	16.0	12.3
	散客	7 744	100	59.3	20.2	10.0
香港同胞	小计	3 369	100	77.5	14.9	3.7
	团体	318	100	47.5	15.7	11.0
	散客	3 051	100	80.6	14.8	2.9
澳门同胞	小计	1 097	100	79.8	12.5	5.3
	团体	90	100	47.8	22.2	17.8
	散客	1 007	100	82.6	11.7	4.2
台湾同胞	小计	1 311	100	60.2	17.7	11.2
	团体	249	100	39.0	14.5	20.1
	散客	1 062	100	65.2	18.5	9.1

（按外国人、港澳台胞、团体及散客分组）

4座（%）	5座（%）	6座（%）	7座（%）	8座（%）	9座（%）	10座及以上（%）
5.2	**2.7**	**1.2**	**0.7**	**0.4**	**0.1**	**0.8**
10.4	6.3	3.5	2.2	1.3	0.3	0.8
3.8	1.8	0.6	0.3	0.2	0.0	0.7
6.4	3.6	1.7	1.0	0.6	0.1	0.8
9.4	6.3	3.9	2.5	1.5	0.3	1.0
5.4	2.6	0.9	0.4	0.3	0.1	0.8
2.4	0.9	0.3	0.1	0.0	0.0	0.2
17.3	5.7	1.6	0.6	0.0	0.3	0.3
0.9	0.4	0.1	0.1	0.0	0.0	0.2
1.3	0.7	0.3	0.1	0.0	0.0	0.0
4.4	5.6	2.2	0.0	0.0	0.0	0.0
1.0	0.3	0.1	0.1	0.0	0.0	0.0
5.3	2.6	1.0	0.5	0.3	0.2	1.0
14.1	6.8	1.2	0.8	0.8	0.8	1.9
3.3	1.6	0.9	0.4	0.2	0.0	0.8

4－2　2013 年入境游客游览城市座数及所占比重

		口岸调查人数		1 座	2 座	3 座
		（人）	（%）	（%）	（%）	（%）
全　国	**总计**	**16 243**	**100**	**62.4**	**17.7**	**8.8**
	团体	3 379	100	46.3	16.0	12.9
	散客	12 864	100	66.7	18.1	7.8
男　性	小计	9 929	100	62.0	18.2	8.9
	团体	1 552	100	41.6	16.8	14.0
	散客	8 377	100	65.8	18.5	7.9
女　性	小计	6 314	100	63.2	16.8	8.8
	团体	1 827	100	50.4	15.4	12.0
	散客	4 487	100	68.4	17.4	7.5
65 岁及以上	小计	901	100	52.7	16.5	10.8
	团体	373	100	37.8	16.1	9.9
	散客	528	100	63.3	16.9	11.4
45～64 岁	小计	4 819	100	59.7	19.1	9.4
	团体	1 089	100	45.2	17.6	13.8
	散客	3 730	100	63.9	19.6	8.1
25～44 岁	小计	8 337	100	65.9	17.4	8.1
	团体	1 392	100	53.9	14.5	12.5
	散客	6 945	100	68.3	18.0	7.3
15～24 岁	小计	2 124	100	59.4	15.9	9.7
	团体	506	100	34.4	16.4	15.0
	散客	1 618	100	67.2	15.7	8.0
14 岁及以下	小计	62	100	58.1	19.4	6.5
	团体	19	100	42.1	21.1	0.0
	散客	43	100	65.1	18.6	9.3

（按性别、年龄、团体及散客分组）

4座（%）	5座（%）	6座（%）	7座（%）	8座（%）	9座（%）	10座及以上（%）
5.2	**2.7**	**1.2**	**0.7**	**0.4**	**0.1**	**0.8**
10.4	6.3	3.5	2.2	1.3	0.3	0.8
3.8	1.8	0.6	0.3	0.2	0.0	0.7
5.1	2.6	1.2	0.7	0.5	0.1	0.7
11.5	6.6	3.9	2.6	1.6	0.2	1.2
3.9	1.9	0.7	0.3	0.3	0.1	0.6
5.3	2.9	1.3	0.7	0.4	0.1	0.5
9.5	6.0	3.1	1.8	1.0	0.4	0.4
3.6	1.6	0.6	0.3	0.1	0.0	0.5
6.1	3.3	3.6	2.7	2.3	0.6	1.4
9.7	4.8	7.8	5.6	4.8	1.3	2.2
3.6	2.3	0.6	0.6	0.6	0.0	0.7
5.6	2.6	1.2	0.8	0.6	0.0	1.0
9.6	4.8	2.9	2.8	1.9	0.1	1.3
4.4	2.0	0.8	0.2	0.2	0.0	0.8
4.4	2.1	0.8	0.5	0.2	0.1	0.5
9.2	5.4	2.7	1.1	0.3	0.2	0.2
3.5	1.5	0.5	0.4	0.2	0.1	0.2
6.7	5.2	1.7	0.5	0.1	0.1	0.7
15.8	13.0	3.4	1.0	0.0	0.2	0.8
3.8	2.7	1.2	0.4	0.2	0.1	0.7
6.5	3.2	3.2	1.6	0.0	0.0	1.5
10.5	5.3	10.5	5.3	0.0	0.0	5.2
4.7	2.3	0.0	0.0	0.0	0.0	0.0

4-3 2013 年入境游客游览城市座数及所占比重

		口岸调查人数		1 座	2 座	3 座
		（人）	（%）	（%）	（%）	（%）
全　　国	**总计**	**16 243**	**100**	**62.4**	**17.7**	**8.8**
	团体	3 379	100	46.3	16.0	12.9
	散客	12 864	100	66.7	18.1	7.8
政府工作人员	小计	581	100	58.0	18.4	10.5
	团体	181	100	32.6	23.2	17.7
	散客	400	100	69.5	16.3	7.3
专业技术人员	小计	2 507	100	64.2	18.2	8.1
	团体	260	100	38.5	20.4	16.5
	散客	2 247	100	67.2	18.0	7.1
职　　员	小计	3 280	100	66.0	19.0	7.8
	团体	553	100	49.2	18.1	15.0
	散客	2 727	100	69.5	19.2	6.3
技工/工人	小计	757	100	70.1	15.5	9.6
	团体	123	100	61.8	14.6	13.8
	散客	634	100	71.8	15.6	8.8
商贸人员	小计	3 430	100	62.9	18.6	8.8
	团体	596	100	66.6	11.6	6.7
	散客	2 834	100	62.1	20.1	9.2
服务员/推销员	小计	806	100	68.0	15.9	6.7
	团体	178	100	44.4	18.0	14.0
	散客	628	100	74.7	15.3	4.6
退休人员	小计	1 142	100	56.6	15.2	9.2
	团体	481	100	38.7	12.9	10.8
	散客	661	100	69.6	16.9	8.0
家庭妇女	小计	1 072	100	64.0	16.5	8.9
	团体	343	100	53.1	16.3	14.6
	散客	729	100	69.1	16.6	6.2
军　　人	小计	75	100	62.7	16.0	13.3
	团体	10	100	20.0	10.0	20.0
	散客	65	100	69.2	16.9	12.3
学　　生	小计	1 702	100	52.7	17.2	11.4
	团体	474	100	29.3	18.6	15.4
	散客	1 228	100	61.7	16.6	9.9
其　　他	小计	891	100	58.2	16.3	9.7
	团体	180	100	40.6	11.1	11.1
	散客	711	100	62.7	17.6	9.3

（按职业、团体及散客分组）

4座（%）	5座（%）	6座（%）	7座（%）	8座（%）	9座（%）	10座及以上（%）
5.2	**2.7**	**1.2**	**0.7**	**0.4**	**0.1**	**0.8**
10.4	6.3	3.5	2.2	1.3	0.3	0.8
3.8	1.8	0.6	0.3	0.2	0.0	0.7
5.3	2.9	3.1	0.5	0.7	0.2	0.4
8.8	6.6	8.3	0.6	1.6	0.6	0.0
3.8	1.3	0.8	0.5	0.3	0.0	0.2
4.8	2.3	0.8	0.4	0.4	0.0	0.8
11.9	5.0	3.5	2.7	0.4	0.0	1.1
4.0	2.0	0.5	0.2	0.4	0.0	0.6
4.1	1.4	0.7	0.3	0.2	0.1	0.4
8.7	4.0	2.7	0.9	0.7	0.2	0.5
3.2	0.8	0.3	0.2	0.0	0.1	0.4
2.1	1.6	0.7	0.1	0.0	0.0	0.3
4.9	4.1	0.8	0.0	0.0	0.0	0.0
1.6	1.1	0.6	0.2	0.0	0.0	0.3
5.2	2.1	0.8	0.6	0.3	0.1	0.6
7.6	3.7	1.3	1.2	0.7	0.2	0.4
4.7	1.8	0.7	0.5	0.2	0.0	0.7
5.0	2.9	0.6	0.4	0.1	0.0	0.4
11.8	7.3	2.8	0.6	0.6	0.0	0.5
3.0	1.6	0.0	0.3	0.0	0.0	0.5
6.1	2.8	3.2	2.8	2.4	0.4	1.3
11.4	4.6	6.9	6.0	5.4	1.0	2.3
2.3	1.5	0.5	0.5	0.2	0.0	0.5
6.1	2.6	0.7	0.8	0.4	0.0	0.0
8.5	4.3	0.6	2.0	0.6	0.0	0.0
4.9	1.8	0.7	0.3	0.3	0.0	0.1
2.7	4.0	0.0	0.0	0.0	0.0	1.3
20.0	30.0	0.0	0.0	0.0	0.0	0.0
0.0	0.0	0.0	0.0	0.0	0.0	1.6
7.8	6.9	2.4	0.6	0.4	0.1	0.5
16.0	14.1	3.8	1.7	0.0	0.0	1.1
4.6	4.1	1.8	0.2	0.5	0.1	0.5
5.6	4.4	1.9	1.3	0.6	0.3	1.7
12.2	10.0	6.1	4.4	1.1	1.1	2.3
3.9	3.0	0.8	0.6	0.4	0.1	1.6

4-4 2013年入境游客游览城市座数及所占比重

		口岸调查人数		1座	2座	3座
		（人）	（%）	（%）	（%）	（%）
全　国	**总计**	**16 243**	**100**	**62.4**	**17.7**	**8.8**
	团体	3 379	100	46.3	16.0	12.9
	散客	12 864	100	66.7	18.1	7.8
观光游览	小计	3 796	100	47.0	19.5	13.6
	团体	1 881	100	36.0	17.9	16.4
	散客	1 915	100	57.8	21.0	11.0
休闲度假	小计	3 108	100	65.6	16.3	7.9
	团体	695	100	50.1	14.7	9.9
	散客	2 413	100	70.0	16.7	7.3
探亲访友	小计	1 955	100	72.6	16.7	6.1
	团体	55	100	41.8	9.1	20.0
	散客	1 900	100	73.5	16.9	5.7
商　务	小计	3 976	100	61.9	19.5	8.5
	团体	151	100	54.3	19.2	9.3
	散客	3 825	100	62.2	19.6	8.5
会　议	小计	745	100	71.3	17.9	7.0
	团体	59	100	44.1	28.8	16.9
	散客	686	100	73.6	16.9	6.1
宗教朝拜	小计	86	100	58.1	23.2	10.5
	团体	8	100	12.5	25.0	50.0
	散客	78	100	62.8	23.1	6.4
文体交流	小计	621	100	59.1	19.3	9.5
	团体	69	100	17.4	23.2	15.9
	散客	552	100	64.3	18.8	8.7
购　物	小计	890	100	87.1	8.2	2.8
	团体	328	100	95.7	1.8	0.9
	散客	562	100	82.0	11.9	3.9
医疗保健	小计	139	100	69.1	23.0	4.3
	团体	20	100	45.0	40.0	5.0
	散客	119	100	73.1	20.2	4.2
其　他	小计	927	100	67.2	15.7	7.0
	团体	113	100	64.6	16.8	5.3
	散客	814	100	67.6	15.6	7.2

（按旅游目的、团体及散客分组）

4座（%）	5座（%）	6座（%）	7座（%）	8座（%）	9座（%）	10座及以上（%）
5.2	**2.7**	**1.2**	**0.7**	**0.4**	**0.1**	**0.8**
10.4	6.3	3.5	2.2	1.3	0.3	0.8
3.8	1.8	0.6	0.3	0.2	0.0	0.7
8.1	5.1	2.7	1.8	1.1	0.2	0.9
11.4	7.2	4.5	3.2	1.9	0.4	1.1
4.9	3.0	0.9	0.4	0.3	0.1	0.6
5.3	2.9	1.0	0.4	0.3	0.1	0.2
11.8	8.5	2.9	0.9	0.9	0.3	0.0
3.5	1.3	0.4	0.2	0.1	0.0	0.5
2.0	1.4	0.3	0.2	0.2	0.1	0.4
9.1	9.1	3.6	3.6	0.0	0.0	3.7
1.8	1.2	0.2	0.1	0.2	0.1	0.3
5.4	1.9	0.9	0.6	0.2	0.1	1.0
9.9	2.0	2.0	1.3	0.7	0.0	1.3
5.3	1.9	0.8	0.5	0.2	0.1	0.9
2.3	1.1	0.1	0.1	0.1	0.0	0.1
3.4	1.7	1.7	1.7	0.0	0.0	1.7
2.2	1.0	0.0	0.0	0.1	0.0	0.1
7.0	1.2	0.0	0.0	0.0	0.0	0.0
12.5	0.0	0.0	0.0	0.0	0.0	0.0
6.4	1.3	0.0	0.0	0.0	0.0	0.0
6.8	3.8	1.0	0.2	0.3	0.0	0.0
34.8	4.3	2.9	1.5	0.0	0.0	0.0
3.3	3.8	0.7	0.0	0.4	0.0	0.0
1.1	0.4	0.1	0.0	0.0	0.0	0.3
0.9	0.3	0.0	0.0	0.0	0.0	0.4
1.2	0.5	0.2	0.0	0.0	0.0	0.3
2.9	0.0	0.0	0.0	0.0	0.0	0.7
10.0	0.0	0.0	0.0	0.0	0.0	0.0
1.7	0.0	0.0	0.0	0.0	0.0	0.8
3.2	2.4	2.0	0.5	0.5	0.0	1.5
2.7	3.5	4.4	0.0	0.9	0.0	1.8
3.3	2.2	1.7	0.6	0.5	0.0	1.3

五、入境游客的流向

5－1 2013年入境游客的流向

国别(或地区)	调查人数	出境后将前往的		
		中国香港	中国澳门	中国台湾
总　　计	**37 293**	**9 407**	**2 635**	**2 620**
中国香港	8 889	7 737	345	106
中国澳门	2 368	164	2 026	41
中国台湾	2 781	225	75	2 304
日　　本	3 732	163	25	39
菲 律 宾	326	26	8	6
泰　　国	711	66	10	8
新 加 坡	1 215	101	17	13
印度尼西亚	195	35	4	2
马来西亚	564	49	16	7
韩　　国	3 831	89	18	19
朝　　鲜	224	26	9	13
蒙　　古	451	4	1	1
印　　度	369	44	2	2
越　　南	606	20	8	4
缅　　甸	289	14	1	4
哈萨克斯坦	194	10	1	2
英　　国	785	53	4	4
法　　国	816	76	4	4
德　　国	646	37	5	5
西 班 牙	225	12	3	1
意 大 利	334	23	4	2
荷　　兰	273	25	5	5
瑞　　典	238	15	1	1
俄 罗 斯	2 419	27	4	2
瑞　　士	175	18	2	0
乌 克 兰	142	2	0	0
美　　国	1 690	160	16	11
加 拿 大	531	37	5	0
澳大利亚	568	49	2	6
新 西 兰	283	23	6	2
非洲国家	168	14	0	0
中南美洲国家	94	5	0	0
其他国家	1 161	58	8	6

(按国别或地区分组)

单位：人

国家（或地区）							
日本	菲律宾	泰国	新加坡	印度尼西亚	马来西亚	韩国	朝鲜
3 813	**284**	**693**	**1 058**	**159**	**538**	**3 849**	**204**
97	16	44	47	6	33	98	3
25	3	14	6	5	3	18	1
50	7	8	12	5	1	11	0
3 317	3	17	20	7	6	29	1
4	225	9	5	0	4	8	0
18	1	524	11	4	12	9	0
85	3	12	887	1	5	23	1
3	0	2	1	120	5	2	0
5	1	4	10	1	433	9	0
69	3	9	12	1	7	3 487	9
2	1	0	0	0	0	5	155
4	0	0	0	1	0	1	0
8	2	1	2	0	2	4	0
3	1	1	1	0	0	8	0
0	1	3	0	0	1	3	0
3	0	0	0	1	1	1	1
9	2	4	4	3	4	6	1
9	3	4	5	0	1	13	0
13	0	5	2	0	0	3	0
1	0	1	2	0	0	6	0
4	1	1	0	0	4	5	0
4	1	1	0	1	2	1	1
5	0	0	0	0	1	3	0
6	2	3	3	1	3	4	1
2	0	0	0	0	0	3	0
1	0	0	0	0	0	2	0
26	5	8	10	0	1	29	1
11	0	11	7	0	0	8	0
9	1	0	4	0	3	8	0
4	0	2	2	0	0	1	0
1	0	0	0	0	0	0	0
0	0	0	0	0	0	1	0
15	2	5	5	2	6	40	29

5－1(续1)

国别(或地区)	调查人数	出境后将前往的				
		蒙古	印度	越南	缅甸	哈萨克斯坦
总计	**37 293**	**459**	**327**	**634**	**283**	**182**
中国香港	8 889	0	12	18	11	14
中国澳门	2 368	1	1	10	1	0
中国台湾	2 781	2	1	13	2	0
日本	3 732	4	6	3	0	2
菲律宾	326	0	2	2	1	2
泰国	711	3	4	2	2	0
新加坡	1 215	1	3	3	0	0
印度尼西亚	195	3	1	1	0	1
马来西亚	564	4	3	3	0	0
韩国	3 831	2	5	2	0	1
朝鲜	224	0	0	1	0	0
蒙古	451	431	1	0	0	1
印度	369	0	268	3	1	1
越南	606	1	1	543	1	1
缅甸	289	0	0	1	251	1
哈萨克斯坦	194	0	2	3	3	153
英国	785	1	2	1	1	0
法国	816	1	1	2	2	0
德国	646	1	0	1	1	0
西班牙	225	0	1	4	0	1
意大利	334	0	1	0	0	0
荷兰	273	0	1	1	2	0
瑞典	238	0	0	0	0	1
俄罗斯	2 419	1	1	4	0	2
瑞士	175	0	0	1	1	0
乌克兰	142	0	1	0	0	0
美国	1 690	0	3	6	2	0
加拿大	531	0	2	1	0	0
澳大利亚	568	0	0	3	0	0
新西兰	283	0	2	1	0	0
非洲国家	168	0	0	0	0	0
中南美洲国家	94	0	1	0	0	1
其他国家	1 161	3	1	1	1	0

单位：人

国家（地区）					
英国	法国	德国	西班牙	意大利	荷兰
744	**760**	**596**	**229**	**322**	**236**
24	32	17	15	11	9
5	7	0	3	1	1
2	6	4	4	1	1
5	9	2	3	6	2
3	3	0	1	2	0
5	4	1	0	1	2
8	8	4	2	2	1
1	2	0	1	1	0
3	1	0	0	1	0
6	1	4	5	1	3
1	2	1	0	2	1
0	1	1	1	0	0
5	2	0	0	1	0
1	1	3	1	2	0
0	0	0	0	0	0
2	1	1	2	1	1
615	8	4	5	4	2
5	628	6	4	8	1
3	4	527	2	3	2
5	2	1	163	1	1
1	5	1	1	259	0
2	1	1	1	1	203
1	3	1	0	1	0
5	3	1	1	1	0
0	2	0	0	0	0
0	0	1	0	0	0
15	8	2	3	2	3
1	2	1	2	0	0
4	6	2	1	3	0
9	3	5	0	0	1
0	1	0	1	2	0
0	0	1	0	0	0
7	4	4	7	4	2

5-1(续2)

国别(或地区)	调查人数	出境后将前往的				
		瑞 典	俄罗斯	瑞 士	乌克兰	美 国
总 计	**37 293**	**234**	**2 397**	**174**	**149**	**1 540**
中国香港	8 889	6	13	6	3	58
中国澳门	2 368	1	5	1	0	7
中国台湾	2 781	2	4	4	0	17
日 本	3 732	0	3	2	1	19
菲律宾	326	1	3	0	0	6
泰 国	711	0	3	1	0	5
新加坡	1 215	2	6	1	0	14
印度尼西亚	195	2	1	0	0	1
马来西亚	564	0	2	2	1	2
韩 国	3 831	2	3	3	0	23
朝 鲜	224	0	2	0	0	0
蒙 古	451	1	0	0	0	1
印 度	369	0	1	0	0	8
越 南	606	1	0	1	0	1
缅 甸	289	0	2	0	0	1
哈萨克斯坦	194	1	1	0	1	0
英 国	785	1	0	0	0	15
法 国	816	3	3	1	3	7
德 国	646	4	3	2	0	3
西班牙	225	2	0	1	0	4
意大利	334	1	2	2	0	3
荷 兰	273	1	2	1	0	1
瑞 典	238	187	2	1	0	3
俄罗斯	2 419	3	2 315	4	0	7
瑞 士	175	1	0	124	2	3
乌克兰	142	1	0	1	124	2
美 国	1 690	3	2	2	2	1 288
加拿大	531	2	1	0	1	9
澳大利亚	568	2	5	2	2	5
新西兰	283	1	0	1	2	7
非洲国家	168	1	1	2	0	4
中南美洲国家	94	0	0	1	0	2
其他国家	1 161	2	12	8	7	14

单位：人

国家（地区）					
加拿大	澳大利亚	新西兰	非洲国家	中南美洲国家	其他国家
478	**527**	**276**	**167**	**95**	**1 224**
14	17	16	7	2	52
4	2	4	1	1	6
4	4	2	0	1	9
3	7	3	1	0	24
0	0	1	0	0	4
5	2	3	0	1	4
1	2	1	0	0	8
0	1	1	0	0	4
1	0	1	0	1	4
4	4	0	1	1	37
0	0	0	1	0	2
0	0	1	0	0	0
4	0	0	2	0	6
0	0	0	0	0	2
0	1	1	0	0	4
0	0	1	0	0	1
0	4	5	0	1	22
1	5	1	2	1	12
2	2	3	0	0	13
0	0	2	1	0	10
2	3	2	1	0	6
0	1	3	0	0	5
0	2	2	0	1	7
3	2	0	0	0	10
2	3	3	0	0	8
0	1	2	0	0	4
4	9	8	3	2	56
408	5	8	2	1	6
2	432	3	2	0	12
3	3	191	1	2	11
1	1	1	134	0	4
0	1	0	2	76	3
10	13	7	6	4	868

5－2 2013年入境游客的流向

	调查人数	将前往的					
		北京	天津	河北	山西	内蒙古	辽宁
总计	**11 724**	**2 118**	**99**	**59**	**108**	**69**	**274**
北京	402	0	20	3	1	1	20
天津	—	—	—	—	—	—	—
河北	586	384	38	19	2	0	22
山西	535	165	9	22	77	23	15
内蒙古	53	27	1	0	0	4	2
辽宁	43	14	1	0	0	0	8
吉林	358	60	3	0	0	0	57
黑龙江	272	24	0	0	0	30	74
上海	336	108	5	3	1	0	9
江苏	768	119	0	0	1	0	0
浙江	362	30	0	0	0	0	1
安徽	1 016	134	8	1	3	0	13
福建	344	58	2	0	0	1	0
江西	182	27	0	0	0	0	1
山东	539	119	2	0	1	0	13
河南	448	63	0	0	3	0	12
湖北	636	89	0	0	0	0	2
湖南	21	4	1	0	0	0	0
广东	1	0	0	0	0	0	0
广西	251	31	0	0	0	0	0
海南	162	34	0	0	0	0	0
重庆	295	42	0	0	0	0	0
四川	1 758	149	4	1	0	0	3
贵州	365	5	2	10	16	10	4
云南	—	—	—	—	—	—	—
西藏	—	—	—	—	—	—	—
陕西	929	237	1	0	2	0	8
甘肃	689	93	2	0	0	0	8
青海	223	32	0	0	0	0	1
宁夏	150	70	0	0	1	0	1
新疆	—	—	—	—	—	—	—

（按省〈区、市〉分组）

单位：人

省（区、市）								
吉　林	黑龙江	上　海	江　苏	浙　江	安　徽	福　建	江　西	山　东
171	**196**	**2 026**	**535**	**293**	**361**	**246**	**36**	**409**
1	4	111	25	14	5	15	1	5
—	—	—	—	—	—	—	—	—
4	1	78	2	5	1	1	0	8
2	0	28	23	7	3	2	1	7
0	1	8	0	1	0	0	0	0
1	1	7	1	0	0	1	0	0
149	50	4	0	1	0	0	0	25
1	118	7	0	1	0	0	0	0
2	0	0	61	70	7	9	0	8
0	0	341	139	51	1	4	0	2
0	0	191	48	49	0	5	0	1
1	0	188	139	32	304	10	11	25
0	0	55	8	7	0	159	1	5
0	0	56	2	4	1	16	13	1
0	2	83	10	9	1	2	0	274
0	2	41	14	5	0	0	1	10
1	2	92	12	9	0	5	1	7
0	0	6	1	1	0	0	0	0
0	0	0	0	0	0	0	0	0
0	4	40	1	0	0	1	0	0
0	1	30	4	2	0	2	0	1
0	0	46	4	3	0	0	0	0
0	3	135	1	3	5	2	0	7
8	7	5	19	10	32	5	6	9
—	—	—	—	—	—	—	—	—
—	—	—	—	—	—	—	—	—
1	0	381	18	8	1	5	1	11
0	0	47	0	0	0	0	0	1
0	0	13	1	1	0	1	0	1
0	0	33	2	0	0	1	0	1
—	—	—	—	—	—	—	—	—

5-2(续)

	调查人数	将前往的						
		河南	湖北	湖南	广东	广西	海南	重庆
总计	**11 724**	**326**	**356**	**73**	**685**	**222**	**119**	**92**
北京	402	15	5	5	24	10	9	1
天津	—	—	—	—	—	—	—	—
河北	586	1	0	2	13	0	1	0
山西	535	41	3	2	4	0	0	0
内蒙古	53	1	0	1	5	0	1	0
辽宁	43	0	1	1	2	0	0	0
吉林	358	0	0	0	9	0	0	0
黑龙江	272	1	1	1	10	0	0	0
上海	336	3	2	2	24	2	4	3
江苏	768	1	2	2	70	1	2	2
浙江	362	1	2	0	17	8	1	1
安徽	1 016	45	25	19	21	4	15	5
福建	344	0	3	2	35	1	2	1
江西	182	0	6	3	47	0	1	0
山东	539	1	2	0	14	0	0	1
河南	448	183	3	1	6	0	0	0
湖北	636	4	189	9	98	1	3	32
湖南	21	0	0	2	2	1	0	0
广东	1	0	0	0	1	0	0	0
广西	251	0	0	0	93	63	2	2
海南	162	0	2	2	24	0	55	1
重庆	295	0	92	1	9	12	0	0
四川	1 758	4	1	3	52	1	5	14
贵州	365	6	6	11	28	22	15	6
云南	—	—	—	—	—	—	—	—
西藏	—	—	—	—	—	—	—	—
陕西	929	19	9	4	32	90	3	18
甘肃	689	0	2	0	15	3	0	3
青海	223	0	0	0	9	0	0	2
宁夏	150	0	0	0	21	3	0	0
新疆	—	—	—	—	—	—	—	—

单位：人

省（区、市）								
四川	贵州	云南	西藏	陕西	甘肃	青海	宁夏	新疆
1 504	**19**	**126**	**84**	**568**	**316**	**80**	**30**	**124**
6	0	8	1	86	2	1	1	2
—	—	—	—	—	—	—	—	—
1	0	1	0	0	1	0	0	1
1	1	0	0	79	17	2	0	1
0	0	1	0	0	0	0	0	0
3	0	0	0	2	0	0	0	0
0	0	0	0	0	0	0	0	0
2	0	0	0	2	0	0	0	0
5	0	1	0	6	0	0	0	1
5	1	0	1	21	1	1	0	0
3	1	2	0	0	0	1	0	0
3	0	1	1	8	0	0	0	0
1	1	2	0	0	0	0	0	0
0	1	3	0	0	0	0	0	0
1	0	1	0	2	1	0	0	0
3	0	2	0	98	0	0	1	0
18	0	4	3	54	0	1	0	0
0	0	3	0	0	0	0	0	0
0	0	0	0	0	0	0	0	0
2	0	2	0	10	0	0	0	0
1	0	1	0	2	0	0	0	0
58	0	4	0	17	2	0	4	1
1 279	8	26	21	29	1	0	0	1
30	6	52	12	5	7	7	3	1
—	—	—	—	—	—	—	—	—
—	—	—	—	—	—	—	—	—
45	0	7	8	2	6	1	11	0
18	0	2	3	96	243	39	4	110
19	0	2	34	34	35	27	5	6
0	0	1	0	15	0	0	1	0
—	—	—	—	—	—	—	—	—

六、入境过夜游客对住宿单位的选择

6－1　2013年入境过夜游客对住宿单位的选择

（按外国人、港澳台胞、团体及散客分组）

单位：%

		合　计	宾馆饭店	公　寓	私人住所	车　船	其　他
全　　国	**总计**	**100**	**50.1**	**16.1**	**27.9**	**0.4**	**5.5**
	团体	100	88.4	0.9	6.4	1.4	2.9
	散客	100	42.5	19.1	32.2	0.2	6.0
外 国 人	小计	100	49.5	18.4	25.7	0.4	6.0
	团体	100	86.8	0.9	7.4	1.6	3.3
	散客	100	42.1	21.9	29.3	0.2	6.5
香港同胞	小计	100	54.2	2.3	40.7	0.2	2.6
	团体	100	98.3	0.2	0.0	0.7	0.8
	散客	100	46.7	2.7	47.6	0.1	2.9
澳门同胞	小计	100	62.6	2.7	32.9	0.1	1.7
	团体	100	91.0	1.5	6.6	0.3	0.6
	散客	100	54.7	3.1	40.3	0.0	1.9
台湾同胞	小计	100	48.8	9.5	37.2	0.1	4.4
	团体	100	96.3	1.0	1.5	0.2	1.0
	散客	100	39.3	11.2	44.3	0.0	5.2

6-2 2013年入境过夜游客对住宿单位的选择

(按性别、年龄、团体及散客分组)

单位：%

		合 计	宾馆饭店	公 寓	私人住所	车 船	其 他
全 国	**总计**	**100**	**50.1**	**16.1**	**27.9**	**0.4**	**5.5**
	团体	100	88.4	0.9	6.4	1.4	2.9
	散客	100	42.5	19.1	32.2	0.2	6.0
男 性	小计	100	49.6	19.5	24.4	0.3	6.2
	团体	100	83.7	1.0	9.6	1.0	4.7
	散客	100	44.5	22.3	26.6	0.2	6.4
女 性	小计	100	50.9	9.8	34.6	0.6	4.1
	团体	100	93.5	0.8	2.8	1.8	1.1
	散客	100	38.3	12.4	43.9	0.2	5.2
65岁及以上	小计	100	69.3	2.5	19.8	1.7	6.7
	团体	100	93.2	0.3	2.9	3.2	0.4
	散客	100	49.5	4.3	33.8	0.4	12.0
45~64岁	小计	100	56.5	11.5	28.9	0.4	2.7
	团体	100	87.9	1.0	8.9	1.8	0.4
	散客	100	49.3	13.9	33.5	0.1	3.2
25~44岁	小计	100	51.3	19.9	25.3	0.3	3.2
	团体	100	96.2	0.7	1.7	0.6	0.8
	散客	100	45.2	22.6	28.5	0.2	3.5
15~24岁	小计	100	32.4	17.2	35.0	0.3	15.1
	团体	100	72.0	1.5	12.8	0.9	12.8
	散客	100	24.7	20.3	39.3	0.1	15.6
14岁及以下	小计	100	76.5	7.1	16.1	0.3	0.0
	团体	100	99.0	0.0	0.0	1.0	0.0
	散客	100	66.8	10.2	23.0	0.0	0.0

6-3 2013年入境过夜游客对住宿单位的选择

(按职业、团体及散客分组)

单位：%

		合 计	宾馆饭店	公 寓	私人住所	车 船	其 他
全 国	**总计**	**100**	**50.1**	**16.1**	**27.9**	**0.4**	**5.5**
	团体	100	88.4	0.9	6.4	1.4	2.9
	散客	100	42.5	19.1	32.2	0.2	6.0
政府工作人员	小计	100	67.8	1.4	28.6	0.7	1.5
	团体	100	95.5	1.5	1.6	1.5	0.0
	散客	100	53.9	1.3	42.3	0.2	2.3
专业技术人员	小计	100	56.6	7.7	31.1	0.2	4.4
	团体	100	94.1	1.7	3.3	0.6	0.3
	散客	100	53.2	8.2	33.6	0.2	4.8
职 员	小计	100	59.0	16.6	21.6	0.3	2.5
	团体	100	96.6	0.5	1.6	0.6	0.7
	散客	100	52.8	19.2	24.9	0.2	2.9
技工/工人	小计	100	70.4	1.4	22.9	0.4	4.9
	团体	100	97.8	0.5	1.5	0.0	0.2
	散客	100	65.5	1.5	26.9	0.4	5.7
商贸人员	小计	100	65.7	15.4	16.7	0.3	1.9
	团体	100	94.1	1.5	2.5	1.1	0.8
	散客	100	61.1	17.6	19.0	0.2	2.1
服务员/推销员	小计	100	48.1	27.2	22.0	0.8	1.9
	团体	100	92.8	2.0	1.2	2.7	1.3
	散客	100	36.9	33.6	27.2	0.3	2.0
退休人员	小计	100	64.9	3.1	25.6	1.7	4.7
	团体	100	93.1	0.5	2.8	3.2	0.4
	散客	100	40.3	5.3	45.6	0.4	8.4
家庭妇女	小计	100	44.9	3.9	48.0	0.5	2.7
	团体	100	96.8	0.2	1.3	0.4	1.3
	散客	100	28.3	5.1	63.0	0.5	3.1
军 人	小计	100	67.8	1.7	25.4	2.3	2.8
	团体	100	92.6	3.7	0.0	3.7	0.0
	散客	100	56.9	0.8	36.6	1.6	4.1
学 生	小计	100	31.0	17.2	35.9	0.2	15.7
	团体	100	73.6	0.9	12.2	1.0	12.3
	散客	100	22.6	20.5	40.5	0.1	16.3
其 他	小计	100	27.2	39.5	30.2	0.2	2.9
	团体	100	68.3	0.1	29.7	1.7	0.2
	散客	100	22.3	44.2	30.3	0.1	3.1

6-4 2013年入境过夜游客对住宿单位的选择

（按旅游目的、团体及散客分组）

单位：%

		合 计	宾馆饭店	公 寓	私人住所	车 船	其 他
全 国	**总计**	**100**	**50.1**	**16.1**	**27.9**	**0.4**	**5.5**
	团体	100	88.4	0.9	6.4	1.4	2.9
	散客	100	42.5	19.1	32.2	0.2	6.0
观光游览	小计	100	87.0	4.0	5.8	1.1	2.1
	团体	100	96.1	0.4	1.2	1.7	0.6
	散客	100	77.1	7.9	10.9	0.5	3.6
休闲度假	小计	100	78.8	2.5	15.1	0.8	2.8
	团体	100	95.3	0.4	1.5	1.8	1.0
	散客	100	73.5	3.2	19.5	0.4	3.4
探亲访友	小计	100	21.9	9.9	65.7	0.3	2.2
	团体	100	69.5	2.7	27.5	0.3	0.0
	散客	100	19.8	10.2	67.3	0.3	2.4
商 务	小计	100	47.7	25.6	23.6	0.1	3.0
	团体	100	84.3	8.1	7.0	0.3	0.3
	散客	100	47.0	26.0	23.9	0.1	3.0
会 议	小计	100	82.5	11.7	4.4	0.2	1.2
	团体	100	94.0	2.6	3.4	0.0	0.0
	散客	100	81.0	12.9	4.6	0.2	1.3
宗教朝拜	小计	100	57.7	3.8	32.2	0.4	5.9
	团体	100	100.0	0.0	0.0	0.0	0.0
	散客	100	53.2	4.2	35.6	0.5	6.5
文体交流	小计	100	23.1	38.1	19.8	0.3	18.7
	团体	100	86.9	2.6	3.9	2.3	4.3
	散客	100	19.8	39.9	20.6	0.2	19.5
购 物	小计	100	67.0	9.6	22.8	0.0	0.6
	团体	100	71.9	0.7	27.3	0.0	0.0
	散客	100	58.9	24.1	15.3	0.0	1.7
医疗保健	小计	100	41.2	1.8	11.1	0.2	45.7
	团体	100	82.9	9.8	3.7	0.0	3.6
	散客	100	35.3	0.7	12.2	0.2	51.6
其 他	小计	100	14.6	16.6	57.4	0.0	11.4
	团体	100	25.8	0.6	36.8	0.2	36.6
	散客	100	13.9	17.6	58.7	0.0	9.8

七、入境游客抽样调查总人数及构成

7－1 2013年入境游客抽样调查总人数及所占比重

		调查总人数		口岸调查人数		其中过夜游客	
		（人）	（%）	（人）	（%）	（人）	（%）
全　国	**总计**	**50 035**	**100**	**16 243**	**32.5**	**13 554**	**83.4**
	团体	17 781	100	3 379	19.0	2 856	84.5
	散客	32 254	100	12 864	39.9	10 698	83.2
外国人	小计	35 585	100	10 466	29.4	8 742	83.5
	团体	13 414	100	2 722	20.3	2 237	82.2
	散客	22 171	100	7 744	34.9	6 505	84.0
香港同胞	小计	7 153	100	3 369	47.1	3 215	95.4
	团体	1 798	100	318	17.7	303	95.3
	散客	5 355	100	3 051	57.0	2 912	95.4
澳门同胞	小计	2 735	100	1 097	40.1	516	47.0
	团体	797	100	90	11.3	80	88.9
	散客	1 938	100	1 007	52.0	436	43.3
台湾同胞	小计	4 562	100	1 311	28.7	1 081	82.5
	团体	1 772	100	249	14.1	236	94.8
	散客	2 790	100	1 062	38.1	845	79.6

(按外国人、港澳台胞、团体及散客分组)

一日游游客		饭店调查人数		游船调查人数	
(人)	(%)	(人)	(%)	(人)	(%)
2 689	**16.6**	**33 525**	**67.0**	**267**	**0.5**
523	15.5	14 201	79.9	201	1.1
2 166	16.8	19 324	59.9	66	0.2
1 724	16.5	24 903	70.0	216	0.6
485	17.8	10 534	78.5	158	1.2
1 239	16.0	14 369	64.8	58	0.3
154	4.6	3 763	52.6	21	0.3
15	4.7	1 464	81.4	16	0.9
139	4.6	2 299	42.9	5	0.1
581	53.0	1 629	59.6	9	0.3
10	11.1	699	87.7	8	1.0
571	56.7	930	48.0	1	0.0
230	17.5	3 230	70.8	21	0.5
13	5.2	1 504	84.9	19	1.0
217	20.4	1 726	61.9	2	0.0

7-2 2013年入境游客抽样调查总人数及所占比重

		调查总人数		口岸调查人数		其中过夜游客	
		（人）	（%）	（人）	（%）	（人）	（%）
北京	小计	3 540	100	1 549	43.8	1 496	96.6
	团体	1 158	100	185	16.0	170	91.9
	散客	2 382	100	1 364	57.3	1 326	97.2
天津	小计	1 099	100	599	54.5	581	97.0
	团体	195	100	73	37.4	71	97.3
	散客	904	100	526	58.2	510	97.0
河北	小计	1 062	100	0	0.0	0	0.0
	团体	505	100	0	0.0	0	0.0
	散客	557	100	0	0.0	0	0.0
山西	小计	699	100	0	0.0	0	0.0
	团体	395	100	0	0.0	0	0.0
	散客	304	100	0	0.0	0	0.0
内蒙古	小计	1 130	100	600	53.1	386	64.3
	团体	636	100	400	62.9	200	50.0
	散客	494	100	200	40.5	186	93.0
辽宁	小计	1 979	100	660	33.4	564	85.5
	团体	867	100	228	26.3	152	66.7
	散客	1 112	100	432	38.8	412	95.4
吉林	小计	900	100	300	33.3	300	100.0
	团体	566	100	248	43.8	248	100.0
	散客	334	100	52	15.6	52	100.0
黑龙江	小计	1 300	100	600	46.2	419	69.8
	团体	881	100	369	41.9	342	92.7
	散客	419	100	231	55.1	77	33.3
上海	小计	3 195	100	1 499	46.9	1 496	99.8
	团体	562	100	255	45.4	255	100.0
	散客	2 633	100	1 244	47.2	1 241	99.8

（按省〈区、市〉、团体及散客分组）

一日游游客		饭店调查人数		游船调查人数	
（人）	（%）	（人）	（%）	（人）	（%）
53	3.4	1 991	56.2	0	0.0
15	8.1	973	84.0	0	0.0
38	2.8	1 018	42.7	0	0.0
18	3.0	500	45.5	0	0.0
2	2.7	122	62.6	0	0.0
16	3.0	378	41.8	0	0.0
0	0.0	1 062	100.0	0	0.0
0	0.0	505	100.0	0	0.0
0	0.0	557	100.0	0	0.0
0	0.0	699	100.0	0	0.0
0	0.0	395	100.0	0	0.0
0	0.0	304	100.0	0	0.0
214	35.7	530	46.9	0	0.0
200	50.0	236	37.1	0	0.0
14	7.0	294	59.5	0	0.0
96	14.5	1 319	66.6	0	0.0
76	33.3	639	73.7	0	0.0
20	4.6	680	61.2	0	0.0
0	0.0	600	66.7	0	0.0
0	0.0	318	56.2	0	0.0
0	0.0	282	84.4	0	0.0
181	30.2	700	53.8	0	0.0
27	7.3	512	58.1	0	0.0
154	66.7	188	44.9	0	0.0
3	0.2	1 696	53.1	0	0.0
0	0.0	307	54.6	0	0.0
3	0.2	1 389	52.8	0	0.0

7-2(续1)

		调查总人数		口岸调查人数		其中过夜游客	
		(人)	(%)	(人)	(%)	(人)	(%)
江　苏	小计	1 647	100	510	31.0	505	99.0
	团体	222	100	28	12.6	28	100.0
	散客	1 425	100	482	33.8	477	99.0
浙　江	小计	1 656	100	690	41.7	675	97.8
	团体	381	100	102	26.8	100	98.0
	散客	1 275	100	588	46.1	575	97.8
安　徽	小计	1 756	100	0	0.0	0	0.0
	团体	689	100	0	0.0	0	0.0
	散客	1 067	100	0	0.0	0	0.0
福　建	小计	1 701	100	754	44.3	640	84.9
	团体	352	100	150	42.6	45	30.0
	散客	1 349	100	604	44.8	595	98.5
江　西	小计	700	100	0	0.0	0	0.0
	团体	349	100	0	0.0	0	0.0
	散客	351	100	0	0.0	0	0.0
山　东	小计	2 258	100	1 179	52.2	924	78.4
	团体	466	100	121	26.0	104	86.0
	散客	1 792	100	1 058	59.0	820	77.5
河　南	小计	803	100	0	0.0	0	0.0
	团体	533	100	0	0.0	0	0.0
	散客	270	100	0	0.0	0	0.0
湖　北	小计	1 059	100	0	0.0	0	0.0
	团体	474	100	0	0.0	0	0.0
	散客	585	100	0	0.0	0	0.0
湖　南	小计	1 509	100	0	0.0	0	0.0
	团体	991	100	0	0.0	0	0.0
	散客	518	100	0	0.0	0	0.0
广　东	小计	10 315	100	5 385	52.2	4 072	75.6
	团体	1 046	100	289	27.6	269	93.1
	散客	9 269	100	5 096	55.0	3 803	74.6
广　西	小计	1 597	100	697	43.6	502	72.0
	团体	678	100	351	51.8	348	99.1
	散客	919	100	346	37.6	154	44.5

一日游游客		饭店调查人数		游船调查人数	
(人)	(%)	(人)	(%)	(人)	(%)
5	1.0	1 137	69.0	0	0.0
0	0.0	194	87.4	0	0.0
5	1.0	943	66.2	0	0.0
15	2.2	966	58.3	0	0.0
2	2.0	279	73.2	0	0.0
13	2.2	687	53.9	0	0.0
0	0.0	1 756	100.0	0	0.0
0	0.0	689	100.0	0	0.0
0	0.0	1 067	100.0	0	0.0
114	15.1	947	55.7	0	0.0
105	70.0	202	57.4	0	0.0
9	1.5	745	55.2	0	0.0
0	0.0	700	100.0	0	0.0
0	0.0	349	100.0	0	0.0
0	0.0	351	100.0	0	0.0
255	21.6	1 079	47.8	0	0.0
17	14.0	345	74.0	0	0.0
238	22.5	734	41.0	0	0.0
0	0.0	803	100.0	0	0.0
0	0.0	533	100.0	0	0.0
0	0.0	270	100.0	0	0.0
0	0.0	892	84.2	167	15.8
0	0.0	358	75.5	116	24.5
0	0.0	534	91.3	51	8.7
0	0.0	1 509	100.0	0	0.0
0	0.0	991	100.0	0	0.0
0	0.0	518	100.0	0	0.0
1 313	24.4	4 930	47.8	0	0.0
20	6.9	757	72.4	0	0.0
1 293	25.4	4 173	45.0	0	0.0
195	28.0	900	56.4	0	0.0
3	0.9	327	48.2	0	0.0
192	55.5	573	62.4	0	0.0

7-2(续2)

		调查总人数		口岸调查人数		其中过夜游客	
		(人)	(%)	(人)	(%)	(人)	(%)
海　南	小计	900	100	0	0.0	0	0.0
	团体	469	100	0	0.0	0	0.0
	散客	431	100	0	0.0	0	0.0
重　庆	小计	599	100	0	0.0	0	0.0
	团体	289	100	0	0.0	0	0.0
	散客	310	100	0	0.0	0	0.0
四　川	小计	2 479	100	0	0.0	0	0.0
	团体	1 534	100	0	0.0	0	0.0
	散客	945	100	0	0.0	0	0.0
贵　州	小计	600	100	0	0.0	0	0.0
	团体	448	100	0	0.0	0	0.0
	散客	152	100	0	0.0	0	0.0
云　南	小计	1 421	100	622	43.8	447	71.9
	团体	445	100	233	52.4	179	76.8
	散客	976	100	389	39.9	268	68.9
西　藏	小计	500	100	0	0.0	0	0.0
	团体	419	100	0	0.0	0	0.0
	散客	81	100	0	0.0	0	0.0
陕　西	小计	1 188	100	0	0.0	0	0.0
	团体	715	100	0	0.0	0	0.0
	散客	473	100	0	0.0	0	0.0
甘　肃	小计	700	100	0	0.0	0	0.0
	团体	417	100	0	0.0	0	0.0
	散客	283	100	0	0.0	0	0.0
青　海	小计	394	100	0	0.0	0	0.0
	团体	233	100	0	0.0	0	0.0
	散客	161	100	0	0.0	0	0.0
宁　夏	小计	150	100	0	0.0	0	0.0
	团体	17	100	0	0.0	0	0.0
	散客	133	100	0	0.0	0	0.0
新　疆	小计	1 199	100	599	50.0	547	91.3
	团体	849	100	347	40.9	345	99.4
	散客	350	100	252	72.0	202	80.2

一日游游客		饭店调查人数		游船调查人数	
(人)	(%)	(人)	(%)	(人)	(%)
0	0.0	900	100.0	0	0.0
0	0.0	469	100.0	0	0.0
0	0.0	431	100.0	0	0.0
0	0.0	499	83.3	100	16.7
0	0.0	204	70.6	85	29.4
0	0.0	295	95.2	15	4.8
0	0.0	2 479	100.0	0	0.0
0	0.0	1 534	100.0	0	0.0
0	0.0	945	100.0	0	0.0
0	0.0	600	100.0	0	0.0
0	0.0	448	100.0	0	0.0
0	0.0	152	100.0	0	0.0
175	28.1	799	56.2	0	0.0
54	23.2	212	47.6	0	0.0
121	31.1	587	60.1	0	0.0
0	0.0	500	100.0	0	0.0
0	0.0	419	100.0	0	0.0
0	0.0	81	100.0	0	0.0
0	0.0	1 188	100.0	0	0.0
0	0.0	715	100.0	0	0.0
0	0.0	473	100.0	0	0.0
0	0.0	700	100.0	0	0.0
0	0.0	417	100.0	0	0.0
0	0.0	283	100.0	0	0.0
0	0.0	394	100.0	0	0.0
0	0.0	233	100.0	0	0.0
0	0.0	161	100.0	0	0.0
0	0.0	150	100.0	0	0.0
0	0.0	17	100.0	0	0.0
0	0.0	133	100.0	0	0.0
52	8.7	600	50.0	0	0.0
2	0.6	502	59.1	0	0.0
50	19.8	98	28.0	0	0.0

7-3 2013年口岸调查入境游客人数及所占比重

		调查人数		男性		女性	
		（人）	（%）	（人）	（%）	（人）	（%）
全国	**合计**	**16 243**	**100**	**9 929**	**61.1**	**6 314**	**38.9**
	团体	3 379	100	1 552	45.9	1 827	54.1
	散客	12 864	100	8 377	65.1	4 487	34.9
外国人	小计	10 466	100	6 523	62.3	3 943	37.7
	团体	2 722	100	1 254	46.1	1 468	53.9
	散客	7 744	100	5 269	68.0	2 475	32.0
香港同胞	小计	3 369	100	2 070	61.4	1 299	38.6
	团体	318	100	144	45.3	174	54.7
	散客	3 051	100	1 926	63.1	1 125	36.9
澳门同胞	小计	1 097	100	525	47.9	572	52.1
	团体	90	100	39	43.3	51	56.7
	散客	1 007	100	486	48.3	521	51.7
台湾同胞	小计	1 311	100	811	61.9	500	38.1
	团体	249	100	115	46.2	134	53.8
	散客	1 062	100	696	65.5	366	34.5

（按外国人、港澳台胞、团体及散客、性别、年龄分组）

14岁及以下		15~24岁		25~44岁		45~64岁		65岁及以上	
（人）	（%）	（人）	（%）	（人）	（%）	（人）	（%）	（人）	（%）
62	**0.4**	**2 124**	**13.1**	**8 337**	**51.3**	**4 819**	**29.7**	**901**	**5.5**
19	0.6	506	15.0	1 392	41.2	1 089	32.2	373	11.0
43	0.3	1 618	12.6	6 945	54.0	3 730	29.0	528	4.1
37	0.4	1 279	12.2	5 388	51.5	3 156	30.2	606	5.7
14	0.5	368	13.5	1 174	43.1	859	31.6	307	11.3
23	0.3	911	11.8	4 214	54.4	2 297	29.7	299	3.8
8	0.2	466	13.8	1 812	53.8	917	27.2	166	5.0
3	0.9	90	28.3	104	32.7	84	26.4	37	11.7
5	0.2	376	12.3	1 708	56.0	833	27.3	129	4.2
11	1.0	250	22.8	481	43.8	292	26.6	63	5.8
2	2.2	16	17.8	31	34.4	34	37.8	7	7.8
9	0.9	234	23.2	450	44.7	258	25.6	56	5.6
6	0.5	129	9.8	656	50.0	454	34.6	66	5.1
0	0.0	32	12.9	83	33.3	112	45.0	22	8.8
6	0.6	97	9.1	573	54.0	342	32.2	44	4.1

7－4 2013年口岸调查入境游客人数及所占比重

		调查人数		政府工作人员		专业技术人员		职员		技工工人	
		（人）	（%）	（人）	（%）	（人）	（%）	（人）	（%）	（人）	（%）
全国	**合计**	**16 243**	**100**	**581**	**3.6**	**2 507**	**15.4**	**3 280**	**20.2**	**757**	**4.7**
	团体	3 379	100	181	5.4	260	7.7	553	16.4	123	3.6
	散客	12 864	100	400	3.1	2 247	17.5	2 727	21.2	634	4.9
外国人	小计	10 466	100	402	3.8	1 585	15.1	2 039	19.5	517	4.9
	团体	2 722	100	146	5.4	215	7.9	430	15.8	107	3.9
	散客	7 744	100	256	3.3	1 370	17.7	1 609	20.8	410	5.3
香港同胞	小计	3 369	100	96	2.8	593	17.6	787	23.4	160	4.7
	团体	318	100	16	5.0	21	6.6	68	21.4	7	2.2
	散客	3 051	100	80	2.6	572	18.7	719	23.6	153	5.0
澳门同胞	小计	1 097	100	40	3.6	90	8.2	241	22.0	42	3.8
	团体	90	100	8	8.9	2	2.2	13	14.4	3	3.3
	散客	1 007	100	32	3.2	88	8.7	228	22.6	39	3.9
台湾同胞	小计	1 311	100	43	3.3	239	18.2	213	16.2	38	2.9
	团体	249	100	11	4.4	22	8.8	42	16.9	6	2.4
	散客	1 062	100	32	3.0	217	20.4	171	16.1	32	3.0

（按外国人、港澳台胞、团体及散客、职业分组）

商贸人员		服务员推销员		退休人员		家庭妇女		军人		学生		其他	
（人）	（%）	（人）	（%）	（人）	（%）	（人）	（%）	（人）	（%）	（人）	（%）	（人）	（%）
3 430	**21.1**	**806**	**5.0**	**1 142**	**7.0**	**1 072**	**6.6**	**75**	**0.5**	**1 702**	**10.5**	**891**	**5.4**
596	17.6	178	5.3	481	14.2	343	10.2	10	0.3	474	14.0	180	5.3
2 834	22.0	628	4.9	661	5.1	729	5.7	65	0.5	1 228	9.5	711	5.6
2 401	22.9	387	3.7	666	6.4	644	6.2	44	0.4	1 111	10.6	670	6.5
532	19.5	142	5.2	374	13.7	277	10.2	10	0.4	339	12.5	150	5.5
1 869	24.1	245	3.2	292	3.8	367	4.7	34	0.4	772	10.0	520	6.7
550	16.3	276	8.2	302	9.0	226	6.7	23	0.7	277	8.2	79	2.4
19	6.0	15	4.7	56	17.6	26	8.2	0	0.0	84	26.4	6	1.9
531	17.4	261	8.6	246	8.1	200	6.6	23	0.8	193	6.3	73	2.3
119	10.8	84	7.7	89	8.1	107	9.8	1	0.1	208	19.0	76	6.9
6	6.7	4	4.4	19	21.1	7	7.8	0	0.0	16	17.8	12	13.4
113	11.2	80	7.9	70	7.0	100	9.9	1	0.1	192	19.1	64	6.4
360	27.5	59	4.5	85	6.5	95	7.2	7	0.5	106	8.1	66	5.1
39	15.7	17	6.8	32	12.9	33	13.3	0	0.0	35	14.1	12	4.7
321	30.2	42	4.0	53	5.0	62	5.8	7	0.7	71	6.7	54	5.1

7-5 2013年口岸调查入境游客人数及所占比重

		调查人数		观光游览		休闲度假		探亲访友	
		（人）	（%）	（人）	（%）	（人）	（%）	（人）	（%）
全　国	**合计**	**16 243**	**100**	**3 796**	**23.4**	**3 108**	**19.1**	**1 955**	**12.0**
	团体	3 379	100	1 881	55.7	695	20.6	55	1.6
	散客	12 864	100	1 915	14.9	2 413	18.8	1 900	14.8
外国人	小计	10 466	100	2 737	26.2	1 670	16.0	773	7.4
	团体	2 722	100	1 470	54.0	535	19.7	46	1.7
	散客	7 744	100	1 267	16.4	1 135	14.7	727	9.4
香港同胞	小计	3 369	100	512	15.2	950	28.2	805	23.9
	团体	318	100	181	56.9	97	30.5	2	0.6
	散客	3 051	100	331	10.8	853	28.0	803	26.3
澳门同胞	小计	1 097	100	239	21.8	247	22.5	182	16.6
	团体	90	100	60	66.7	19	21.1	4	4.4
	散客	1 007	100	179	17.8	228	22.6	178	17.7
台湾同胞	小计	1 311	100	308	23.5	241	18.4	195	14.9
	团体	249	100	170	68.3	44	17.7	3	1.2
	散客	1 062	100	138	13.0	197	18.5	192	18.1

(按外国人、港澳台胞、团体及散客、旅游目的分组)

商务		会议		宗教朝拜		文化/体育/科技交流		购物		医疗保健		其他	
(人)	(%)	(人)	(%)	(人)	(%)	(人)	(%)	(人)	(%)	(人)	(%)	(人)	(%)
3 976	**24.5**	**745**	**4.6**	**86**	**0.5**	**621**	**3.8**	**890**	**5.5**	**139**	**0.9**	**927**	**5.7**
151	4.5	59	1.7	8	0.2	69	2.0	328	9.7	20	0.6	113	3.4
3 825	29.7	686	5.3	78	0.6	552	4.3	562	4.4	119	0.9	814	6.3
2 933	28.0	476	4.5	33	0.3	423	4.0	547	5.2	82	0.8	792	7.6
139	5.1	46	1.7	3	0.1	46	1.7	322	11.8	14	0.5	101	3.7
2 794	36.1	430	5.6	30	0.4	377	4.9	225	2.9	68	0.8	691	8.8
599	17.8	150	4.5	44	1.3	112	3.3	97	2.9	39	1.2	61	1.7
4	1.3	3	0.9	1	0.3	16	5.0	4	1.3	5	1.6	5	1.6
595	19.5	147	4.8	43	1.4	96	3.2	93	3.0	34	1.1	56	1.9
86	7.8	43	3.9	3	0.3	30	2.7	219	20.0	6	0.5	42	3.9
2	2.2	0	0.0	0	0.0	2	2.2	0	0.0	0	0.0	3	3.4
84	8.3	43	4.3	3	0.3	28	2.8	219	21.7	6	0.6	39	3.9
358	27.3	76	5.8	6	0.5	56	4.3	27	2.1	12	0.9	32	2.3
6	2.4	10	4.0	4	1.6	5	2.0	2	0.8	1	0.4	4	1.6
352	33.1	66	6.2	2	0.2	51	4.8	25	2.4	11	1.0	28	2.7

7-6 2013年口岸调查外国游客人数

	调查人数		男 性		女 性	
	（人）	（%）	（人）	（%）	（人）	（%）
外国人	**10 466**	**100**	**6 523**	**62.3**	**3 943**	**37.7**
日 本	1 385	100	988	71.3	397	28.7
菲律宾	219	100	144	65.8	75	34.2
泰 国	268	100	140	52.2	128	47.8
新加坡	501	100	296	59.1	205	40.9
印度尼西亚	121	100	72	59.5	49	40.5
马来西亚	323	100	196	60.7	127	39.3
韩 国	1 824	100	1 261	69.1	563	30.9
朝 鲜	65	100	36	55.4	29	44.6
蒙 古	223	100	117	52.5	106	47.5
印 度	199	100	157	78.9	42	21.1
越 南	346	100	221	63.9	125	36.1
缅 甸	164	100	90	54.9	74	45.1
哈萨克斯坦	91	100	69	75.8	22	24.2
英 国	364	100	223	61.3	141	38.7
法 国	283	100	192	67.8	91	32.2
德 国	228	100	151	66.2	77	33.8
西班牙	107	100	71	66.4	36	33.6
意大利	159	100	94	59.1	65	40.9
荷 兰	130	100	74	56.9	56	43.1
瑞 典	110	100	72	65.5	38	34.5
俄罗斯	1 200	100	480	40.0	720	60.0
瑞 士	81	100	47	58.0	34	42.0
乌克兰	55	100	35	63.6	20	36.4
美 国	840	100	537	63.9	303	36.1
加拿大	278	100	169	60.8	109	39.2
澳大利亚	297	100	198	66.7	99	33.3
新西兰	117	100	56	47.9	61	52.1
非洲国家	99	100	59	59.6	40	40.4
中南美洲国家	85	100	61	71.8	24	28.2
其他国家	304	100	217	71.4	87	28.6

及所占比重(按国别、性别、年龄分组)

14岁及以下		15～24岁		25～44岁		45～64岁		65岁及以上	
(人)	(%)	(人)	(%)	(人)	(%)	(人)	(%)	(人)	(%)
37	**0.4**	**1 279**	**12.2**	**5 388**	**51.5**	**3 156**	**30.2**	**606**	**5.7**
1	0.1	111	8.0	691	49.9	476	34.4	106	7.6
1	0.5	27	12.3	115	52.5	67	30.6	9	4.1
0	0.0	43	16.0	141	52.6	66	24.6	18	6.8
4	0.8	53	10.6	303	60.5	129	25.7	12	2.4
3	2.5	20	16.5	63	52.1	27	22.3	8	6.6
1	0.3	43	13.3	169	52.3	96	29.7	14	4.4
4	0.2	215	11.8	884	48.5	624	34.2	97	5.3
1	1.5	8	12.3	31	47.7	21	32.3	4	6.2
2	0.9	19	8.5	130	58.3	61	27.4	11	4.9
0	0.0	21	10.6	117	58.8	53	26.6	8	4.0
0	0.0	45	13.0	212	61.3	73	21.1	16	4.6
0	0.0	35	21.3	105	64.0	20	12.2	4	2.5
0	0.0	9	9.9	29	31.9	43	47.3	10	10.9
1	0.3	55	15.1	164	45.1	126	34.6	18	4.9
0	0.0	32	11.3	160	56.5	76	26.9	15	5.3
1	0.4	34	14.9	111	48.7	71	31.1	11	4.9
1	0.9	9	8.4	57	53.3	34	31.8	6	5.6
0	0.0	21	13.2	85	53.5	43	27.0	10	6.3
0	0.0	16	12.3	67	51.5	39	30.0	8	6.2
0	0.0	23	20.9	56	50.9	28	25.5	3	2.7
5	0.4	115	9.6	686	57.2	324	27.0	70	5.8
0	0.0	12	14.8	43	53.1	23	28.4	3	3.7
1	1.8	9	16.4	28	50.9	17	30.9	0	0.0
7	0.8	135	16.1	357	42.5	274	32.6	67	8.0
0	0.0	38	13.7	146	52.5	79	28.4	15	5.4
0	0.0	31	10.4	131	44.1	108	36.4	27	9.1
1	0.9	17	14.5	48	41.0	35	29.9	16	13.7
2	2.0	14	14.1	58	58.6	24	24.2	1	1.1
1	1.2	20	23.5	41	48.2	20	23.5	3	3.6
0	0.0	49	16.1	160	52.6	79	26.0	16	5.3

7－7　2013年口岸调查外国游客人数

	调查人数		政府工作人员		专业技术人员		职员		技工工人	
	（人）	（%）	（人）	（%）	（人）	（%）	（人）	（%）	（人）	（%）
外国人	**10 466**	**100**	**402**	**3.8**	**1 585**	**15.1**	**2 039**	**19.5**	**517**	**4.9**
日　本	1 385	100	28	2.0	207	14.9	512	37.0	66	4.8
菲律宾	219	100	8	3.7	38	17.4	36	16.4	28	12.8
泰　国	268	100	10	3.7	41	15.3	40	14.9	16	6.0
新加坡	501	100	15	3.0	92	18.4	104	20.8	21	4.2
印度尼西亚	121	100	4	3.3	14	11.6	28	23.1	7	5.8
马来西亚	323	100	8	2.5	58	18.0	57	17.6	13	4.0
韩　国	1 824	100	52	2.9	269	14.7	388	21.3	57	3.1
朝　鲜	65	100	8	12.3	7	10.8	8	12.3	6	9.2
蒙　古	223	100	26	11.7	20	9.0	21	9.4	11	4.9
印　度	199	100	3	1.5	40	20.1	29	14.6	9	4.5
越　南	346	100	20	5.8	39	11.3	65	18.8	46	13.3
缅　甸	164	100	2	1.2	11	6.7	19	11.6	13	7.9
哈萨克斯坦	91	100	3	3.3	3	3.3	6	6.6	0	0.0
英　国	364	100	21	5.8	69	19.0	46	12.6	16	4.4
法　国	283	100	13	4.6	44	15.5	55	19.4	16	5.7
德　国	228	100	10	4.4	48	21.1	46	20.2	5	2.2
西班牙	107	100	5	4.7	23	21.5	14	13.1	3	2.8
意大利	159	100	7	4.4	30	18.9	23	14.5	8	5.0
荷　兰	130	100	5	3.8	22	16.9	24	18.5	3	2.3
瑞　典	110	100	6	5.5	18	16.4	22	20.0	5	4.5
俄罗斯	1 200	100	38	3.2	108	9.0	185	15.4	79	6.6
瑞　士	81	100	4	4.9	17	21.0	13	16.0	7	8.6
乌克兰	55	100	2	3.6	7	12.7	16	29.1	5	9.1
美　国	840	100	27	3.2	149	17.7	109	13.0	30	3.6
加拿大	278	100	15	5.4	49	17.6	54	19.4	13	4.7
澳大利亚	297	100	14	4.7	52	17.5	62	20.9	13	4.4
新西兰	117	100	9	7.7	22	18.8	18	15.4	7	6.0
非洲国家	99	100	14	14.1	14	14.1	7	7.1	1	1.0
中南美洲国家	85	100	7	8.2	14	16.5	7	8.2	5	5.9
其他国家	304	100	18	5.9	60	19.7	25	8.2	8	2.6

及所占比重（按国别、职业分组）

商贸人员		服务员推销员		退休人员		家庭妇女		军人		学生		其他	
（人）	（%）	（人）	（%）	（人）	（%）	（人）	（%）	（人）	（%）	（人）	（%）	（人）	（%）
2 401	**22.9**	**387**	**3.7**	**666**	**6.4**	**644**	**6.2**	**44**	**0.4**	**1 111**	**10.6**	**670**	**6.5**
214	15.5	47	3.4	81	5.8	94	6.8	4	0.3	91	6.6	41	2.9
26	11.9	4	1.8	17	7.8	9	4.1	0	0.0	18	8.2	35	15.9
56	20.9	17	6.3	15	5.6	22	8.2	2	0.7	35	13.1	14	5.3
130	25.9	16	3.2	23	4.6	23	4.6	0	0.0	41	8.2	36	7.1
25	20.7	1	0.8	9	7.4	4	3.3	0	0.0	17	14.0	12	10.0
72	22.3	14	4.3	19	5.9	22	6.8	3	0.9	38	11.8	19	5.9
487	26.7	39	2.1	88	4.8	162	8.9	6	0.3	211	11.6	65	3.6
9	13.8	3	4.6	4	6.2	3	4.6	1	1.5	9	13.8	7	10.9
72	32.3	7	3.1	10	4.5	15	6.7	1	0.4	20	9.0	20	9.0
62	31.2	13	6.5	7	3.5	7	3.5	1	0.5	14	7.0	14	7.1
58	16.8	18	5.2	17	4.9	28	8.1	1	0.3	18	5.2	36	10.3
55	33.5	17	10.4	6	3.7	5	3.0	1	0.6	8	4.9	27	16.5
54	59.3	4	4.4	4	4.4	7	7.7	0	0.0	10	11.0	0	0.0
71	19.5	10	2.7	28	7.7	22	6.0	3	0.8	50	13.7	28	7.8
64	22.6	6	2.1	22	7.8	8	2.8	1	0.4	31	11.0	23	8.1
46	20.2	6	2.6	13	5.7	9	3.9	0	0.0	32	14.0	13	5.7
33	30.8	3	2.8	6	5.6	6	5.6	0	0.0	5	4.7	9	8.4
34	21.4	13	8.2	11	6.9	6	3.7	2	1.3	16	10.1	9	5.6
23	17.7	8	6.2	9	6.9	7	5.4	4	3.1	13	10.0	12	9.2
17	15.5	6	5.5	6	5.5	2	1.8	2	1.8	18	16.3	8	7.2
370	30.8	57	4.8	112	9.3	108	9.0	3	0.3	92	7.7	48	3.9
15	18.5	6	7.4	1	1.2	5	6.2	2	2.5	10	12.4	1	1.3
7	12.7	3	5.5	5	9.1	2	3.6	0	0.0	5	9.1	3	5.5
139	16.5	18	2.1	79	9.4	28	3.3	4	0.5	147	17.5	110	13.2
45	16.2	10	3.6	18	6.5	13	4.7	0	0.0	36	12.9	25	9.0
61	20.5	16	5.4	27	9.1	12	4.0	2	0.7	21	7.1	17	5.7
21	17.9	2	1.7	13	11.1	6	5.1	1	0.9	15	12.8	3	2.6
38	38.4	3	3.0	3	3.0	0	0.0	0	0.0	13	13.1	6	6.2
20	23.5	8	9.4	2	2.4	0	0.0	0	0.0	18	21.2	4	4.7
77	25.3	12	3.9	11	3.6	9	3.0	0	0.0	59	19.5	25	8.3

7-8 2013年口岸调查外国游客人数

	调查人数		观光游览		休闲度假		探亲访友	
	(人)	(%)	(人)	(%)	(人)	(%)	(人)	(%)
外国人	**10 466**	**100**	**2 737**	**26.2**	**1 670**	**16.0**	**773**	**7.4**
日本	1 385	100	289	20.9	182	13.1	86	6.2
菲律宾	219	100	55	25.1	36	16.4	11	5.0
泰国	268	100	111	41.4	60	22.4	19	7.1
新加坡	501	100	102	20.4	106	21.2	83	16.6
印度尼西亚	121	100	41	33.9	28	23.1	11	9.1
马来西亚	323	100	125	38.7	62	19.2	34	10.5
韩国	1 824	100	480	26.3	214	11.7	116	6.4
朝鲜	65	100	13	20.0	13	20.0	7	10.8
蒙古	223	100	29	13.0	17	7.6	2	0.9
印度	199	100	33	16.6	30	15.1	6	3.0
越南	346	100	137	39.6	25	7.2	36	10.4
缅甸	164	100	13	7.9	8	4.9	12	7.3
哈萨克斯坦	91	100	26	28.6	4	4.4	6	6.6
英国	364	100	112	30.8	46	12.6	30	8.2
法国	283	100	87	30.7	58	20.5	26	9.2
德国	228	100	61	26.8	32	14.0	12	5.3
西班牙	107	100	35	32.7	17	15.9	3	2.8
意大利	159	100	50	31.4	16	10.1	15	9.4
荷兰	130	100	39	30.0	28	21.5	10	7.7
瑞典	110	100	34	30.9	26	23.6	11	10.0
俄罗斯	1 200	100	260	21.7	313	26.1	24	2.0
瑞士	81	100	32	39.5	13	16.0	7	8.6
乌克兰	55	100	18	32.7	9	16.4	2	3.6
美国	840	100	252	30.0	135	16.1	77	9.2
加拿大	278	100	66	23.7	57	20.5	42	15.1
澳大利亚	297	100	77	25.9	50	16.8	45	15.2
新西兰	117	100	33	28.2	23	19.7	11	9.4
非洲国家	99	100	32	32.3	8	8.1	5	5.1
中南美洲国家	85	100	34	40.0	10	11.8	1	1.2
其他国家	304	100	61	20.1	44	14.5	23	7.6

及所占比重（按国别、旅游目的分组）

商务		会议		宗教朝拜		文化/体育/科技交流		购物		医疗保健		其他	
（人）	（%）	（人）	（%）	（人）	（%）	（人）	（%）	（人）	（%）	（人）	（%）	（人）	（%）
2 933	**28.0**	**476**	**4.5**	**33**	**0.3**	**423**	**4.0**	**547**	**5.2**	**82**	**0.8**	**792**	**7.6**
607	43.8	72	5.2	10	0.7	48	3.5	12	0.9	7	0.5	72	5.2
48	21.9	7	3.2	0	0.0	7	3.2	4	1.8	3	1.4	48	22.0
40	14.9	11	4.1	4	1.5	7	2.6	2	0.7	1	0.4	13	4.9
137	27.3	28	5.6	6	1.2	20	4.0	2	0.4	0	0.0	17	3.3
23	19.0	2	1.7	1	0.8	6	5.0	2	1.7	1	0.8	6	4.9
56	17.3	17	5.3	0	0.0	12	3.7	6	1.9	2	0.6	9	2.8
638	35.0	122	6.7	5	0.3	86	4.7	16	0.9	16	0.9	131	7.1
10	15.4	5	7.7	0	0.0	6	9.2	0	0.0	1	1.5	10	15.4
64	28.7	8	3.6	0	0.0	2	0.9	67	30.0	5	2.2	29	13.1
72	36.2	10	5.0	0	0.0	13	6.5	4	2.0	2	1.0	29	14.6
53	15.3	5	1.4	0	0.0	10	2.9	14	4.0	1	0.3	65	18.9
32	19.5	3	1.8	2	1.2	31	18.9	40	24.4	0	0.0	23	14.1
42	46.2	2	2.2	1	1.1	2	2.2	6	6.6	0	0.0	2	2.1
104	28.6	15	4.1	0	0.0	22	6.0	3	0.9	2	0.5	30	8.3
70	24.7	17	6.0	3	1.1	6	2.1	4	1.4	1	0.4	11	3.9
81	35.5	10	4.4	0	0.0	19	8.3	0	0.0	0	0.0	13	5.7
40	37.4	1	0.9	0	0.0	2	1.9	1	0.9	1	0.9	7	6.6
49	30.8	9	5.7	0	0.0	4	2.5	4	2.5	0	0.0	12	7.6
32	24.6	5	3.8	0	0.0	5	3.8	1	0.8	0	0.0	10	7.8
22	20.0	5	4.5	0	0.0	2	1.8	1	0.9	0	0.0	9	8.3
131	10.9	36	3.0	0	0.0	21	1.8	339	28.2	32	2.7	44	3.6
16	19.8	2	2.5	0	0.0	4	4.9	3	3.7	1	1.2	3	3.8
12	21.8	2	3.6	0	0.0	3	5.5	0	0.0	0	0.0	9	16.4
225	26.8	35	4.2	0	0.0	33	3.9	0	0.0	2	0.2	81	9.6
62	22.3	11	4.0	0	0.0	12	4.3	2	0.7	2	0.7	24	8.7
81	27.3	14	4.7	0	0.0	10	3.4	1	0.3	1	0.3	18	6.1
21	17.9	6	5.1	0	0.0	7	6.0	2	1.7	0	0.0	14	12.0
38	38.3	6	6.0	0	0.0	5	5.1	0	0.0	0	0.0	5	5.1
21	24.7	3	3.5	0	0.0	2	2.4	0	0.0	1	1.2	13	15.2
106	34.9	7	2.3	1	0.3	16	5.3	11	3.6	0	0.0	35	11.4

7-9 2013年饭店调查入境游客人数及所占比重

		饭店及游船调查人数		外国人	
		（人）	（%）	（人）	（%）
北京	小计	1 991	100	1 762	88.5
	团体	973	100	879	90.3
	散客	1 018	100	883	86.7
天津	小计	500	100	381	76.2
	团体	122	100	97	79.5
	散客	378	100	284	75.1
河北	小计	1 062	100	848	79.8
	团体	505	100	372	73.7
	散客	557	100	476	85.5
山西	小计	699	100	497	71.1
	团体	395	100	285	72.2
	散客	304	100	212	69.7
内蒙古	小计	530	100	460	86.8
	团体	236	100	207	87.7
	散客	294	100	253	86.1
辽宁	小计	1 319	100	1 005	76.2
	团体	639	100	431	67.4
	散客	680	100	574	84.4
吉林	小计	600	100	503	83.8
	团体	318	100	242	76.1
	散客	282	100	261	92.6
黑龙江	小计	700	100	582	83.1
	团体	512	100	422	82.4
	散客	188	100	160	85.1
上海	小计	1 696	100	1 415	83.4
	团体	307	100	273	88.9
	散客	1 389	100	1 142	82.2
江苏	小计	1 137	100	784	69.0
	团体	194	100	116	59.8
	散客	943	100	668	70.8

(按省〈区、市〉、团体及散客、外国人、港澳台胞分组)

香港同胞		澳门同胞		台湾同胞	
(人)	(%)	(人)	(%)	(人)	(%)
116	5.8	29	1.5	84	4.2
44	4.5	15	1.5	35	3.7
72	7.1	14	1.4	49	4.8
66	13.2	15	3.0	38	7.6
13	10.7	2	1.6	10	8.2
53	14.0	13	3.4	28	7.5
61	5.7	49	4.6	104	9.9
30	5.9	33	6.5	70	13.9
31	5.6	16	2.9	34	6.0
74	10.6	61	8.7	67	9.6
41	10.4	34	8.6	35	8.8
33	10.9	27	8.9	32	10.5
30	5.7	11	2.1	29	5.4
10	4.2	4	1.7	15	6.4
20	6.8	7	2.4	14	4.7
102	7.7	49	3.7	163	12.4
55	8.6	33	5.2	120	18.8
47	6.9	16	2.4	43	6.3
44	7.3	17	2.8	36	6.1
31	9.7	13	4.1	32	10.1
13	4.6	4	1.4	4	1.4
36	5.1	13	1.9	69	9.9
24	4.7	4	0.8	62	12.1
12	6.4	9	4.8	7	3.7
131	7.7	31	1.8	119	7.1
21	6.8	4	1.3	9	3.0
110	7.9	27	1.9	110	8.0
126	11.1	42	3.7	185	16.2
25	12.9	7	3.6	46	23.7
101	10.7	35	3.7	139	14.8

7－9(续1)

			饭店及游船调查人数		外国人	
			(人)	(%)	(人)	(%)
浙	江	小计	966	100	749	77.5
		团体	279	100	202	72.4
		散客	687	100	547	79.6
安	徽	小计	1 756	100	1 576	89.7
		团体	689	100	600	87.1
		散客	1 067	100	976	91.5
福	建	小计	947	100	632	66.7
		团体	202	100	114	56.4
		散客	745	100	518	69.5
江	西	小计	700	100	386	55.1
		团体	349	100	186	53.3
		散客	351	100	200	57.0
山	东	小计	1 079	100	753	69.8
		团体	345	100	210	60.9
		散客	734	100	543	74.0
河	南	小计	803	100	655	81.6
		团体	533	100	437	82.0
		散客	270	100	218	80.7
湖	北	小计	1 059	100	585	55.2
		团体	474	100	239	50.4
		散客	585	100	346	59.1
湖	南	小计	1 509	100	1 259	83.4
		团体	991	100	885	89.3
		散客	518	100	374	72.2
广	东	小计	4 930	100	3 106	63.0
		团体	757	100	483	63.8
		散客	4 173	100	2 623	62.9
广	西	小计	900	100	540	60.0
		团体	327	100	189	57.8
		散客	573	100	351	61.3
海	南	小计	900	100	738	82.0
		团体	469	100	401	85.5
		散客	431	100	337	78.2

香港同胞		澳门同胞		台湾同胞	
（人）	（%）	（人）	（%）	（人）	（%）
107	11.1	31	3.2	79	8.2
38	13.6	11	3.9	28	10.1
69	10.0	20	2.9	51	7.5
75	4.3	25	1.4	80	4.6
38	5.5	11	1.6	40	5.8
37	3.5	14	1.3	40	3.7
150	15.8	41	4.3	124	13.2
31	15.3	7	3.5	50	24.8
119	16.0	34	4.6	74	9.9
150	21.4	65	9.3	99	14.2
92	26.4	36	10.3	35	10.0
58	16.5	29	8.3	64	18.2
154	14.3	42	3.9	130	12.0
60	17.4	16	4.6	59	17.1
94	12.8	26	3.5	71	9.7
52	6.5	28	3.5	68	8.4
32	6.0	16	3.0	48	9.0
20	7.4	12	4.4	20	7.5
222	21.0	66	6.2	186	17.6
122	25.7	31	6.5	82	17.4
100	17.1	35	6.0	104	17.8
121	8.0	39	2.6	90	6.0
54	5.4	19	1.9	33	3.4
67	12.9	20	3.9	57	11.0
947	19.2	401	8.1	476	9.7
179	23.6	42	5.5	53	7.1
768	18.4	359	8.6	423	10.1
150	16.7	72	8.0	138	15.3
50	15.3	36	11.0	52	15.9
100	17.5	36	6.3	86	14.9
101	11.2	21	2.3	40	4.5
41	8.7	13	2.8	14	3.0
60	13.9	8	1.9	26	6.0

7-9(续2)

		饭店及游船调查人数 (人)	(%)	外国人 (人)	(%)
重庆	小计	599	100	449	75.0
	团体	289	100	222	76.8
	散客	310	100	227	73.2
四川	小计	2 479	100	1 874	75.6
	团体	1 534	100	1 113	72.6
	散客	945	100	761	80.5
贵州	小计	600	100	125	20.8
	团体	448	100	45	10.0
	散客	152	100	80	52.6
云南	小计	799	100	631	79.0
	团体	212	100	159	75.0
	散客	587	100	472	80.4
西藏	小计	500	100	442	88.4
	团体	419	100	372	88.8
	散客	81	100	70	86.4
陕西	小计	1 188	100	1 046	88.0
	团体	715	100	658	92.0
	散客	473	100	388	82.0
甘肃	小计	700	100	459	65.6
	团体	417	100	282	67.6
	散客	283	100	177	62.5
青海	小计	394	100	324	82.2
	团体	233	100	181	77.7
	散客	161	100	143	88.8
宁夏	小计	150	100	116	77.3
	团体	17	100	17	100.0
	散客	133	100	99	74.4
新疆	小计	600	100	437	72.8
	团体	502	100	373	74.3
	散客	98	100	64	65.3

香港同胞		澳门同胞		台湾同胞	
(人)	(%)	(人)	(%)	(人)	(%)
84	14.0	16	2.7	50	8.3
27	9.3	9	3.1	31	10.8
57	18.4	7	2.3	19	6.1
195	7.9	93	3.8	317	12.7
123	8.0	59	3.8	239	15.6
72	7.6	34	3.6	78	8.3
148	24.7	163	27.2	164	27.3
125	27.9	138	30.8	140	31.3
23	15.1	25	16.4	24	15.9
74	9.3	34	4.3	60	7.4
19	9.0	6	2.8	28	13.2
55	9.4	28	4.8	32	5.4
18	3.6	18	3.6	22	4.4
15	3.6	15	3.6	17	4.0
3	3.7	3	3.7	5	6.2
66	5.6	17	1.4	59	5.0
28	3.9	3	0.4	26	3.7
38	8.0	14	3.0	33	7.0
72	10.3	70	10.0	99	14.1
38	9.1	44	10.6	53	12.7
34	12.0	26	9.2	46	16.3
30	7.6	9	2.3	31	7.9
19	8.2	8	3.4	25	10.7
11	6.8	1	0.6	6	3.8
12	8.0	16	10.7	6	4.0
0	0.0	0	0.0	0	0.0
12	9.0	16	12.0	6	4.6
70	11.7	54	9.0	39	6.5
55	11.0	38	7.6	36	7.1
15	15.3	16	16.3	3	3.1

7-10 2013年饭店调查入境游客人数及所占比重

		饭店及游船调查人数		男 性		女 性	
		（人）	（%）	（人）	（%）	（人）	（%）
北 京	小计	1 991	100	1 051	52.8	940	47.2
	团体	973	100	431	44.3	542	55.7
	散客	1 018	100	620	60.9	398	39.1
天 津	小计	500	100	316	63.2	184	36.8
	团体	122	100	60	49.2	62	50.8
	散客	378	100	256	67.7	122	32.3
河 北	小计	1 062	100	621	58.5	441	41.5
	团体	505	100	262	51.9	243	48.1
	散客	557	100	359	64.5	198	35.5
山 西	小计	699	100	366	52.4	333	47.6
	团体	395	100	192	48.6	203	51.4
	散客	304	100	174	57.2	130	42.8
内蒙古	小计	530	100	192	36.2	338	63.8
	团体	236	100	41	17.4	195	82.6
	散客	294	100	151	51.4	143	48.6
辽 宁	小计	1 319	100	694	52.6	625	47.4
	团体	639	100	260	40.7	379	59.3
	散客	680	100	434	63.8	246	36.2
吉 林	小计	600	100	387	64.5	213	35.5
	团体	318	100	196	61.6	122	38.4
	散客	282	100	191	67.7	91	32.3
黑龙江	小计	700	100	297	42.4	403	57.6
	团体	512	100	183	35.7	329	64.3
	散客	188	100	114	60.6	74	39.4
上 海	小计	1 696	100	1 150	67.8	546	32.2
	团体	307	100	175	57.0	132	43.0
	散客	1 389	100	975	70.2	414	29.8
江 苏	小计	1 137	100	717	63.1	420	36.9
	团体	194	100	96	49.5	98	50.5
	散客	943	100	621	65.9	322	34.1

（按省〈区、市〉、性别、年龄、团体及散客分组）

14岁及以下		15~24岁		25~44岁		45~64岁		65岁及以上	
（人）	（%）	（人）	（%）	（人）	（%）	（人）	（%）	（人）	（%）
12	0.6	198	9.9	959	48.2	649	32.6	173	8.7
5	0.5	122	12.5	371	38.1	340	34.9	135	14.0
7	0.7	76	7.5	588	57.8	309	30.4	38	3.6
3	0.6	51	10.2	223	44.6	169	33.8	54	10.8
2	1.6	17	13.9	44	36.1	37	30.3	22	18.1
1	0.3	34	9.0	179	47.4	132	34.9	32	8.4
8	0.8	108	10.2	506	47.6	373	35.1	67	6.3
6	1.2	65	12.9	223	44.2	177	35.0	34	6.7
2	0.4	43	7.7	283	50.8	196	35.2	33	5.9
10	1.4	48	6.9	288	41.2	240	34.3	113	16.2
8	2.0	35	8.9	139	35.2	134	33.9	79	20.0
2	0.7	13	4.3	149	49.0	106	34.9	34	11.1
3	0.6	46	8.7	349	65.8	120	22.6	12	2.3
1	0.4	4	1.7	205	86.9	24	10.2	2	0.8
2	0.7	42	14.3	144	49.0	96	32.7	10	3.3
4	0.3	91	6.9	743	56.3	405	30.7	76	5.8
2	0.3	33	5.2	369	57.7	194	30.4	41	6.4
2	0.3	58	8.5	374	55.0	211	31.0	35	5.2
3	0.5	73	12.2	284	47.3	203	33.8	37	6.2
3	0.9	52	16.4	137	43.1	100	31.4	26	8.2
0	0.0	21	7.4	147	52.1	103	36.5	11	4.0
37	5.3	55	7.9	278	39.7	247	35.3	83	11.8
35	6.8	49	9.6	166	32.4	183	35.7	79	15.5
2	1.1	6	3.2	112	59.6	64	34.0	4	2.1
7	0.4	140	8.3	759	44.8	641	37.8	149	8.7
4	1.3	44	14.3	80	26.1	124	40.4	55	17.9
3	0.2	96	6.9	679	48.9	517	37.2	94	6.8
2	0.2	88	7.7	646	56.8	366	32.2	35	3.1
0	0.0	17	8.8	89	45.9	76	39.2	12	6.1
2	0.2	71	7.5	557	59.1	290	30.8	23	2.4

7-10(续1)

			饭店及游船调查人数		男性		女性	
			(人)	(%)	(人)	(%)	(人)	(%)
浙	江	小计	966	100	589	61.0	377	39.0
		团体	279	100	151	54.1	128	45.9
		散客	687	100	438	63.8	249	36.2
安	徽	小计	1 756	100	1 108	63.1	648	36.9
		团体	689	100	360	52.2	329	47.8
		散客	1 067	100	748	70.1	319	29.9
福	建	小计	947	100	602	63.6	345	36.4
		团体	202	100	105	52.0	97	48.0
		散客	745	100	497	66.7	248	33.3
江	西	小计	700	100	422	60.3	278	39.7
		团体	349	100	194	55.6	155	44.4
		散客	351	100	228	65.0	123	35.0
山	东	小计	1 079	100	665	61.6	414	38.4
		团体	345	100	196	56.8	149	43.2
		散客	734	100	469	63.9	265	36.1
河	南	小计	803	100	512	63.8	291	36.2
		团体	533	100	340	63.8	193	36.2
		散客	270	100	172	63.7	98	36.3
湖	北	小计	1 059	100	612	57.8	447	42.2
		团体	474	100	267	56.3	207	43.7
		散客	585	100	345	59.0	240	41.0
湖	南	小计	1 509	100	847	56.1	662	43.9
		团体	991	100	515	52.0	476	48.0
		散客	518	100	332	64.1	186	35.9
广	东	小计	4 930	100	3 029	61.4	1 901	38.6
		团体	757	100	364	48.1	393	51.9
		散客	4 173	100	2 665	63.9	1 508	36.1
广	西	小计	900	100	500	55.6	400	44.4
		团体	327	100	143	43.7	184	56.3
		散客	573	100	357	62.3	216	37.7
海	南	小计	900	100	466	51.8	434	48.2
		团体	469	100	216	46.1	253	53.9
		散客	431	100	250	58.0	181	42.0

14 岁及以下		15～24 岁		25～44 岁		45～64 岁		65 岁及以上	
（人）	（%）	（人）	（%）	（人）	（%）	（人）	（%）	（人）	（%）
8	0.8	89	9.2	468	48.4	348	36.0	53	5.6
4	1.4	32	11.5	97	34.8	119	42.7	27	9.6
4	0.6	57	8.3	371	54.0	229	33.3	26	3.8
3	0.2	107	6.1	819	46.6	702	40.0	125	7.1
1	0.1	59	8.6	305	44.3	247	35.8	77	11.2
2	0.2	48	4.5	514	48.2	455	42.6	48	4.5
1	0.1	79	8.3	506	53.4	318	33.6	43	4.6
0	0.0	23	11.4	84	41.6	69	34.2	26	12.8
1	0.1	56	7.5	422	56.6	249	33.4	17	2.4
1	0.1	56	8.0	334	47.7	257	36.7	52	7.5
0	0.0	29	8.3	144	41.3	138	39.5	38	10.9
1	0.3	27	7.7	190	54.1	119	33.9	14	4.0
3	0.3	129	12.0	557	51.6	323	29.9	67	6.2
1	0.3	48	13.9	158	45.8	114	33.0	24	7.0
2	0.3	81	11.0	399	54.4	209	28.5	43	5.8
7	0.9	75	9.3	345	43.0	274	34.1	102	12.7
6	1.1	58	10.9	210	39.4	171	32.1	88	16.5
1	0.4	17	6.3	135	50.0	103	38.1	14	5.2
12	1.1	124	11.7	493	46.6	343	32.4	87	8.2
5	1.1	60	12.7	201	42.4	152	32.1	56	11.7
7	1.2	64	10.9	292	49.9	191	32.6	31	5.4
2	0.1	96	6.4	749	49.6	446	29.6	216	14.3
1	0.1	58	5.9	500	50.5	264	26.6	168	16.9
1	0.2	38	7.3	249	48.1	182	35.1	48	9.3
18	0.4	495	10.0	2 403	48.7	1 739	35.3	275	5.6
6	0.8	95	12.5	278	36.7	296	39.1	82	10.9
12	0.3	400	9.6	2 125	50.9	1 443	34.6	193	4.6
9	1.0	86	9.6	382	42.4	328	36.4	95	10.6
5	1.5	35	10.7	109	33.3	131	40.1	47	14.4
4	0.7	51	8.9	273	47.6	197	34.4	48	8.4
3	0.3	89	9.9	481	53.4	287	31.9	40	4.5
2	0.4	32	6.8	245	52.2	166	35.4	24	5.2
1	0.2	57	13.2	236	54.8	121	28.1	16	3.7

7-10(续2)

		饭店及游船调查人数		男性		女性	
		(人)	(%)	(人)	(%)	(人)	(%)
重庆	小计	599	100	364	60.8	235	39.2
	团体	289	100	160	55.4	129	44.6
	散客	310	100	204	65.8	106	34.2
四川	小计	2 479	100	1 420	57.3	1 059	42.7
	团体	1 534	100	811	52.9	723	47.1
	散客	945	100	609	64.4	336	35.6
贵州	小计	600	100	285	47.5	315	52.5
	团体	448	100	211	47.1	237	52.9
	散客	152	100	74	48.7	78	51.3
云南	小计	799	100	492	61.6	307	38.4
	团体	212	100	109	51.4	103	48.6
	散客	587	100	383	65.2	204	34.8
西藏	小计	500	100	374	74.8	126	25.2
	团体	419	100	316	75.4	103	24.6
	散客	81	100	58	71.6	23	28.4
陕西	小计	1 188	100	692	58.2	496	41.8
	团体	715	100	380	53.1	335	46.9
	散客	473	100	312	66.0	161	34.0
甘肃	小计	700	100	356	50.9	344	49.1
	团体	417	100	201	48.2	216	51.8
	散客	283	100	155	54.8	128	45.2
青海	小计	394	100	196	49.7	198	50.3
	团体	233	100	106	45.5	127	54.5
	散客	161	100	90	55.9	71	44.1
宁夏	小计	150	100	95	63.3	55	36.7
	团体	17	100	7	41.2	10	58.8
	散客	133	100	88	66.2	45	33.8
新疆	小计	600	100	342	57.0	258	43.0
	团体	502	100	278	55.4	224	44.6
	散客	98	100	64	65.3	34	34.7

14 岁及以下		15～24 岁		25～44 岁		45～64 岁		65 岁及以上	
(人)	(%)	(人)	(%)	(人)	(%)	(人)	(%)	(人)	(%)
3	0.5	53	8.8	253	42.2	208	34.7	82	13.8
3	1.0	22	7.6	91	31.5	105	36.3	68	23.6
0	0.0	31	10.0	162	52.3	103	33.2	14	4.5
11	0.4	263	10.6	1 053	42.5	873	35.2	279	11.3
9	0.6	188	12.3	582	37.9	523	34.1	232	15.1
2	0.2	75	7.9	471	49.8	350	37.0	47	5.1
9	1.5	68	11.3	292	48.7	146	24.3	85	14.2
9	2.0	51	11.4	222	49.6	105	23.4	61	13.6
0	0.0	17	11.2	70	46.1	41	27.0	24	15.7
1	0.1	44	5.5	443	55.4	296	37.0	15	2.0
0	0.0	14	6.6	119	56.1	66	31.1	13	6.2
1	0.2	30	5.1	324	55.2	230	39.2	2	0.3
8	1.6	32	6.4	277	55.4	160	32.0	23	4.6
7	1.7	26	6.2	234	55.8	132	31.5	20	4.8
1	1.2	6	7.4	43	53.1	28	34.6	3	3.7
6	0.5	105	8.8	426	35.9	481	40.5	170	14.3
5	0.7	85	11.9	204	28.5	282	39.4	139	19.5
1	0.2	20	4.2	222	46.9	199	42.1	31	6.6
4	0.6	73	10.4	287	41.0	259	37.0	77	11.0
1	0.2	41	9.8	162	38.8	156	37.4	57	13.8
3	1.1	32	11.3	125	44.2	103	36.4	20	7.0
5	1.3	25	6.3	139	35.3	141	35.8	84	21.3
4	1.7	13	5.6	75	32.2	85	36.5	56	24.0
1	0.6	12	7.5	64	39.8	56	34.8	28	17.3
0	0.0	17	11.3	78	52.0	52	34.7	3	2.0
0	0.0	2	11.8	6	35.3	8	47.1	1	5.8
0	0.0	15	11.3	72	54.1	44	33.1	2	1.5
5	0.8	96	16.0	327	54.5	135	22.5	37	6.2
1	0.2	89	17.7	281	56.0	97	19.3	34	6.8
4	4.1	7	7.1	46	46.9	38	38.8	3	3.1

7-11 2013年饭店调查入境游客人数及所占比重

		饭店及游船调查人数		政府工作人员		专业技术人员		职员		技工工人	
		(人)	(%)	(人)	(%)	(人)	(%)	(人)	(%)	(人)	(%)
北京	小计	1 991	100	87	4.4	222	11.2	511	25.7	54	2.7
	团体	973	100	28	2.9	70	7.2	240	24.7	29	3.0
	散客	1 018	100	59	5.8	152	14.9	271	26.6	25	2.5
天津	小计	500	100	39	7.8	102	20.4	109	21.8	22	4.4
	团体	122	100	7	5.7	6	4.9	21	17.2	2	1.6
	散客	378	100	32	8.5	96	25.4	88	23.3	20	5.3
河北	小计	1 062	100	67	6.3	214	20.2	207	19.5	59	5.6
	团体	505	100	36	7.1	85	16.8	97	19.2	20	4.0
	散客	557	100	31	5.6	129	23.2	110	19.7	39	7.0
山西	小计	699	100	90	12.9	129	18.5	122	17.5	85	12.2
	团体	395	100	45	11.4	63	15.9	65	16.5	52	13.2
	散客	304	100	45	14.8	66	21.7	57	18.8	33	10.9
内蒙古	小计	530	100	20	3.8	56	10.6	47	8.9	24	4.5
	团体	236	100	3	1.3	8	3.4	13	5.5	2	0.8
	散客	294	100	17	5.8	48	16.3	34	11.6	22	7.5
辽宁	小计	1 319	100	69	5.2	193	14.6	325	24.6	93	7.1
	团体	639	100	24	3.8	94	14.7	176	27.5	64	10.0
	散客	680	100	45	6.6	99	14.6	149	21.9	29	4.3
吉林	小计	600	100	36	6.0	84	14.0	144	24.0	22	3.7
	团体	318	100	15	4.7	33	10.4	99	31.1	15	4.7
	散客	282	100	21	7.4	51	18.1	45	16.0	7	2.5
黑龙江	小计	700	100	46	6.6	66	9.4	84	12.0	21	3.0
	团体	512	100	20	3.9	24	4.7	53	10.4	13	2.5
	散客	188	100	26	13.8	42	22.3	31	16.5	8	4.3
上海	小计	1 696	100	48	2.8	231	13.6	565	33.3	43	2.5
	团体	307	100	8	2.6	32	10.4	81	26.4	7	2.3
	散客	1 389	100	40	2.9	199	14.3	484	34.8	36	2.6
江苏	小计	1 137	100	46	4.0	246	21.6	283	24.9	53	4.7
	团体	194	100	7	3.6	26	13.4	53	27.3	6	3.1
	散客	943	100	39	4.1	220	23.3	230	24.4	47	5.0

(按省〈区、市〉、职业、团体及散客分组)

商贸人员		服务员推销员		退休人员		家庭妇女		军人		学生		其他	
(人)	(%)	(人)	(%)	(人)	(%)	(人)	(%)	(人)	(%)	(人)	(%)	(人)	(%)
379	19.0	68	3.4	216	10.8	140	7.0	8	0.4	180	9.0	126	6.4
91	9.4	36	3.7	190	19.5	110	11.3	2	0.2	109	11.2	68	6.9
288	28.3	32	3.1	26	2.6	30	2.9	6	0.6	71	7.0	58	5.7
100	20.0	15	3.0	43	8.6	23	4.6	1	0.2	28	5.6	18	3.6
26	21.3	7	5.7	23	18.9	12	9.8	1	0.8	15	12.3	2	1.8
74	19.6	8	2.1	20	5.3	11	2.9	0	0.0	13	3.4	16	4.2
207	19.5	26	2.4	66	6.2	43	4.0	6	0.6	81	7.6	86	8.1
77	15.2	17	3.4	46	9.1	30	5.9	3	0.6	53	10.5	41	8.2
130	23.3	9	1.6	20	3.6	13	2.3	3	0.5	28	5.0	45	8.2
83	11.9	49	7.0	41	5.9	15	2.1	7	1.0	36	5.1	42	5.9
41	10.4	33	8.4	34	8.6	12	3.0	6	1.5	32	8.1	12	3.0
42	13.8	16	5.3	7	2.3	3	1.0	1	0.3	4	1.3	30	9.8
270	50.9	11	2.1	23	4.3	14	2.6	3	0.6	33	6.2	29	5.5
186	78.8	0	0.0	11	4.7	3	1.3	0	0.0	8	3.4	2	0.8
84	28.6	11	3.7	12	4.1	11	3.7	3	1.0	25	8.5	27	9.2
330	25.0	44	3.3	91	6.9	53	4.0	5	0.4	55	4.2	61	4.7
131	20.5	22	3.4	56	8.8	31	4.9	1	0.2	24	3.8	16	2.4
199	29.3	22	3.2	35	5.1	22	3.2	4	0.6	31	4.6	45	6.6
140	23.3	17	2.8	35	5.8	38	6.3	0	0.0	58	9.7	26	4.4
40	12.6	12	3.8	22	6.9	21	6.6	0	0.0	43	13.5	18	5.7
100	35.5	5	1.8	13	4.6	17	6.0	0	0.0	15	5.3	8	2.8
105	15.0	22	3.1	107	15.3	96	13.7	5	0.7	85	12.1	63	9.1
52	10.2	18	3.5	104	20.3	92	18.0	2	0.4	79	15.4	55	10.7
53	28.2	4	2.1	3	1.6	4	2.1	3	1.6	6	3.2	8	4.3
362	21.3	56	3.3	137	8.1	98	5.8	4	0.2	107	6.3	45	2.8
12	3.9	9	2.9	73	23.8	36	11.7	1	0.3	38	12.4	10	3.3
350	25.2	47	3.4	64	4.6	62	4.5	3	0.2	69	5.0	35	2.5
258	22.7	25	2.2	64	5.6	47	4.1	15	1.3	64	5.6	36	3.3
17	8.8	5	2.6	31	16.0	21	10.8	6	3.1	13	6.7	9	4.6
241	25.6	20	2.1	33	3.5	26	2.8	9	1.0	51	5.4	27	2.8

7-11(续1)

		饭店及游船调查人数		政府工作人员		专业技术人员		职员		技工工人	
		(人)	(%)	(人)	(%)	(人)	(%)	(人)	(%)	(人)	(%)
浙江	小计	966	100	49	5.1	181	18.7	226	23.4	33	3.4
	团体	279	100	24	8.6	28	10.0	84	30.1	5	1.8
	散客	687	100	25	3.6	153	22.3	142	20.7	28	4.1
安徽	小计	1 756	100	49	2.8	403	22.9	316	18.0	97	5.5
	团体	689	100	25	3.6	110	16.0	102	14.8	36	5.2
	散客	1 067	100	24	2.2	293	27.5	214	20.1	61	5.7
福建	小计	947	100	21	2.2	110	11.6	249	26.3	41	4.3
	团体	202	100	1	0.5	12	5.9	55	27.2	8	4.0
	散客	745	100	20	2.7	98	13.2	194	26.0	33	4.4
江西	小计	700	100	28	4.0	116	16.6	136	19.4	39	5.6
	团体	349	100	9	2.6	48	13.8	78	22.3	18	5.2
	散客	351	100	19	5.4	68	19.4	58	16.5	21	6.0
山东	小计	1 079	100	41	3.8	131	12.1	296	27.4	55	5.1
	团体	345	100	12	3.5	23	6.7	115	33.3	16	4.6
	散客	734	100	29	4.0	108	14.7	181	24.7	39	5.3
河南	小计	803	100	78	9.7	119	14.8	162	20.2	71	8.8
	团体	533	100	64	12.0	61	11.4	107	20.1	55	10.3
	散客	270	100	14	5.2	58	21.5	55	20.4	16	5.9
湖北	小计	1 059	100	65	6.1	202	19.1	209	19.7	39	3.7
	团体	474	100	25	5.3	50	10.5	122	25.7	25	5.3
	散客	585	100	40	6.8	152	26.0	87	14.9	14	2.4
湖南	小计	1 509	100	58	3.8	192	12.7	226	15.0	93	6.2
	团体	991	100	24	2.4	101	10.2	137	13.8	51	5.1
	散客	518	100	34	6.6	91	17.6	89	17.2	42	8.1
广东	小计	4 930	100	217	4.4	661	13.4	938	19.0	293	5.9
	团体	757	100	77	10.2	57	7.5	179	23.6	43	5.7
	散客	4 173	100	140	3.4	604	14.5	759	18.2	250	6.0
广西	小计	900	100	47	5.2	76	8.4	140	15.6	19	2.1
	团体	327	100	18	5.5	22	6.7	48	14.7	4	1.2
	散客	573	100	29	5.1	54	9.4	92	16.1	15	2.6
海南	小计	900	100	50	5.6	111	12.3	314	34.9	26	2.9
	团体	469	100	28	6.0	59	12.6	179	38.2	15	3.2
	散客	431	100	22	5.1	52	12.1	135	31.3	11	2.6

商贸人员		服务员推销员		退休人员		家庭妇女		军人		学生		其他	
（人）	（%）	（人）	（%）	（人）	（%）	（人）	（%）	（人）	（%）	（人）	（%）	（人）	（%）
247	25.6	20	2.1	79	8.2	49	5.1	6	0.6	51	5.3	25	2.5
31	11.1	9	3.2	55	19.7	17	6.1	3	1.1	14	5.0	9	3.3
216	31.4	11	1.6	24	3.5	32	4.7	3	0.4	37	5.4	16	2.3
348	19.8	52	3.0	143	8.1	115	6.5	3	0.2	77	4.4	153	8.8
85	12.3	35	5.1	99	14.4	76	11.0	2	0.3	47	6.8	72	10.5
263	24.6	17	1.6	44	4.1	39	3.7	1	0.1	30	2.8	81	7.6
289	30.5	26	2.7	60	6.3	43	4.5	5	0.5	35	3.8	68	7.3
39	19.3	8	4.0	32	15.8	21	10.4	2	1.0	7	3.5	17	8.4
250	33.6	18	2.4	28	3.8	22	3.0	3	0.4	28	3.8	51	6.7
149	21.3	36	5.1	72	10.3	38	5.4	4	0.6	23	3.3	59	8.4
59	16.9	14	4.0	54	15.5	28	8.0	1	0.3	12	3.4	28	8.0
90	25.6	22	6.3	18	5.1	10	2.8	3	0.9	11	3.1	31	8.9
220	20.4	35	3.2	92	8.5	58	5.4	4	0.4	93	8.6	54	5.1
23	6.7	10	2.9	55	15.9	29	8.4	0	0.0	40	11.6	22	6.4
197	26.8	25	3.4	37	5.0	29	4.0	4	0.5	53	7.2	32	4.4
108	13.4	24	3.0	79	9.8	41	5.1	4	0.5	57	7.1	60	7.6
62	11.6	16	3.0	64	12.0	32	6.0	4	0.8	46	8.6	22	4.2
46	17.0	8	3.0	15	5.6	9	3.3	0	0.0	11	4.1	38	14.0
190	17.9	24	2.3	94	8.9	58	5.5	2	0.2	94	8.9	82	7.7
43	9.1	17	3.6	74	15.6	34	7.2	1	0.2	49	10.3	34	7.2
147	25.1	7	1.2	20	3.4	24	4.1	1	0.2	45	7.7	48	8.2
257	17.0	41	2.7	129	8.5	85	5.6	9	0.6	62	4.1	357	23.8
121	12.2	28	2.8	96	9.7	71	7.2	8	0.8	42	4.2	312	31.6
136	26.3	13	2.5	33	6.4	14	2.7	1	0.2	20	3.8	45	8.6
1 519	30.8	157	3.2	256	5.2	260	5.3	27	0.5	257	5.2	345	7.1
97	12.8	29	3.8	91	12.0	81	10.7	8	1.1	56	7.4	39	5.2
1 422	34.1	128	3.1	165	4.0	179	4.3	19	0.5	201	4.7	306	7.2
179	19.9	20	2.2	115	12.8	91	10.1	7	0.8	89	9.9	117	13.0
26	8.0	4	1.2	70	21.4	58	17.7	0	0.0	46	14.1	31	9.5
153	26.7	16	2.8	45	7.9	33	5.8	7	1.2	43	7.5	86	14.9
137	15.2	22	2.4	53	5.9	48	5.3	2	0.2	54	6.0	83	9.3
58	12.4	10	2.1	31	6.6	27	5.8	2	0.4	22	4.7	38	8.0
79	18.3	12	2.8	22	5.1	21	4.9	0	0.0	32	7.4	45	10.4

7－11(续2)

		饭店及游船调查人数		政府工作人员		专业技术人员		职员		技工工人	
		(人)	(%)	(人)	(%)	(人)	(%)	(人)	(%)	(人)	(%)
重庆	小计	599	100	31	5.2	79	13.2	114	19.0	14	2.3
	团体	289	100	10	3.5	28	9.7	54	18.7	7	2.4
	散客	310	100	21	6.8	51	16.5	60	19.4	7	2.3
四川	小计	2 479	100	108	4.4	362	14.6	528	21.3	138	5.6
	团体	1 534	100	72	4.7	183	11.9	320	20.9	79	5.1
	散客	945	100	36	3.8	179	18.9	208	22.0	59	6.2
贵州	小计	600	100	34	5.7	60	10.0	96	16.0	65	10.8
	团体	448	100	27	6.0	49	10.9	73	16.3	49	10.9
	散客	152	100	7	4.6	11	7.2	23	15.1	16	10.5
云南	小计	799	100	32	4.0	85	10.6	90	11.3	24	3.0
	团体	212	100	7	3.3	29	13.7	39	18.4	6	2.8
	散客	587	100	25	4.3	56	9.5	51	8.7	18	3.1
西藏	小计	500	100	14	2.8	70	14.0	94	18.8	110	22.0
	团体	419	100	12	2.9	63	15.0	82	19.6	91	21.7
	散客	81	100	2	2.5	7	8.6	12	14.8	19	23.5
陕西	小计	1 188	100	49	4.1	205	17.3	213	17.9	27	2.3
	团体	715	100	38	5.3	96	13.4	108	15.1	19	2.7
	散客	473	100	11	2.3	109	23.0	105	22.2	8	1.7
甘肃	小计	700	100	66	9.4	86	12.3	109	15.6	29	4.1
	团体	417	100	45	10.8	46	11.0	64	15.3	14	3.4
	散客	283	100	21	7.4	40	14.1	45	15.9	15	5.3
青海	小计	394	100	42	10.7	64	16.2	81	20.6	18	4.6
	团体	233	100	21	9.0	41	17.6	56	24.0	9	3.9
	散客	161	100	21	13.0	23	14.3	25	15.5	9	5.6
宁夏	小计	150	100	17	11.3	37	24.7	28	18.7	5	3.3
	团体	17	100	3	17.6	5	29.4	1	5.9	0	0.0
	散客	133	100	14	10.5	32	24.1	27	20.3	5	3.8
新疆	小计	600	100	37	6.2	99	16.5	113	18.8	26	4.3
	团体	502	100	30	6.0	90	17.9	101	20.1	25	5.0
	散客	98	100	7	7.1	9	9.2	12	12.2	1	1.0

商贸人员		服务员推销员		退休人员		家庭妇女		军人		学生		其他	
(人)	(%)	(人)	(%)	(人)	(%)	(人)	(%)	(人)	(%)	(人)	(%)	(人)	(%)
131	21.9	18	3.0	82	13.7	22	3.7	2	0.3	35	5.8	71	11.9
43	14.9	11	3.8	70	24.2	10	3.5	0	0.0	14	4.8	42	14.5
88	28.4	7	2.3	12	3.9	12	3.8	2	0.6	21	6.7	29	9.3
314	12.7	79	3.2	331	13.4	200	8.0	14	0.6	242	9.7	163	6.5
122	8.0	53	3.5	251	16.4	158	10.3	7	0.5	176	11.4	113	7.3
192	20.3	26	2.8	80	8.5	42	4.4	7	0.7	66	7.0	50	5.4
113	18.8	35	5.8	48	8.0	61	10.2	3	0.5	41	6.8	44	7.4
83	18.5	30	6.7	37	8.3	37	8.3	2	0.4	32	7.1	29	6.6
30	19.7	5	3.3	11	7.2	24	15.8	1	0.7	9	5.9	15	10.0
257	32.2	28	3.5	82	10.3	53	6.6	6	0.8	37	4.6	105	13.1
33	15.6	15	7.1	29	13.7	26	12.3	1	0.5	11	5.2	16	7.4
224	38.2	13	2.2	53	9.0	27	4.6	5	0.9	26	4.4	89	15.1
85	17.0	64	12.8	24	4.8	11	2.2	5	1.0	14	2.8	9	1.8
71	16.9	49	11.7	19	4.5	7	1.7	4	1.0	12	2.9	9	2.1
14	17.3	15	18.5	5	6.2	4	4.9	1	1.2	2	2.5	0	0.0
185	15.6	23	1.9	194	16.3	84	7.1	3	0.3	104	8.8	101	8.4
68	9.5	19	2.7	147	20.6	63	8.8	2	0.3	83	11.6	72	10.0
117	24.7	4	0.8	47	9.9	21	4.5	1	0.2	21	4.5	29	6.2
83	11.9	40	5.7	99	14.1	37	5.3	2	0.3	74	10.6	75	10.7
42	10.1	25	6.0	74	17.7	19	4.6	2	0.5	41	9.8	45	10.8
41	14.5	15	5.3	25	8.8	18	6.4	0	0.0	33	11.7	30	10.6
73	18.5	20	5.1	33	8.4	17	4.3	5	1.3	14	3.5	27	6.8
42	18.0	8	3.4	23	9.9	12	5.2	2	0.9	8	3.4	11	4.7
31	19.3	12	7.5	10	6.2	5	3.1	3	1.9	6	3.7	16	9.9
21	14.0	1	0.7	2	1.3	4	2.7	0	0.0	10	6.7	25	16.6
2	11.8	0	0.0	1	5.9	2	11.8	0	0.0	2	11.8	1	5.8
19	14.3	1	0.8	1	0.8	2	1.5	0	0.0	8	6.0	24	17.9
73	12.2	44	7.3	38	6.3	50	8.3	13	2.2	87	14.5	20	3.4
39	7.8	41	8.2	33	6.6	40	8.0	9	1.8	81	16.1	13	2.5
34	34.7	3	3.1	5	5.1	10	10.2	4	4.1	6	6.1	7	7.2

7－12 2013年饭店调查入境游客人数及所占比重

		饭店及游船调查人数		观光游览		休闲度假		探亲访友	
		（人）	（%）	（人）	（%）	（人）	（%）	（人）	（%）
北京	小计	1 991	100	717	36.0	347	17.4	71	3.6
	团体	973	100	596	61.3	211	21.7	15	1.5
	散客	1 018	100	121	11.9	136	13.4	56	5.5
天津	小计	500	100	98	19.6	58	11.6	40	8.0
	团体	122	100	55	45.1	21	17.2	10	8.2
	散客	378	100	43	11.4	37	9.8	30	7.9
河北	小计	1 062	100	358	33.7	275	25.9	54	5.1
	团体	505	100	220	43.6	180	35.6	24	4.8
	散客	557	100	138	24.8	95	17.1	30	5.4
山西	小计	699	100	222	31.8	171	24.5	64	9.2
	团体	395	100	163	41.3	117	29.6	21	5.3
	散客	304	100	59	19.4	54	17.8	43	14.1
内蒙古	小计	530	100	90	17.0	63	11.9	23	4.3
	团体	236	100	38	16.1	23	9.8	0	0.0
	散客	294	100	52	17.7	40	13.6	23	7.8
辽宁	小计	1 319	100	443	33.6	209	15.8	64	4.9
	团体	639	100	368	57.6	106	16.6	15	2.3
	散客	680	100	75	11.0	103	15.1	49	7.2
吉林	小计	600	100	232	38.7	101	16.8	42	7.0
	团体	318	100	187	58.8	62	19.5	5	1.6
	散客	282	100	45	16.0	39	13.8	37	13.1
黑龙江	小计	700	100	291	41.6	110	15.7	22	3.1
	团体	512	100	276	53.9	83	16.2	13	2.5
	散客	188	100	15	8.0	27	14.4	9	4.8
上海	小计	1 696	100	426	25.1	302	17.8	113	6.7
	团体	307	100	181	59.0	97	31.6	13	4.2
	散客	1 389	100	245	17.6	205	14.8	100	7.2
江苏	小计	1 137	100	302	26.6	166	14.6	47	4.1
	团体	194	100	97	50.0	42	21.6	6	3.1
	散客	943	100	205	21.7	124	13.1	41	4.3

(按省〈区、市〉、旅游目的、团体及散客分组)

商务		会议		宗教朝拜		文化/体育/科技交流		购物		医疗保健		其他	
(人)	(%)	(人)	(%)	(人)	(%)	(人)	(%)	(人)	(%)	(人)	(%)	(人)	(%)
402	20.2	295	14.8	10	0.5	71	3.6	47	2.4	5	0.3	26	1.2
74	7.6	17	1.7	5	0.5	27	2.8	19	2.0	1	0.1	8	0.8
328	32.2	278	27.3	5	0.5	44	4.3	28	2.8	4	0.4	18	1.7
199	39.8	51	10.2	11	2.2	14	2.8	10	2.0	2	0.4	17	3.4
16	13.1	11	9.0	1	0.8	2	1.6	3	2.5	1	0.8	2	1.7
183	48.4	40	10.6	10	2.6	12	3.2	7	1.9	1	0.3	15	3.9
243	22.9	51	4.8	2	0.2	20	1.9	7	0.7	3	0.3	49	4.5
46	9.1	9	1.8	1	0.2	10	2.0	3	0.6	1	0.2	11	2.1
197	35.4	42	7.5	1	0.2	10	1.8	4	0.7	2	0.4	38	6.7
65	9.3	33	4.7	41	5.9	56	8.0	11	1.6	8	1.1	28	3.9
23	5.8	18	4.6	27	6.8	16	4.1	5	1.3	4	1.0	1	0.2
42	13.8	15	4.9	14	4.6	40	13.2	6	2.0	4	1.3	27	8.9
116	21.9	16	3.0	2	0.4	8	1.5	191	36.0	7	1.3	14	2.7
1	0.4	2	0.8	0	0.0	1	0.4	170	72.1	1	0.4	0	0.0
115	39.1	14	4.8	2	0.7	7	2.4	21	7.1	6	2.0	14	4.8
334	25.3	75	5.7	4	0.3	67	5.1	4	0.3	63	4.8	56	4.2
86	13.5	11	1.7	2	0.3	8	1.3	1	0.2	34	5.3	8	1.2
248	36.5	64	9.4	2	0.3	59	8.7	3	0.4	29	4.3	48	7.1
132	22.0	30	5.0	0	0.0	38	6.3	7	1.2	5	0.8	13	2.2
26	8.2	9	2.8	0	0.0	16	5.0	6	1.9	3	0.9	4	1.3
106	37.6	21	7.4	0	0.0	22	7.8	1	0.4	2	0.7	9	3.2
77	11.0	38	5.4	1	0.1	51	7.3	80	11.4	16	2.3	14	2.1
15	2.9	2	0.4	0	0.0	22	4.3	78	15.2	16	3.1	7	1.5
62	33.0	36	19.1	1	0.5	29	15.4	2	1.1	0	0.0	7	3.7
546	32.2	229	13.5	2	0.1	40	2.4	10	0.6	3	0.2	25	1.4
4	1.3	7	2.3	0	0.0	1	0.3	3	1.0	0	0.0	1	0.3
542	39.0	222	16.0	2	0.1	39	2.8	7	0.5	3	0.2	24	1.8
453	39.8	99	8.7	1	0.1	27	2.4	16	1.4	2	0.2	24	2.1
25	12.9	6	3.1	1	0.5	2	1.0	4	2.1	1	0.5	10	5.2
428	45.4	93	9.9	0	0.0	25	2.7	12	1.3	1	0.1	14	1.5

7－12(续1)

		饭店及游船调查人数		观光游览		休闲度假		探亲访友	
		(人)	(%)	(人)	(%)	(人)	(%)	(人)	(%)
浙　江	小计	966	100	269	27.8	147	15.2	50	5.2
	团体	279	100	170	60.9	54	19.4	11	3.9
	散客	687	100	99	14.4	93	13.5	39	5.7
安　徽	小计	1 756	100	610	34.7	414	23.6	90	5.1
	团体	689	100	353	51.2	201	29.2	16	2.3
	散客	1 067	100	257	24.1	213	20.0	74	6.9
福　建	小计	947	100	231	24.4	163	17.2	98	10.3
	团体	202	100	114	56.4	59	29.2	12	5.9
	散客	745	100	117	15.7	104	14.0	86	11.5
江　西	小计	700	100	360	51.4	128	18.3	32	4.6
	团体	349	100	246	70.5	69	19.8	3	0.9
	散客	351	100	114	32.5	59	16.8	29	8.3
山　东	小计	1 079	100	376	34.8	200	18.5	64	5.9
	团体	345	100	218	63.2	78	22.6	7	2.0
	散客	734	100	158	21.5	122	16.6	57	7.8
河　南	小计	803	100	380	47.3	154	19.2	58	7.2
	团体	533	100	317	59.4	109	20.4	33	6.1
	散客	270	100	63	23.3	45	16.7	25	9.3
湖　北	小计	1 059	100	396	37.4	210	19.8	67	6.3
	团体	474	100	280	59.1	112	23.6	11	2.3
	散客	585	100	116	19.8	98	16.8	56	9.6
湖　南	小计	1 509	100	849	56.3	235	15.6	57	3.8
	团体	991	100	728	73.5	139	14.0	11	1.1
	散客	518	100	121	23.4	96	18.5	46	8.9
广　东	小计	4 930	100	980	19.9	676	13.7	354	7.2
	团体	757	100	389	51.4	150	19.8	27	3.6
	散客	4 173	100	591	14.2	526	12.6	327	7.8
广　西	小计	900	100	354	39.3	207	23.0	36	4.0
	团体	327	100	200	61.2	83	25.4	4	1.2
	散客	573	100	154	26.9	124	21.6	32	5.6
海　南	小计	900	100	165	18.3	533	59.2	46	5.1
	团体	469	100	89	19.0	327	69.7	12	2.6
	散客	431	100	76	17.6	206	47.8	34	7.9

商务		会议		宗教朝拜		文化/体育/科技交流		购物		医疗保健		其他	
(人)	(%)	(人)	(%)	(人)	(%)	(人)	(%)	(人)	(%)	(人)	(%)	(人)	(%)
358	37.1	74	7.7	13	1.3	24	2.5	7	0.7	3	0.3	21	2.2
17	6.1	8	2.9	6	2.2	11	3.9	2	0.7	0	0.0	0	0.0
341	49.6	66	9.6	7	1.0	13	1.9	5	0.7	3	0.4	21	3.2
402	22.9	62	3.5	31	1.8	79	4.5	9	0.5	9	0.5	50	2.9
51	7.4	16	2.3	19	2.8	19	2.8	8	1.2	3	0.4	3	0.4
351	32.9	46	4.3	12	1.1	60	5.6	1	0.1	6	0.6	47	4.4
305	32.2	72	7.6	5	0.5	31	3.3	2	0.2	0	0.0	40	4.3
7	3.5	2	1.0	3	1.5	1	0.5	2	1.0	0	0.0	2	1.0
298	40.0	70	9.4	2	0.3	30	4.0	0	0.0	0	0.0	38	5.1
98	14.0	21	3.0	3	0.4	27	3.9	3	0.4	0	0.0	28	4.0
8	2.3	4	1.1	2	0.6	9	2.6	2	0.6	0	0.0	6	1.6
90	25.6	17	4.8	1	0.3	18	5.1	1	0.3	0	0.0	22	6.3
287	26.6	68	6.3	5	0.5	38	3.5	4	0.4	7	0.6	30	2.9
19	5.5	5	1.4	1	0.3	9	2.6	0	0.0	0	0.0	8	2.4
268	36.5	63	8.6	4	0.5	29	4.0	4	0.5	7	1.0	22	3.0
125	15.6	44	5.5	8	1.0	18	2.2	1	0.1	1	0.1	14	1.8
44	8.3	18	3.4	4	0.8	3	0.6	1	0.2	0	0.0	4	0.8
81	30.0	26	9.6	4	1.5	15	5.6	0	0.0	1	0.4	10	3.6
188	17.8	56	5.3	23	2.2	60	5.7	9	0.8	4	0.4	46	4.3
25	5.3	3	0.6	15	3.2	12	2.5	3	0.6	0	0.0	13	2.8
163	27.9	53	9.1	8	1.4	48	8.2	6	1.0	4	0.7	33	5.5
166	11.0	74	4.9	10	0.7	51	3.4	2	0.1	3	0.2	62	4.0
18	1.8	41	4.1	5	0.5	13	1.3	1	0.1	1	0.1	34	3.5
148	28.6	33	6.4	5	1.0	38	7.3	1	0.2	2	0.4	28	5.3
1 627	33.0	674	13.7	56	1.1	168	3.4	104	2.1	28	0.6	263	5.3
54	7.1	22	2.9	15	2.0	17	2.2	52	6.9	5	0.7	26	3.4
1 573	37.7	652	15.6	41	1.0	151	3.6	52	1.2	23	0.6	237	5.7
117	13.0	34	3.8	2	0.2	16	1.8	13	1.4	7	0.8	114	12.7
2	0.6	5	1.5	0	0.0	4	1.2	0	0.0	0	0.0	29	8.9
115	20.1	29	5.1	2	0.3	12	2.1	13	2.3	7	1.2	85	14.8
73	8.1	37	4.1	4	0.4	7	0.8	4	0.4	13	1.5	18	2.1
19	4.1	4	0.9	2	0.4	2	0.4	2	0.4	8	1.7	4	0.8
54	12.5	33	7.7	2	0.5	5	1.2	2	0.5	5	1.2	14	3.1

7－12(续2)

		饭店及游船调查人数		观光游览		休闲度假		探亲访友	
		(人)	(%)	(人)	(%)	(人)	(%)	(人)	(%)
重　庆	小计	599	100	223	37.2	121	20.2	23	3.8
	团体	289	100	159	55.0	91	31.5	6	2.1
	散客	310	100	64	20.6	30	9.7	17	5.5
四　川	小计	2 479	100	1 327	53.5	477	19.2	64	2.6
	团体	1 534	100	1 043	68.0	320	20.9	24	1.6
	散客	945	100	284	30.1	157	16.6	40	4.2
贵　州	小计	600	100	185	30.8	303	50.5	29	4.8
	团体	448	100	132	29.5	231	51.6	22	4.9
	散客	152	100	53	34.9	72	47.4	7	4.6
云　南	小计	799	100	305	38.2	79	9.9	8	1.0
	团体	212	100	164	77.4	30	14.2	1	0.5
	散客	587	100	141	24.0	49	8.3	7	1.2
西　藏	小计	500	100	199	39.8	111	22.2	56	11.2
	团体	419	100	164	39.1	94	22.4	46	11.0
	散客	81	100	35	43.2	17	21.0	10	12.3
陕　西	小计	1 188	100	666	56.1	247	20.8	25	2.1
	团体	715	100	505	70.6	156	21.8	7	1.0
	散客	473	100	161	34.0	91	19.2	18	3.8
甘　肃	小计	700	100	345	49.3	155	22.1	22	3.1
	团体	417	100	239	57.3	94	22.5	5	1.2
	散客	283	100	106	37.5	61	21.6	17	6.0
青　海	小计	394	100	188	47.7	64	16.2	11	2.8
	团体	233	100	127	54.5	41	17.6	6	2.6
	散客	161	100	61	37.9	23	14.3	5	3.1
宁　夏	小计	150	100	15	10.0	9	6.0	4	2.7
	团体	17	100	11	64.6	1	5.9	2	11.8
	散客	133	100	4	3.0	8	6.0	2	1.5
新　疆	小计	600	100	396	66.0	115	19.2	13	2.2
	团体	502	100	376	74.9	107	21.3	1	0.2
	散客	98	100	20	20.4	8	8.2	12	12.2

商务		会议		宗教朝拜		文化/体育/科技交流		购物		医疗保健		其他	
(人)	(%)	(人)	(%)	(人)	(%)	(人)	(%)	(人)	(%)	(人)	(%)	(人)	(%)
131	21.9	53	8.8	4	0.7	24	4.0	8	1.3	2	0.3	10	1.8
14	4.8	13	4.5	1	0.3	2	0.7	2	0.7	1	0.3	0	0.1
117	37.7	40	12.9	3	1.0	22	7.1	6	1.9	1	0.3	10	3.3
297	12.0	91	3.7	61	2.5	119	4.8	8	0.3	12	0.5	23	0.9
34	2.2	14	0.9	56	3.7	24	1.6	6	0.4	5	0.3	8	0.4
263	27.8	77	8.1	5	0.5	95	10.1	2	0.2	7	0.7	15	1.7
24	4.0	13	2.2	1	0.2	1	0.2	0	0.0	1	0.2	43	7.1
17	3.8	11	2.5	1	0.2	1	0.2	0	0.0	1	0.2	32	7.1
7	4.6	2	1.3	0	0.0	0	0.0	0	0.0	0	0.0	11	7.2
173	21.7	57	7.1	13	1.6	96	12.0	3	0.4	6	0.8	59	7.3
5	2.4	2	0.9	0	0.0	7	3.3	0	0.0	0	0.0	3	1.3
168	28.6	55	9.4	13	2.2	89	15.2	3	0.5	6	1.0	56	9.6
41	8.2	17	3.4	31	6.2	15	3.0	8	1.6	11	2.2	11	2.2
35	8.4	15	3.6	26	6.2	12	2.9	7	1.7	10	2.4	10	2.3
6	7.4	2	2.5	5	6.2	3	3.7	1	1.2	1	1.2	1	1.3
153	12.9	56	4.7	6	0.5	17	1.4	4	0.3	1	0.1	13	1.1
16	2.2	9	1.3	2	0.3	9	1.3	3	0.4	1	0.1	7	1.0
137	29.0	47	9.9	4	0.8	8	1.7	1	0.2	0	0.0	6	1.4
54	7.7	49	7.0	11	1.6	22	3.1	1	0.1	6	0.9	35	5.1
20	4.8	19	4.6	6	1.4	13	3.1	1	0.2	3	0.7	17	4.2
34	12.0	30	10.5	5	1.8	9	3.2	0	0.0	3	1.1	18	6.3
33	8.4	43	10.9	22	5.6	8	2.0	11	2.8	5	1.3	9	2.3
11	4.7	22	9.4	12	5.2	3	1.3	5	2.1	3	1.3	3	1.3
22	13.7	21	13.0	10	6.2	5	3.1	6	3.7	2	1.2	6	3.8
45	30.0	37	24.7	0	0.0	26	17.3	0	0.0	0	0.0	14	9.3
2	11.8	1	5.9	0	0.0	0	0.0	0	0.0	0	0.0	0	0.0
43	32.3	36	27.1	0	0.0	26	19.5	0	0.0	0	0.0	14	10.6
34	5.7	24	4.0	2	0.3	4	0.7	7	1.2	0	0.0	5	0.7
10	2.0	4	0.8	0	0.0	0	0.0	2	0.4	0	0.0	2	0.4
24	24.5	20	20.4	2	2.0	4	4.1	5	5.1	0	0.0	3	3.1

7－13　2013 年饭店调查外国游客

	饭店及游船调查人数	日　本	菲律宾	泰　国	新加坡	印度尼西亚	马来西亚
北　京	1 762	388	17	30	67	12	28
天　津	381	103	3	12	20	4	10
河　北	848	122	25	10	43	5	19
山　西	497	55	3	19	36	1	22
内蒙古	460	13	1	11	11	0	3
辽　宁	1 005	242	10	26	27	3	13
吉　林	503	42	2	11	13	3	9
黑龙江	582	26	3	8	12	21	24
上　海	1 415	422	5	28	69	8	40
江　苏	784	224	1	15	57	4	31
浙　江	749	223	5	24	27	2	16
安　徽	1 576	170	10	17	58	12	38
福　建	632	113	18	23	86	18	43
江　西	386	59	5	17	23	3	10
山　东	753	185	3	4	39	5	11
河　南	655	76	8	18	34	9	16
湖　北	585	125	4	13	39	4	15
湖　南	1 259	192	6	9	25	3	6
广　东	3 106	678	49	128	235	91	171
广　西	540	62	11	23	27	7	35
海　南	738	41	9	5	39	8	11
重　庆	449	54	2	17	33	7	11
四　川	1 874	281	17	52	149	19	61
贵　州	125	10	5	4	4	6	1
云　南	631	10	8	103	54	4	63
西　藏	442	6	8	7	15	14	13
陕　西	1 046	107	7	24	35	10	17
甘　肃	459	56	5	9	27	4	10
青　海	324	46	1	4	21	1	8
宁　夏	116	56	0	0	2	1	1
新　疆	437	26	5	8	19	3	6

人数(按省〈区、市〉、国别分组)

单位：人

韩国	朝鲜	蒙古	印度	越南	缅甸	哈萨克斯坦	英国	法国
114	6	13	14	8	5	20	93	114
89	2	3	10	4	0	0	12	15
109	12	7	20	8	6	5	73	51
76	18	3	6	8	2	1	29	28
17	4	138	5	0	1	0	4	7
204	32	9	5	3	2	3	38	24
136	12	2	1	3	1	4	11	8
24	6	4	6	1	0	9	9	11
164	1	2	19	2	2	0	52	63
149	2	0	14	2	1	0	37	38
68	5	1	17	1	2	2	34	57
361	7	3	17	1	0	4	187	126
67	2	2	8	1	2	0	22	34
63	4	1	8	2	6	0	20	22
224	1	0	7	2	1	0	46	34
78	11	7	10	12	10	9	29	45
96	2	2	10	9	0	3	26	66
424	41	2	12	1	1	1	63	144
184	21	12	121	29	18	9	123	144
77	0	1	1	141	4	1	18	20
51	5	4	11	3	1	34	11	28
52	4	0	3	2	1	1	25	45
278	9	6	32	16	14	4	74	97
4	3	4	3	5	5	4	4	3
63	12	2	20	54	71	0	13	15
19	7	4	18	7	8	5	18	19
120	4	0	14	3	0	1	110	44
46	4	3	4	4	1	2	25	28
43	4	6	6	0	5	3	15	27
5	0	0	5	0	0	0	5	6
49	6	12	7	9	15	34	13	25

7-13(续1)

	饭店及游船调查人数	德国	西班牙	意大利	荷兰	瑞典	俄罗斯
北京	1 762	97	30	55	51	40	142
天津	381	13	3	7	6	2	1
河北	848	45	5	26	8	6	64
山西	497	24	8	17	9	7	17
内蒙古	460	13	2	13	4	1	174
辽宁	1 005	29	11	9	6	6	115
吉林	503	37	3	2	2	8	118
黑龙江	582	8	6	6	3	4	351
上海	1 415	71	24	36	23	12	28
江苏	784	48	1	23	4	0	12
浙江	749	25	11	24	32	10	21
安徽	1 576	42	6	17	20	15	175
福建	632	17	6	13	10	2	12
江西	386	13	3	10	4	5	10
山东	753	26	9	12	7	7	10
河南	655	33	6	16	25	16	49
湖北	585	14	4	4	5	4	23
湖南	1 259	36	4	7	9	6	3
广东	3 106	105	45	72	59	43	48
广西	540	14	6	6	2	0	11
海南	738	22	5	6	4	9	341
重庆	449	20	7	13	2	4	22
四川	1 874	69	34	44	82	35	47
贵州	125	4	4	3	5	2	6
云南	631	7	7	5	7	6	8
西藏	442	36	18	17	14	12	15
陕西	1 046	61	38	16	23	15	10
甘肃	459	30	6	16	21	8	7
青海	324	20	3	6	10	7	8
宁夏	116	4	0	3	0	0	1
新疆	437	25	9	14	24	20	16

瑞　士	乌克兰	美　国	加拿大	澳大利亚	新西兰	非洲国家	中南美洲国家	其他国家
24	46	134	77	58	36	18	2	23
5	4	20	12	9	7	1	0	4
2	4	72	28	22	18	10	3	20
13	4	40	26	16	8	1	0	0
7	2	14	9	4	1	0	0	1
8	11	59	27	31	10	3	3	36
0	3	20	14	10	5	10	3	10
1	1	12	11	7	2	5	0	1
16	1	169	38	54	11	10	7	38
3	1	72	17	18	0	1	0	9
11	6	48	12	13	7	3	9	33
11	17	104	53	38	26	9	6	26
5	1	53	15	24	9	4	1	21
7	0	36	14	18	8	4	0	11
4	3	55	23	11	6	9	1	8
27	11	48	16	14	7	4	2	9
5	7	47	21	11	11	7	2	6
12	7	204	10	14	7	0	2	8
39	21	264	118	99	46	30	12	92
7	0	27	9	17	5	1	0	7
4	13	29	10	10	8	4	5	7
5	1	35	16	27	10	6	1	23
28	15	184	76	57	45	8	10	31
3	2	5	3	3	6	4	3	7
9	3	18	5	9	14	7	0	34
11	6	42	15	19	17	15	12	25
11	7	214	36	43	16	4	3	53
17	7	42	23	20	9	3	4	18
8	3	32	10	5	1	0	2	19
0	2	10	5	3	0	1	1	5
1	14	19	8	2	6	19	14	9

7－14　2013年饭店调查入境游客人数及所占比重
（按城市、外国人、港澳台胞分组）

	饭店及游船调查人数		外国人		香港同胞		澳门同胞		台湾同胞	
	（人）	（%）	（人）	（%）	（人）	（%）	（人）	（%）	（人）	（%）
北　京	1 991	100	1 762	88.5	116	5.8	29	1.5	84	4.2
天　津	500	100	381	76.2	66	13.2	15	3.0	38	7.6
石家庄	200	100	136	68.0	7	3.5	13	6.5	44	22.0
唐　山	197	100	169	85.8	10	5.1	5	2.5	13	6.6
秦皇岛	199	100	162	81.4	13	6.5	6	3.0	18	9.1
保　定	170	100	128	75.3	11	6.5	13	7.6	18	10.6
承　德	196	100	175	89.3	10	5.1	4	2.0	7	3.6
廊　坊	100	100	78	78.0	10	10.0	8	8.0	4	4.0
太　原	149	100	51	34.2	39	26.2	37	24.8	22	14.8
大　同	100	100	93	93.0	0	0.0	0	0.0	7	7.0
长　治	100	100	74	74.0	10	10.0	8	8.0	8	8.0
晋　中	150	100	135	90.0	6	4.0	4	2.7	5	3.3
运　城	100	100	64	64.0	11	11.0	9	9.0	16	16.0
忻　州	100	100	80	80.0	8	8.0	3	3.0	9	9.0
呼和浩特	130	100	98	75.4	12	9.2	7	5.4	13	10.0
满洲里	170	100	170	100	0	0.0	0	0.0	0	0.0
二连浩特	130	100	130	100	0	0.0	0	0.0	0	0.0
包　头	100	100	62	62.0	18	18.0	4	4.0	16	16.0
沈　阳	144	100	112	77.8	13	9.0	0	0.0	19	13.2
大　连	200	100	142	71.0	25	12.5	14	7.0	19	9.5
鞍　山	110	100	110	100	0	0.0	0	0.0	0	0.0
抚　顺	110	100	101	91.8	3	2.7	0	0.0	6	5.5
本　溪	300	100	159	53.0	30	10.0	21	7.0	90	30.0
丹　东	111	100	94	84.7	7	6.3	2	1.8	8	7.2
锦　州	40	100	36	90.0	2	5.0	1	2.5	1	2.5
营　口	105	100	103	98.1	1	1.0	0	0.0	1	0.9
盘　锦	100	100	63	63.0	20	20.0	9	9.0	8	8.0
葫芦岛	99	100	85	85.9	1	1.0	2	2.0	11	11.1
长　春	200	100	144	72.0	28	14.0	6	3.0	22	11.0
吉　林	100	100	92	92.0	3	3.0	2	2.0	3	3.0

7 - 14(续1)

	饭店及游船调查人数		外国人		香港同胞		澳门同胞		台湾同胞	
	(人)	(%)	(人)	(%)	(人)	(%)	(人)	(%)	(人)	(%)
通　　化	100	100	81	81.0	7	7.0	4	4.0	8	8.0
松　　原	100	100	96	96.0	3	3.0	1	1.0	0	0.0
延　　吉	100	100	90	90.0	3	3.0	4	4.0	3	3.0
哈 尔 滨	200	100	154	77.0	19	9.5	12	6.0	15	7.5
齐齐哈尔	100	100	36	36.0	15	15.0	0	0.0	49	49.0
大　　庆	100	100	92	92.0	2	2.0	1	1.0	5	5.0
佳 木 斯	100	100	100	100	0	0.0	0	0.0	0	0.0
牡 丹 江	200	100	200	100	0	0.0	0	0.0	0	0.0
上　　海	1 696	100	1 415	83.4	131	7.7	31	1.8	119	7.1
南　　京	350	100	244	69.7	43	12.3	15	4.3	48	13.7
无　　锡	217	100	140	64.5	28	12.9	11	5.1	38	17.5
苏　　州	340	100	242	71.2	27	7.9	6	1.8	65	19.1
南　　通	120	100	97	80.8	14	11.7	6	5.0	3	2.5
扬　　州	110	100	61	55.5	14	12.7	4	3.6	31	28.2
杭　　州	500	100	394	78.8	53	10.6	15	3.0	38	7.6
温　　州	65	100	52	80.0	5	7.7	1	1.5	7	10.8
绍　　兴	100	100	81	81.0	10	10.0	3	3.0	6	6.0
金　　华	100	100	84	84.0	7	7.0	1	1.0	8	8.0
合　　肥	250	100	237	94.8	8	3.2	1	0.4	4	1.6
芜　　湖	220	100	206	93.6	4	1.8	4	1.8	6	2.8
马 鞍 山	140	100	137	97.9	3	2.1	0	0.0	0	0.0
铜　　陵	103	100	96	93.2	2	1.9	2	1.9	3	3.0
安　　庆	160	100	144	90.0	11	6.9	1	0.6	4	2.5
黄　　山	340	100	281	82.6	18	5.3	11	3.2	30	8.9
滁　　州	130	100	122	93.8	3	2.3	0	0.0	5	3.9
亳　　州	100	100	91	91.0	7	7.0	1	1.0	1	1.0
池　　州	199	100	166	83.4	14	7.0	3	1.5	16	8.1
宣　　城	114	100	96	84.2	5	4.4	2	1.8	11	9.6
福　　州	251	100	171	68.1	43	17.1	14	5.6	23	9.2
厦　　门	340	100	243	71.5	44	12.9	11	3.2	42	12.4
泉　　州	152	100	102	67.1	29	19.1	9	5.9	12	7.9
漳　　州	104	100	46	44.2	22	21.2	5	4.8	31	29.8
武 夷 山	100	100	70	70.0	12	12.0	2	2.0	16	16.0

7－14(续2)

	饭店及游船调查人数		外国人		香港同胞		澳门同胞		台湾同胞	
	(人)	(%)	(人)	(%)	(人)	(%)	(人)	(%)	(人)	(%)
南昌	120	100	62	51.7	16	13.3	11	9.2	31	25.8
景德镇	110	100	87	79.1	8	7.3	8	7.3	7	6.3
九江	120	100	76	63.3	22	18.3	7	5.8	15	12.6
鹰潭	110	100	63	57.3	28	25.5	12	10.9	7	6.3
赣州	120	100	51	42.5	41	34.2	12	10.0	16	13.3
吉安	120	100	47	39.2	35	29.2	15	12.5	23	19.1
济南	168	100	86	51.2	53	31.5	5	3.0	24	14.3
青岛	298	100	247	82.9	25	8.4	9	3.0	17	5.7
烟台	150	100	91	60.7	26	17.3	3	2.0	30	20.0
曲阜	120	100	65	54.2	20	16.7	10	8.3	25	20.8
泰安	125	100	102	81.6	13	10.4	0	0.0	10	8.0
威海	118	100	108	91.5	2	1.7	0	0.0	8	6.8
日照	100	100	54	54.0	15	15.0	15	15.0	16	16.0
郑州	250	100	213	85.2	12	4.8	9	3.6	16	6.4
开封	153	100	134	87.6	15	9.8	1	0.7	3	1.9
洛阳	250	100	229	91.6	5	2.0	6	2.4	10	4.0
三门峡	150	100	79	52.7	20	13.3	12	8.0	39	26.0
武汉	436	100	221	50.7	107	24.5	18	4.1	90	20.7
十堰	102	100	40	39.2	29	28.4	11	10.8	22	21.6
宜昌	153	100	81	52.9	30	19.6	15	9.8	27	17.7
襄阳	101	100	80	79.2	7	6.9	3	3.0	11	10.9
荆州	100	100	40	40.0	30	30.0	10	10.0	20	20.0
湖北游船	167	100	123	73.7	19	11.4	9	5.4	16	9.5
长沙	406	100	356	87.7	27	6.7	7	1.7	16	3.9
湘潭	192	100	123	64.1	29	15.1	10	5.2	30	15.6
衡阳	181	100	134	74.0	23	12.7	10	5.5	14	7.8
岳阳	230	100	146	63.5	42	18.3	12	5.2	30	13.0
张家界	500	100	500	100.0	0	0.0	0	0.0	0	0.0
广州	1 409	100	1 115	79.1	147	10.4	59	4.2	88	6.3
深圳	1 450	100	1 177	81.2	133	9.2	44	3.0	96	6.6
珠海	799	100	189	23.7	258	32.3	174	21.8	178	22.2
汕头	282	100	180	63.8	34	12.1	38	13.5	30	10.6
湛江	240	100	144	60.0	66	27.5	18	7.5	12	5.0
惠州	33	100	21	63.6	5	15.2	4	12.1	3	9.1
东莞	291	100	124	42.6	105	36.1	23	7.9	39	13.4
中山	226	100	137	60.6	54	23.9	19	8.4	16	7.1

7－14(续3)

	饭店及游船调查人数		外国人		香港同胞		澳门同胞		台湾同胞	
	(人)	(%)	(人)	(%)	(人)	(%)	(人)	(%)	(人)	(%)
南　　宁	200	100	139	69.5	20	10.0	9	4.5	32	16.0
桂　　林	200	100	160	80.0	21	10.5	5	2.5	14	7.0
梧　　州	100	100	20	20.0	41	41.0	19	19.0	20	20.0
北　　海	100	100	68	68.0	17	17.0	4	4.0	11	11.0
防 城 港	100	100	76	76.0	9	9.0	5	5.0	10	10.0
贺　　州	100	100	34	34.0	24	24.0	20	20.0	22	22.0
崇　　左	100	100	43	43.0	18	18.0	10	10.0	29	29.0
海　　口	300	100	198	66.0	63	21.0	13	4.3	26	8.7
三　　亚	600	100	540	90.0	38	6.3	8	1.3	14	2.4
重　　庆	499	100	356	71.3	82	16.4	16	3.2	45	9.1
重庆游船	100	100	93	93.0	2	2.0	0	0.0	5	5.0
成　　都	950	100	755	79.5	88	9.3	32	3.4	75	7.8
绵　　阳	343	100	268	78.1	23	6.7	16	4.7	36	10.5
乐　　山	700	100	436	62.3	66	9.4	27	3.9	171	24.4
阿　　坝	486	100	415	85.4	18	3.7	18	3.7	35	7.2
贵　　阳	400	100	88	22.0	101	25.3	107	26.8	104	25.9
安　　顺	100	100	18	18.0	21	21.0	28	28.0	33	33.0
黔 东 南	100	100	19	19.0	26	26.0	28	28.0	27	27.0
昆　　明	699	100	555	79.4	69	9.9	34	4.9	41	5.8
拉　　萨	500	100	442	88.4	18	3.6	18	3.6	22	4.4
西　　安	1 172	100	1 030	87.9	66	5.6	17	1.5	59	5.0
咸　　阳	16	100	16	100.0	0	0.0	0	0.0	0	0.0
兰　　州	300	100	200	66.7	31	10.3	26	8.7	43	14.3
敦　　煌	400	100	259	64.8	41	10.3	44	11.0	56	13.9
西　　宁	155	100	124	80.0	16	10.3	4	2.6	11	7.1
黄　　南	100	100	97	97.0	2	2.0	0	0.0	1	1.0
格 尔 木	139	100	103	74.1	12	8.6	5	3.6	19	13.7
银　　川	150	100	116	77.3	12	8.0	16	10.7	6	4.0
乌鲁木齐	216	100	140	64.8	39	18.1	24	11.1	13	6.0
吐 鲁 番	160	100	121	75.6	12	7.5	13	8.1	14	8.8
库 尔 勒	72	100	45	62.5	10	13.9	7	9.7	10	13.9
喀　　什	93	100	81	87.1	3	3.2	7	7.5	2	2.2
伊　　宁	59	100	50	84.7	6	10.2	3	5.1	0	0.0

下　　篇

国内旅游抽样调查资料

第一部分

综 合 分 析 报 告

2013 年中国国内旅游抽样调查综合分析报告

由国家旅游局政策法规司与国家统计局社情民意调查中心合作，在我国大陆地区开展的国内旅游抽样调查结果表明，2013 年我国国内旅游市场继续保持较快增长。据测算，全年国内旅游人数 32.62 亿人次，国内旅游收入达 2.63 万亿元。

——国内旅游总人数 32.62 亿人次，比上年增长 10.3%；

——国内旅游总收入 26276.12 亿元，增长 15.7%；

——国内游客人均花费 805.5 元/人次，增长 4.9%。

2013 年中国国内旅游抽样调查综合情况如下：

一、2013 年中国国内旅游抽样调查对象和调查方法

2013 年中国居民国内旅游抽样调查的调查对象是我国大陆城乡居民中，不以谋求职业、获取报酬为目的，离开惯常环境 10 公里以外，停留时间超过 6 小时、但不超过 12 个月，从事参观游览、度假休闲、探亲访友、健康疗养、考察、会议等活动，以及从事经济、科技、文化、教育、体育、宗教等活动的人。

鉴于城镇居民和农村居民出游行为及消费习惯差异明显，故将调查总体分为城镇居民和农村居民两个调查子总体，调查频率为季度调查，调查问卷重点关注出游次数、出游目的、出游花费和构成等内容，调查采取计算机辅助电话访谈（CATI）采集数据。根据调查结果，测算得出城镇居民国内旅游总体情况、农村居民国内旅游总体情况，汇总合成全国国内旅游总体情况。

二、2013 年国内旅游总体情况

（一）城镇居民

2013 年，我国城镇居民国内旅游出游人数 21.86 亿人次，出游人次率（以下简称为出游率）328.4%，出游花费 20692.59 亿元，游客每次出游人均花费（以下简称人均花费）946.6 元。

各季度城镇居民国内旅游情况：

一季度全国城镇居民旅游人数 5.73 亿人次，出游率 86.1%，旅游总花费 5346.81 亿元，游客人均花费 933.1 元。

二季度全国城镇居民旅游人数 4.80 亿人次，出游率 72.1%，旅游总花费 4050.25 亿元，游客人均花费 843.8 元。

三季度全国城镇居民旅游人数 5.71 亿人次，出游率 85.8%，旅游总花费 5603.15 亿元，游客人均花费 981.3 元。

四季度全国城镇居民旅游人数 5.62 亿人次，出游率 84.4%，旅游总花费 5692.38 亿元，游客人均花费 1012.9 元。

（二）农村居民

2013 年，我国农村居民国内旅游出游人数 10.76 亿人次，出游率 159.6%，出游花费 5583.53 亿元，游客人均花费 518.9 元。

各季度农村居民国内旅游情况：

一季度全国农村居民旅游人数 4.24 亿人次，出游率 62.9%，旅游总花费 2310.44 亿元，游客人均花费 544.9 元。

二季度全国农村居民旅游人数 2.04 亿人次，出游率 30.3%，旅游总花费 871.42 亿元，游客人均花费 427.2 元。

三季度全国农村居民旅游人数 2.11 亿人次，出游率 31.3%，旅游总花费 1008.84 亿元，游客人均花费 478.1 元。

四季度全国农村居民旅游人数 2.37 亿人次，出游率 35.2%，旅游总花费 1392.83 亿元，游客人均花费 587.7 元。

三、2013 年国内旅游抽样调查基本结果

（一）城镇居民

1. 出游人数构成

在被调查城镇居民中，出游人数为 24947 人次。其中一日游游客占 55.7%，过夜游游客占 44.3%；团队游客占 4.1%，散客占 95.9%。

按性别分，男性占 55.9%，女性占 44.1%。

按年龄分，25 ~ 34 岁出游人次数最多，占出游总人次的 28.9%。14 岁及以下占 10.8%，15 ~ 24 岁占 12.3%，35 ~ 44 岁占 19.0%，45 ~ 64 岁占 21.7%，65 岁及以上占 7.4%。

按受教育程度分，大学本科、大专出游人次数最多，占出游总人次的 53.5%。研究生及以上占 6.5%，高中（中专/职高/技校）占 19.4%，初中及以下占 20.6%。

按旅游目的分，观光游览占28.1%，度假休闲娱乐占25.6%，商务出差占10.6%，探亲访友占33.1%，健康疗养占1.7%，其他旅游目的占1.0%。

按出游半径分，本地游占69.9%，异地游占30.1%。

2. 游客每次出游人均花费情况

城镇游客每次出游人均花费1069.8元。其中，一日游人均花费440.7元，过夜游人均花费1861.2元；团队游客人均花费2126.8元，散客人均花费1025.2元。

按性别分，男性游客人均花费1106.6元，女性游客人均花费1023.1元。

按年龄分，35～44岁的游客人均花费最高，达1260.5元。25～34岁人均花费1258.1元，15～24岁人均花费1085.6元，45～64岁人均花费974.9元，14岁及以下人均花费718.7元，65岁及以上的人均花费608.5元。

按受教育程度分，研究生及以上的游客人均花费1508.9元，大学本科、大专人均花费1209.5元，高中（中专/职高/技校）人均花费910.5元，初中及以下人均花费718.7元。出游人均花费与受教育程度呈高度正相关。

按旅游目的分，商务出差的游客人均花费最高，达2065.1元；观光游览人均花费1126.5元，度假休闲娱乐人均花费858.5元，探亲访友人均花费893.0元，健康疗养人均花费835.1元，其他旅游目的人均花费574.9元。

按出游半径分，本地游游客人均花费569.4元，异地游人均花费2231.7元。

3. 散客每次出游人均花费构成

城镇居民散客的花费构成情况是：交通费占总花费32.7%，住宿费占13.5%，餐饮费占26.2%，购物费占18.9%，景区游览费占5.3%，其他费用占3.4%。

其中，过夜游散客花费构成情况是：交通费占总花费35.1%，住宿费占17.9%，餐饮费占22.6%，购物费占17.2%，景区游览费占4.8%，其他费用占2.4%。

一日游散客花费构成情况是：交通费占总花费25.2%，餐饮费占37.6%，购物费占24.3%，景区游览费占6.6%，其他费用占6.4%。

4. 过夜游客平均停留时间

城镇过夜游客每次出游平均停留4.0天，其中，停留1～3天的占63.9%，4～7天的占25.9%，8～14天的占6.4%，超过14天的占3.8%。

（二）农村居民

1. 出游人数构成

在被调查农村居民中，出游人数为12512人次。其中，一日游游客占62.5%，过夜游游客占37.5%；团队游客占2.2%，散客占97.8%。

按性别分，男性占60.3%，女性占39.7%。

按年龄分，25～34岁出游人次数最多，占出游总人次的26.8%。14岁及以下占9.9%，15~24岁占15.4%，35~44岁占18.7%，45~64岁占23.8%，65岁及以上占5.4%。

按受教育程度分，大专、大学本科及以上占24.4%，高中（中专/职高/技校）占28.4%，初中占29.3%，小学及以下占17.9%。

按旅游目的分，观光游览占18.8%，度假休闲娱乐占16.6%，商务出差占11.7%，探亲访友占42.8%，健康疗养占3.9%，其他旅游目的6.1%。

按出游半径分，本地游占80.7%，异地游占19.3%。

2. 游客每次出游人均花费情况

农村游客每次出游人均花费633.3元。其中，一日游人均花费347.9元，过夜游人均花费1109.1元；团队游客人均花费1499.0元，散客人均花费613.8元。

按性别分，男性游客人均花费684.6元，女性游客人均花费555.3元。

按年龄分，25~34岁的游客人均花费最高，达776.5元。15~24岁人均花费730.1元，35~44岁人均花费595.9元，45~64岁人均花费580.1元，65岁及以上人均花费382.6元，14岁及以下人均花费430.3元。

按受教育程度分，大专、大学本科及以上游客人均花费956.6元，高中（中专/职高/技校）人均花费669.0元，初中人均花费458.1元，小学及以下人均花费422.9元。

按旅游目的分，观光游览的游客人均花费最高，达884.4元；商务出差人均花费805.9元，度假休闲娱乐人均花费599.5元，探亲访友人均花费530.3元，健康疗养人均花费528.0元，其他旅游目的人均花费409.9元。

按出游半径分，本地游游客人均花费464.6元，异地游人均花费1338.2元。

3. 散客每次出游人均花费构成

农村居民散客的花费构成情况是：交通费占总花费29.3%，住宿费占9.4%，餐饮费占27.7%，购物费占25.6%，景区游览费占4.6%，其他费用占3.4%。

其中，过夜游散客的花费构成情况是：交通费占总花费29.4%，住宿费占14.7%，餐饮费占26.1%，购物费占22.2%，景区游览费占4.7%，其他费用占2.9%。

一日游散客的花费构成情况是：交通费占总花费29.2%，餐饮费占30.6%，购物费占31.7%，景区游览费占4.3%，其他费用占4.3%。

4. 过夜游客平均停留时间

农村过夜游客每次出游平均停留4.2天，其中，停留1~3天的占64.2%，4~7天的占24.9%，8~14天的占5.1%，超过14天的占5.9%。

第二部分

2013 年国内旅游基本情况

2013 年国内旅游基本情况

	总人次数（亿人次）	出游率*（%）	总花费（亿元）	人均每次花费（元/人次）
全国总计	**32.62**	**243.5**	**26 276.12**	**805.5**
城镇居民合计	**21.86**	**328.4**	**20 692.59**	**946.6**
一季度	5.73	86.1	5 346.81	933.1
二季度	4.80	72.1	4 050.25	843.8
三季度	5.71	85.8	5 603.15	981.3
四季度	5.62	84.4	5 692.38	1 012.9
农村居民合计	**10.76**	**159.6**	**5 583.53**	**518.9**
一季度	4.24	62.9	2 310.44	544.9
二季度	2.04	30.3	871.42	427.2
三季度	2.11	31.3	1 008.84	478.1
四季度	2.37	35.2	1 392.83	587.7

* 出游率：即出游人次比率，指城镇居民或农村居民出游人次数与其总人口数的比值。

第三部分

2013 年城镇居民国内旅游抽样调查数据

一、2013 年城镇居民国内游客人次数调查构成

3－1－1 城镇居民国内游客人次数及其构成

	城镇居民国内游客人次数（人次）	城镇居民国内游客人次数构成（%）
调查总计	**24 947**	**100.0**
按性别分组		
男　性	13 955	55.9
女　性	10 992	44.1
按年龄分组		
14 岁及以下	2 689	10.8
15～24 岁	3 070	12.3
25～34 岁	7 206	28.9
35～44 岁	4 729	19.0
45～64 岁	5 409	21.7
65 岁及以上	1 844	7.4
按受教育程度分组		
初中及以下	5 136	20.6
高中（中专/职高/技校）	4 843	19.4
大学本科、大专	13 353	53.5
研究生及以上	1 615	6.5

3－1－2　城镇居民国内游客人次数构成
（按旅游方式分组）

单位：%

	人次数构成	旅行社组织	非旅行社组织
调查总平均	**100.0**	**4.1**	**95.9**
按性别分组			
男　性	100.0	3.0	97.0
女　性	100.0	5.3	94.7
按年龄分组			
14岁及以下	100.0	3.3	96.7
15～24岁	100.0	3.6	96.4
25～34岁	100.0	2.9	97.1
35～44岁	100.0	3.9	96.1
45～64岁	100.0	4.9	95.1
65岁及以上	100.0	8.4	91.6
按受教育程度分组			
初中及以下	100.0	4.7	95.3
高中（中专/职高/技校）	100.0	5.0	95.0
大学本科、大专	100.0	3.8	96.2
研究生及以上	100.0	1.7	98.3

3-1-3 城镇居民国内游客人次数构成
(按旅游目的分组)

单位：%

	人次数构成	观光游览	度假休闲娱乐	商务出差	探亲访友	健康疗养	其他
调查总平均	**100.0**	**28.1**	**25.6**	**10.6**	**33.1**	**1.7**	**1.0**
按性别分组							
男　性	100.0	26.5	24.4	14.7	31.6	1.8	0.9
女　性	100.0	30.1	27.1	5.4	35.0	1.5	1.0
按年龄分组							
14岁及以下	100.0	35.3	32.4	—	30.3	0.6	1.5
15~24岁	100.0	25.7	26.9	8.8	36.2	1.2	1.3
25~34岁	100.0	25.2	23.5	14.2	35.2	1.4	0.5
35~44岁	100.0	26.0	26.2	15.0	30.3	1.7	0.8
45~64岁	100.0	28.1	24.8	11.4	32.7	1.8	1.1
65岁及以上	100.0	38.0	22.7	1.1	32.4	4.1	1.7
按受教育程度分组							
初中及以下	100.0	30.8	27.4	3.6	35.8	1.2	1.2
高中(中专/职高/技校)	100.0	29.7	24.0	9.3	33.2	2.6	1.3
大学本科、大专	100.0	27.2	25.8	12.5	32.4	1.5	0.7
研究生及以上	100.0	22.4	23.7	20.8	29.9	1.6	1.5

3-1-4 城镇居民国内游客人次数构成
(按停留时间分组)

单位：%

	人次数构成	一日游	过夜游
调查总平均	**100.0**	**55.7**	**44.3**
按性别分组			
男　性	100.0	56.7	43.3
女　性	100.0	54.5	45.5
按年龄分组			
14岁及以下	100.0	59.6	40.4
15~24岁	100.0	54.4	45.6
25~34岁	100.0	51.6	48.4
35~44岁	100.0	53.2	46.8
45~64岁	100.0	57.8	42.2
65岁及以上	100.0	68.4	31.6
按受教育程度分组			
初中及以下	100.0	60.7	39.3
高中(中专/职高/技校)	100.0	59.3	40.7
大学本科、大专	100.0	53.4	46.6
研究生及以上	100.0	48.7	51.3
按旅游目的分组			
观光游览	100.0	59.0	41.0
度假/休闲/娱乐	100.0	69.2	30.8
商务/出差	100.0	41.3	58.7
探亲访友	100.0	46.2	53.8
健康疗养	100.0	65.9	34.1
其　他	100.0	67.9	32.1

3－1－5　城镇居民国内游客人次数构成

（按出游半径分组）

单位：%

	人次数构成	本地游	异地游*
调查总平均	**100.0**	**69.9**	**30.1**
按性别分组			
男　性	100.0	70.2	29.8
女　性	100.0	69.5	30.5
按年龄分组			
14 岁及以下	100.0	73.2	26.8
15～24 岁	100.0	69.5	30.5
25～34 岁	100.0	66.4	33.6
35～44 岁	100.0	67.2	32.8
45～64 岁	100.0	72.7	27.3
65 岁及以上	100.0	78.5	21.5
按受教育程度分组			
初中及以下	100.0	73.9	26.1
高中（中专/职高/技校）	100.0	76.3	23.7
大学本科、大专	100.0	67.6	32.4
研究生及以上	100.0	56.7	43.3
按旅游目的分组			
观光游览	100.0	68.4	31.6
度假/休闲/娱乐	100.0	84.2	15.8
商务/出差	100.0	49.4	50.6
探亲访友	100.0	65.9	34.1
健康疗养	100.0	85.0	15.0
其　他	100.0	70.8	29.2

＊异地游：指城镇居民离开自己惯常居住城市（以该城市行政地域为界），前往国内其他城市的旅游行为。（下同）

二、2013 年城镇居民国内游客人均每次花费

3-2-1 城镇居民国内游客人均每次花费

单位：元/人次

	城镇居民国内游客人均每次花费
调查总平均	**1 069.8**
按性别分组	
男 性	1 106.6
女 性	1 023.1
按年龄分组	
14 岁及以下	718.7
15～24 岁	1 085.6
25～34 岁	1 258.1
35～44 岁	1 260.5
45～64 岁	974.9
65 岁及以上	608.5
按受教育程度分组	
初中及以下	718.7
高中(中专/职高/技校)	910.5
大学本科、大专	1 209.5
研究生及以上	1 508.9

3-2-2 城镇居民国内游客人均每次花费（按旅游方式分组）

单位：元/人次

	人均每次花费	旅行社组织	非旅行社组织
调查总平均	**1 069.8**	**2 126.8**	**1 025.2**
按性别分组			
男　性	1 106.6	2 072.7	1 076.3
女　性	1 023.1	2 165.8	958.6
按年龄分组			
14 岁及以下	718.7	2 248.2	665.8
15～24 岁	1 085.6	1 861.6	1 056.8
25～34 岁	1 258.1	1 719.0	1 244.4
35～44 岁	1 260.5	2 682.8	1 202.6
45～64 岁	974.9	2 385.9	902.8
65 岁及以上	608.5	1 688.2	510.1
按受教育程度分组			
初中及以下	718.7	2 095.0	651.5
高中（中专/职高/技校）	910.5	1 695.7	869.2
大学本科、大专	1 209.5	2 306.3	1 166.7
研究生及以上	1 508.9	2 905.1	1 484.2

3-2-3 城镇居民国内游客人均每次花费

(按旅游目的分组)

单位：元/人次

	人均每次花费	观光游览	度假休闲娱乐	商务出差	探亲访友	健康疗养	其他
调查总平均	**1 069.8**	**1 126.5**	**858.5**	**2 065.1**	**893.0**	**835.1**	**574.9**
按性别分组							
男　性	1 106.6	1 070.6	858.2	2 025.2	924.5	970.0	631.3
女　性	1 023.1	1 189.2	858.8	2 202.9	856.9	623.9	507.1
按年龄分组							
14 岁及以下	718.7	919.7	607.7	—	631.9	259.1	318.3
15 ~24 岁	1 085.6	1 186.6	937.6	1 794.2	996.9	564.3	320.1
25 ~34 岁	1 258.1	1 286.1	995.8	2 029.2	1 105.5	1 275.2	1 017.6
35 ~44 岁	1 260.5	1 259.4	1 036.4	2 363.1	947.3	603.1	1 205.4
45 ~64 岁	974.9	1 106.8	761.0	1 923.3	706.0	1 021.3	475.9
65 岁及以上	608.5	733.7	457.7	1 392.1	577.0	499.8	160.0
按受教育程度分组							
初中及以下	718.7	916.1	627.3	1 081.5	607.3	385.5	304.1
高中(中专/职高/技校)	910.5	985.9	752.8	1 528.8	840.1	452.6	401.9
大学本科、大专	1 209.5	1 265.4	952.4	2 158.3	1 004.2	1 255.6	987.0
研究生及以上	1 508.9	1 211.7	1 182.8	2 868.7	1 159.4	608.7	217.9

3－2－4　城镇居民国内游客人均每次花费

（按停留时间分组）

单位：元/人次

	人均每次花费	一日游	过夜游
调查总平均	**1 069.8**	**440.7**	**1 861.2**
按性别分组			
男　性	1 106.6	465.2	1 945.7
女　性	1 023.1	408.4	1 759.1
按年龄分组			
14 岁及以下	718.7	317.1	1 311.6
15～24 岁	1 085.6	515.3	1 765.9
25～34 岁	1 258.1	551.7	2 012.5
35～44 岁	1 260.5	459.9	2 170.7
45～64 岁	974.9	392.6	1 773.5
65 岁及以上	608.5	252.8	1 377.9
按受教育程度分组			
初中及以下	718.7	334.0	1 313.1
高中（中专/职高/技校）	910.5	464.0	1 559.8
大学本科、大专	1 209.5	473.3	2 051.8
研究生及以上	1 508.9	483.8	2 480.7
按旅游目的分组			
观光游览	1 126.5	399.5	2 173.9
度假/休闲/娱乐	858.5	422.6	1 837.7
商务/出差	2 065.1	682.5	3 037.5
探亲访友	893.0	447.5	1 275.9
健康疗养	835.1	440.0	1 597.2
其　他	574.9	202.3	1 363.6

3-2-5 城镇居民国内游客人均每次花费
(按出游半径分组)

单位：元/人次

	人均每次花费	本地游	异地游
调查总平均	**1 069.8**	**569.4**	**2 231.7**
按性别分组			
男　性	1 106.6	585.9	2 333.5
女　性	1 023.1	548.1	2 105.5
按年龄分组			
14 岁及以下	718.7	368.9	1 673.8
15 ~ 24 岁	1 085.6	637.3	2 106.2
25 ~ 34 岁	1 258.1	721.5	2 317.6
35 ~ 44 岁	1 260.5	628.8	2 552.5
45 ~ 64 岁	974.9	492.0	2 258.2
65 岁及以上	608.5	318.9	1 664.1
按受教育程度分组			
初中及以下	718.7	407.8	1 599.6
高中(中专/职高/技校)	910.5	571.1	2 000.3
大学本科、大专	1 209.5	627.9	2 425.2
研究生及以上	1 508.9	654.8	2 628.1
按旅游目的分组			
观光游览	1 126.5	543.1	2 390.6
度假/休闲/娱乐	858.5	542.5	2 545.5
商务/出差	2 065.1	960.3	3 141.8
探亲访友	893.0	537.0	1 579.7
健康疗养	835.1	557.7	2 405.2
其　他	574.9	224.8	1 425.1

3－2－6　城镇居民国内游客人均每次花费

（按停留时间、出游半径、旅游目的分组）

单位：元/人次

	人均每次花费	一日游	过夜游
本地游	**569.4**	**405.1**	**1 029.0**
观光游览	543.1	352.3	1 310.8
度假/休闲/娱乐	542.5	407.9	1 072.5
商务/出差	960.3	572.2	1 669.2
探亲访友	537.0	425.3	734.6
健康疗养	557.7	443.5	899.0
其　他	224.8	186.0	379.9
异地游	**2 231.7**	**875.3**	**2 452.7**
观光游览	2 390.6	1 012.0	2 603.4
度假/休闲/娱乐	2 545.5	909.6	2 787.7
商务/出差	3 141.8	1 056.7	3 616.7
探亲访友	1 579.7	673.2	1 704.8
健康疗养	2 405.2	336.9	2 756.4
其　他	1 425.1	284.2	2 141.4

三、2013 年城镇居民国内散客人均每次各项花费及构成

3-3-1　城镇居民国内散客人均每次各项花费

单位：元/人次

	人均每次花费	交通费	住宿费	餐饮费	购物费	景区游览费	其他
调查总平均	**1 025.2**	**335.2**	**138.5**	**269.0**	**193.8**	**54.0**	**34.6**
按性别分组							
男　性	1 076.3	359.7	154.2	291.6	178.8	50.5	41.6
女　性	958.6	303.4	118.0	239.7	213.3	58.6	25.5
按年龄分组							
14 岁及以下	665.8	204.7	74.9	185.1	126.6	61.2	13.3
15～24 岁	1 056.8	303.0	127.7	300.9	234.5	51.6	39.0
25～34 岁	1 244.4	407.5	160.9	331.2	241.5	55.8	47.4
35～44 岁	1 202.6	403.8	191.1	285.9	213.7	64.8	43.2
45～64 岁	902.8	316.7	125.9	236.2	153.2	48.8	22.1
65 岁及以上	510.1	165.0	59.0	139.5	98.6	26.7	21.3
按受教育程度分组							
初中及以下	651.5	204.4	64.9	184.5	131.2	50.8	15.8
高中(中专/职高/技校)	869.2	264.8	91.6	238.4	183.2	51.8	39.4
大学本科、大专	1 166.7	383.9	167.6	303.9	218.2	56.4	36.8
研究生及以上	1 484.2	548.6	265.8	336.6	220.8	51.2	61.2
按旅游目的分组							
观光游览	992.6	302.8	158.7	238.6	170.5	100.9	21.2
度假/休闲/娱乐	825.6	217.0	107.0	244.4	160.6	62.1	34.7
商务/出差	2 065.0	864.9	469.9	420.3	202.1	37.2	70.6
探亲访友	891.1	286.7	43.9	265.7	242.7	19.3	32.9
健康疗养	822.4	217.0	126.4	288.0	89.4	42.4	59.3
其　他	580.6	299.3	67.3	124.5	65.8	20.0	3.6

3-3-2 城镇居民国内散客人均每次各项花费构成

单位：%

	人均每次花费	交通费	住宿费	餐饮费	购物费	景区游览费	其他
调查总平均	**100.0**	**32.7**	**13.5**	**26.2**	**18.9**	**5.3**	**3.4**
按性别分组							
男　性	100.0	33.4	14.3	27.1	16.6	4.7	3.9
女　性	100.0	31.7	12.3	25.0	22.3	6.1	2.7
按年龄分组							
14 岁及以下	100.0	51.6	11.6	21.5	11.3	3.5	0.6
15～24 岁	100.0	28.7	12.1	28.5	22.2	4.9	3.7
25～34 岁	100.0	32.7	12.9	26.6	19.4	4.5	3.8
35～44 岁	100.0	33.6	15.9	23.8	17.8	5.4	3.6
45～64 岁	100.0	35.1	13.9	26.2	17.0	5.4	2.5
65 岁及以上	100.0	32.3	11.6	27.4	19.3	5.2	4.2
按受教育程度分组							
初中及以下	100.0	31.4	10.0	28.3	20.1	7.8	2.4
高中(中专/职高/技校)	100.0	30.5	10.5	27.4	21.1	6.0	4.5
大学本科、大专	100.0	32.9	14.4	26.0	18.7	4.8	3.2
研究生及以上	100.0	37.0	17.9	22.7	14.9	3.4	4.1
按旅游目的分组							
观光游览	100.0	30.5	16.0	24.0	17.2	10.2	2.1
度假/休闲/娱乐	100.0	26.3	13.0	29.6	19.4	7.5	4.2
商务/出差	100.0	41.9	22.8	20.4	9.8	1.8	3.4
探亲访友	100.0	32.2	4.9	29.8	27.2	2.2	3.7
健康疗养	100.0	26.4	15.4	35.0	10.9	5.2	7.2
其　他	100.0	51.6	11.6	21.5	11.3	3.5	0.6

3-3-3 城镇居民国内过夜散客人均每次各项花费

单位：元/人次

	人均每次花费	交通费	住宿费	餐饮费	购物费	景区游览费	其他
调查总平均	**1 804.3**	**633.8**	**322.3**	**407.5**	**310.0**	**87.3**	**43.5**
按性别分组							
男　性	1 911.4	677.7	363.2	448.2	289.4	82.5	50.4
女　性	1 668.8	578.3	270.5	355.9	336.1	93.4	34.7
按年龄分组							
14 岁及以下	1 221.6	396.8	192.0	309.1	214.3	90.1	19.4
15～24 岁	1 733.2	536.7	286.2	424.2	362.8	74.2	49.1
25～34 岁	2 006.1	706.4	338.3	467.7	364.9	82.7	46.2
35～44 岁	2 098.5	740.1	421.8	431.5	337.6	109.8	57.6
45～64 岁	1 658.5	635.8	311.6	364.5	227.7	88.1	31.0
65 岁及以上	1 206.7	435.4	206.1	236.4	225.3	49.9	53.6
按受教育程度分组							
初中及以下	1 189.8	404.4	172.7	288.6	221.9	76.6	25.6
高中(中专/职高/技校)	1 501.3	500.6	233.7	362.0	277.4	87.0	40.6
大学本科、大专	2 003.3	704.6	369.4	443.6	345.8	92.0	47.9
研究生及以上	2 441.9	941.7	519.4	518.3	324.8	78.9	58.8
按旅游目的分组							
观光游览	2 038.3	653.3	433.9	418.1	303.8	196.6	32.6
度假/休闲/娱乐	1 789.0	531.5	362.6	428.6	302.0	125.4	38.9
商务/出差	3 040.2	1 279.3	801.2	568.0	280.0	47.8	64.0
探亲访友	1 273.5	444.9	81.6	339.2	334.8	29.2	43.9
健康疗养	1 602.5	466.2	383.8	436.9	153.9	96.7	64.9
其　他	1 380.9	733.0	208.9	255.2	125.2	55.2	3.3

3-3-4 城镇居民国内过夜散客人均每次各项花费构成

单位：%

	人均每次花费	交通费	住宿费	餐饮费	购物费	景区游览费	其他
调查总平均	**100.0**	**35.1**	**17.9**	**22.6**	**17.2**	**4.8**	**2.4**
按性别分组							
男　性	100.0	35.5	19.0	23.4	15.1	4.3	2.6
女　性	100.0	34.7	16.2	21.3	20.1	5.6	2.1
按年龄分组							
14岁及以下	100.0	32.5	15.7	25.3	17.5	7.4	1.6
15~24岁	100.0	31.0	16.5	24.5	20.9	4.3	2.8
25~34岁	100.0	35.2	16.9	23.3	18.2	4.1	2.3
35~44岁	100.0	35.3	20.1	20.6	16.1	5.2	2.7
45~64岁	100.0	38.3	18.8	22.0	13.7	5.3	1.9
65岁及以上	100.0	36.1	17.1	19.6	18.7	4.1	4.4
按受教育程度分组							
初中及以下	100.0	34.0	14.5	24.3	18.6	6.4	2.1
高中(中专/职高/技校)	100.0	33.3	15.6	24.1	18.5	5.8	2.7
大学本科、大专	100.0	35.2	18.4	22.1	17.3	4.6	2.4
研究生及以上	100.0	38.6	21.3	21.2	13.3	3.2	2.4
按旅游目的分组							
观光游览	100.0	32.1	21.3	20.5	14.9	9.6	1.6
度假/休闲/娱乐	100.0	29.7	20.3	24.0	16.9	7.0	2.2
商务/出差	100.0	42.1	26.4	18.7	9.2	1.6	2.1
探亲访友	100.0	34.9	6.4	26.6	26.3	2.3	3.4
健康疗养	100.0	29.1	24.0	27.3	9.6	6.0	4.1
其　他	100.0	53.1	15.1	18.5	9.1	4.0	0.2

3-3-5 城镇居民国内一日游散客人均每次各项花费

单位：元/人次

	人均每次花费	交通费	餐饮费	购物费	景区游览费	其他
调查总平均	**438.0**	**110.2**	**164.7**	**106.3**	**28.9**	**27.9**
按性别分组						
男　性	460.1	125.0	176.0	97.2	26.8	35.2
女　性	408.6	90.6	149.8	118.3	31.7	18.3
按年龄分组						
14 岁及以下	310.2	81.8	105.8	70.5	42.7	9.5
15 ~24 岁	511.6	114.7	201.6	131.1	33.4	30.9
25 ~34 岁	553.4	136.4	207.5	129.7	31.4	48.6
35 ~44 岁	460.3	125.1	165.3	111.0	27.5	31.3
45 ~64 岁	390.2	100.2	149.1	102.6	22.1	16.2
65 岁及以上	230.6	56.4	100.7	47.8	17.4	8.3
按受教育程度分组						
初中及以下	327.3	83.9	121.7	76.6	35.3	9.8
高中(中专/职高/技校)	461.8	112.9	158.7	122.4	29.2	38.7
大学本科、大专	472.0	117.6	187.9	112.1	26.8	27.5
研究生及以上	480.9	136.7	146.3	111.9	22.2	63.8
按旅游目的分组						
观光游览	389.6	100.6	135.2	93.6	45.7	14.6
度假/休闲/娱乐	422.6	85.4	167.3	101.4	35.6	33.0
商务/出差	681.6	277.1	210.9	91.6	22.1	79.9
探亲访友	446.6	102.9	180.2	135.6	7.8	20.2
健康疗养	439.5	94.6	214.9	57.8	15.8	56.5
其　他	200.4	93.3	62.5	37.7	3.3	3.7

3-3-6 城镇居民国内一日游散客人均每次各项花费构成

单位：%

	人均每次花费	交通费	餐饮费	购物费	景区游览费	其他
调查总平均	**100.0**	**25.2**	**37.6**	**24.3**	**6.6**	**6.4**
按性别分组						
男　性	100.0	27.2	38.2	21.1	5.8	7.6
女　性	100.0	22.2	36.7	28.9	7.8	4.5
按年龄分组						
14 岁及以下	100.0	26.4	34.1	22.7	13.8	3.1
15～24 岁	100.0	22.4	39.4	25.6	6.5	6.0
25～34 岁	100.0	24.6	37.5	23.4	5.7	8.8
35～44 岁	100.0	27.2	35.9	24.1	6.0	6.8
45～64 岁	100.0	25.7	38.2	26.3	5.7	4.1
65 岁及以上	100.0	24.5	43.7	20.7	7.6	3.6
按受教育程度分组						
初中及以下	100.0	25.6	37.2	23.4	10.8	3.0
高中(中专/职高/技校)	100.0	24.4	34.4	26.5	6.3	8.4
大学本科、大专	100.0	24.9	39.8	23.8	5.7	5.8
研究生及以上	100.0	28.4	30.4	23.3	4.6	13.3
按旅游目的分组						
观光游览	100.0	25.8	34.7	24.0	11.7	3.7
度假/休闲/娱乐	100.0	20.2	39.6	24.0	8.4	7.8
商务/出差	100.0	40.7	30.9	13.4	3.2	11.7
探亲访友	100.0	23.0	40.3	30.4	1.7	4.5
健康疗养	100.0	21.5	48.9	13.1	3.6	12.9
其　他	100.0	46.5	31.2	18.8	1.7	1.8

第四部分

2013 年农村居民国内旅游抽样调查数据

一、2013 年农村居民国内游客人次数调查构成

4－1－1　农村居民国内游客人次数及其构成

	农村居民国内游客人次数（人次）	农村居民国内游客人次数构成（%）
调查总计	**12 512**	**100.0**
按性别分组		
男　性	7 547	60.3
女　性	4 965	39.7
按年龄分组		
14 岁及以下	1 243	9.9
15～24 岁	1 921	15.4
25～34 岁	3 359	26.8
35～44 岁	2 334	18.7
45～64 岁	2 982	23.8
65 岁及以上	673	5.4
按受教育程度分组		
小学及以下	2 241	17.9
初　中	3 664	29.3
高中（中专/职高/技校）	3 556	28.4
大专、大学本科及以上	3 051	24.4

4－1－2　农村居民国内游客人次数构成
(按旅游方式分组)

单位：%

	人次数构成	旅行社组织	非旅行社组织
调查总平均	**100.0**	**2.2**	**97.8**
按性别分组			
男　性	100.0	2.3	97.7
女　性	100.0	2.1	97.9
按年龄分组			
14 岁及以下	100.0	1.2	98.8
15～24 岁	100.0	1.4	98.6
25～34 岁	100.0	1.2	98.8
35～44 岁	100.0	1.8	98.2
45～64 岁	100.0	3.5	96.5
65 岁及以上	100.0	6.8	93.2
按受教育程度分组			
小学及以下	100.0	1.5	98.5
初　中	100.0	2.4	97.6
高中(中专/职高/技校)	100.0	2.4	97.6
大专、大学本科及以上	100.0	2.3	97.7

4-1-3 农村居民国内游客人次数构成

(按旅游目的分组)

单位：%

	人次数构成	观光游览	度假休闲娱乐	商务出差	探亲访友	健康疗养	其他
调查总平均	**100.0**	**18.8**	**16.6**	**11.7**	**42.8**	**3.9**	**6.1**
按性别分组							
男　性	100.0	18.9	16.1	15.5	40.8	3.1	5.6
女　性	100.0	18.7	17.4	6.1	45.9	5.1	6.8
按年龄分组							
14 岁及以下	100.0	22.6	21.0	—	48.4	2.9	5.1
15~24 岁	100.0	23.3	24.6	7.3	37.9	1.7	5.1
25~34 岁	100.0	18.8	18.4	16.0	39.7	2.9	4.2
35~44 岁	100.0	16.7	14.1	15.8	42.3	3.4	7.7
45~64 岁	100.0	14.7	11.4	13.1	46.9	6.0	7.9
65 岁及以上	100.0	25.0	8.5	4.6	45.3	9.7	7.0
按受教育程度分组							
小学及以下	100.0	17.8	17.9	5.1	47.3	6.2	5.8
初　中	100.0	18.3	14.8	11.1	43.9	4.6	7.3
高中(中专/职高/技校)	100.0	19.6	15.7	14.1	40.2	3.3	7.3
大专、大学本科及以上	100.0	19.3	18.9	14.7	41.4	2.0	3.6

4-1-4 农村居民国内游客人次数构成
(按停留时间分组)

单位：%

	人次数构成	一日游	过夜游
调查总平均	**100.0**	**62.5**	**37.5**
按性别分组			
男　性	100.0	63.2	36.8
女　性	100.0	61.4	38.6
按年龄分组			
14 岁及以下	100.0	61.5	38.5
15~24 岁	100.0	56.6	43.4
25~34 岁	100.0	60.7	39.3
35~44 岁	100.0	66.5	33.5
45~64 岁	100.0	64.7	35.3
65 岁及以上	100.0	66.7	33.3
按受教育程度分组			
小学及以下	100.0	63.2	36.8
初　中	100.0	66.3	33.7
高中(中专/职高/技校)	100.0	63.0	37.0
大专、大学本科及以上	100.0	56.8	43.2
按旅游目的分组			
观光游览	100.0	57.6	42.4
度假/休闲/娱乐	100.0	73.2	26.8
商务/出差	100.0	67.0	33.0
探亲访友	100.0	56.9	43.1
健康疗养	100.0	54.8	45.2
其　他	100.0	83.9	16.1

4-1-5 农村居民国内游客人次数构成
(按出游半径分组)

单位：%

	人次数构成	本地游	异地游*
调查总平均	**100.0**	**80.7**	**19.3**
按性别分组			
男　性	100.0	81.0	19.0
女　性	100.0	80.2	19.8
按年龄分组			
14岁及以下	100.0	81.3	18.7
15~24岁	100.0	80.0	20.0
25~34岁	100.0	78.8	21.2
35~44岁	100.0	81.1	18.9
45~64岁	100.0	82.3	17.7
65岁及以上	100.0	82.2	17.8
按受教育程度分组			
小学及以下	100.0	80.9	19.1
初　中	100.0	83.2	16.8
高中(中专/职高/技校)	100.0	82.6	17.4
大专、大学本科及以上	100.0	75.3	24.7
按旅游目的分组			
观光游览	100.0	71.5	28.5
度假/休闲/娱乐	100.0	87.6	12.4
商务/出差	100.0	77.0	23.0
探亲访友	100.0	82.3	17.7
健康疗养	100.0	74.6	25.4
其　他	100.0	89.7	10.3

*异地游：指农村居民离开自己惯常居住县/市(以该县/市行政地域为界)，前往本省其他县/市或外省的旅游行为。(下同)

二、2013年农村居民国内游客人均每次花费

4-2-1 农村居民国内游客人均每次花费

单位：元/人次

	农村居民国内游客人均每次花费
调查总平均	**633.3**
按性别分组	
男　性	684.6
女　性	555.3
按年龄分组	
14岁及以下	430.3
15~24岁	730.1
25~34岁	776.5
35~44岁	595.9
45~64岁	580.1
65岁及以上	382.6
按受教育程度分组	
小学及以下	422.9
初　中	458.1
高中(中专/职高/技校)	669.0
大专、大学本科及以上	956.6

4-2-2 农村居民国内游客人均每次花费
（按旅游方式分组）

单位：元/人次

	人均每次花费	旅行社组织	非旅行社组织
调查总平均	**633.3**	**1 499.0**	**613.8**
按性别分组			
男　性	684.6	1 618.3	662.9
女　性	555.3	1 304.7	539.1
按年龄分组			
14 岁及以下	430.3	923.7	424.3
15～24 岁	730.1	934.8	727.3
25～34 岁	776.5	1 781.2	764.1
35～44 岁	595.9	1 278.5	583.1
45～64 岁	580.1	2 023.7	527.4
65 岁及以上	382.6	762.4	354.7
按受教育程度分组			
小学及以下	422.9	915.3	415.3
初　中	458.1	1 170.6	440.8
高中（中专/职高/技校）	669.0	1 549.3	647.7
大专、大学本科及以上	956.6	2 121.5	928.9

4-2-3 农村居民国内游客人均每次花费
（按旅游目的分组）

单位：元/人次

	人均每次花费	观光游览	度假休闲娱乐	商务出差	探亲访友	健康疗养	其他
调查总平均	**633.3**	**884.4**	**599.5**	**805.9**	**530.3**	**528.0**	**409.9**
按性别分组							
男　性	684.6	952.5	611.6	832.6	591.6	481.7	372.4
女　性	555.3	779.4	582.5	702.0	447.6	571.6	456.6
按年龄分组							
14 岁及以下	430.3	744.8	372.7	—	335.2	257.4	275.1
15～24 岁	730.1	956.8	597.1	889.4	680.1	698.2	491.6
25～34 岁	776.5	884.4	818.7	955.0	665.8	569.3	621.2
35～44 岁	595.9	794.9	448.8	762.0	538.1	615.5	402.3
45～64 岁	580.1	1 119.9	576.1	646.7	442.6	519.8	335.3
65 岁及以上	382.6	519.8	290.9	377.1	342.1	444.9	183.3
按受教育程度分组							
小学及以下	422.9	633.6	410.5	660.7	340.6	428.1	270.5
初　中	458.1	599.8	425.3	476.2	431.9	425.6	319.9
高中（中专/职高/技校）	669.0	916.5	600.7	819.3	572.5	594.8	425.0
大专、大学本科及以上	956.6	1 339.7	893.0	1 125.1	767.3	908.3	752.3

4-2-4 农村居民国内游客人均每次花费
(按停留时间分组)

单位：元/人次

	人均每次花费	一日游	过夜游
调查总平均	**633.3**	**347.9**	**1 109.1**
按性别分组			
男　性	684.6	364.3	1 235.1
女　性	555.3	322.3	926.5
按年龄分组			
14 岁及以下	430.3	263.8	696.0
15～24 岁	730.1	402.1	1 157.6
25～34 岁	776.5	419.7	1 328.2
35～44 岁	595.9	350.7	1 083.5
45～64 岁	580.1	307.1	1 079.5
65 岁及以上	382.6	199.3	750.0
按受教育程度分组			
小学及以下	422.9	246.2	726.6
初　中	458.1	294.0	780.8
高中(中专/职高/技校)	669.0	387.8	1 148.1
大专、大学本科及以上	956.6	454.9	1 617.3
按旅游目的分组			
观光游览	884.4	350.1	1 609.8
度假/休闲/娱乐	599.5	370.6	1 225.0
商务/出差	805.9	401.0	1 629.0
探亲访友	530.3	325.9	800.5
健康疗养	528.0	279.5	829.4
其　他	409.9	341.1	768.2

4-2-5 农村居民国内游客人均每次花费（按出游半径分组）

单位：元/人次

	人均每次花费	本地游	异地游
调查总平均	**633.3**	**464.6**	**1 338.2**
按性别分组			
男　性	684.6	512.5	1 418.3
女　性	555.3	391.1	1 221.4
按年龄分组			
14岁及以下	430.3	345.3	801.2
15～24岁	730.1	542.4	1 479.0
25～34岁	776.5	580.4	1 506.7
35～44岁	595.9	457.5	1 190.1
45～64岁	580.1	395.1	1 441.7
65岁及以上	382.6	244.9	1 017.1
按受教育程度分组			
小学及以下	422.9	306.2	915.6
初　中	458.1	366.7	912.1
高中（中专/职高/技校）	669.0	500.0	1 470.6
大专、大学本科及以上	956.6	674.2	1 817.1
按旅游目的分组			
观光游览	884.4	537.3	1 754.4
度假/休闲/娱乐	599.5	513.3	1 210.3
商务/出差	805.9	573.7	1 581.9
探亲访友	530.3	404.2	1 117.8
健康疗养	528.0	443.2	777.6
其　他	409.9	376.5	699.5

4-2-6 农村居民国内游客人均每次花费
（按停留时间、出游半径、旅游目的分组）

单位：元/人次

	人均每次花费	一日游	过夜游
本地游	**464.6**	**330.5**	**795.5**
观光游览	537.3	332.7	1 102.8
度假/休闲/娱乐	513.3	365.9	1 078.4
商务/出差	573.7	347.0	1 206.7
探亲访友	404.2	310.7	573.5
健康疗养	443.2	263.1	716.5
其　他	376.5	336.3	708.2
异地游	**1 338.2**	**544.4**	**1 621.9**
观光游览	1 754.4	529.5	2 021.2
度假/休闲/娱乐	1 210.3	458.4	1 532.0
商务/出差	1 581.9	696.4	2 305.5
探亲访友	1 117.8	532.9	1 283.4
健康疗养	777.6	354.5	1 044.8
其　他	699.5	439.5	858.8

三、2013年农村居民国内散客人均每次各项花费及构成

4-3-1 农村居民国内散客人均每次各项花费

单位：元/人次

	人均每次花费	交通费	住宿费	餐饮费	购物费	景区游览费	其他
调查总平均	**613.8**	**180.0**	**57.7**	**170.3**	**157.1**	**28.1**	**20.6**
按性别分组							
男　性	662.9	197.7	69.7	191.7	151.2	29.7	23.0
女　性	539.1	153.1	39.5	137.8	166.0	25.7	17.0
按年龄分组							
14岁及以下	424.3	114.0	32.2	106.9	136.9	27.2	7.1
15~24岁	727.3	192.0	72.7	223.6	172.3	41.6	25.1
25~34岁	764.1	214.6	76.6	211.3	204.5	30.3	26.8
35~44岁	583.1	189.1	50.5	152.8	147.6	25.8	17.4
45~64岁	527.4	165.1	47.7	145.3	129.3	22.1	17.8
65岁及以上	354.7	124.1	34.9	94.5	61.6	13.6	25.9
按受教育程度分组							
小学及以下	415.3	128.4	37.0	103.8	116.7	19.4	9.9
初　中	440.8	142.0	28.2	116.3	121.8	18.8	13.7
高中(中专/职高/技校)	647.7	188.2	56.3	197.5	152.7	30.1	22.9
大专、大学本科及以上	928.9	254.1	110.1	252.5	234.5	43.4	34.3
按旅游目的分组							
观光游览	805.9	225.5	111.2	201.8	171.1	80.6	15.7
度假/休闲/娱乐	595.5	145.2	57.1	163.4	170.1	39.0	20.6
商务/出差	799.2	278.4	136.0	185.5	155.2	15.9	28.2
探亲访友	530.0	158.7	18.3	171.2	151.1	11.3	19.4
健康疗养	522.7	144.0	91.3	144.6	93.5	9.9	39.4
其　他	409.9	127.4	14.7	79.8	167.6	3.2	17.2

4-3-2 农村居民国内散客人均每次各项花费构成

单位：%

	人均每次花费	交通费	住宿费	餐饮费	购物费	景区游览费	其他
调查总平均	**100.0**	**29.3**	**9.4**	**27.7**	**25.6**	**4.6**	**3.4**
按性别分组							
男　性	100.0	29.8	10.5	28.9	22.8	4.5	3.5
女　性	100.0	28.4	7.3	25.6	30.8	4.8	3.2
按年龄分组							
14岁及以下	100.0	26.9	7.6	25.2	32.3	6.4	1.7
15~24岁	100.0	26.4	10.0	30.7	23.7	5.7	3.5
25~34岁	100.0	28.1	10.0	27.7	26.8	4.0	3.5
35~44岁	100.0	32.4	8.7	26.2	25.3	4.4	3.0
45~64岁	100.0	31.3	9.0	27.6	24.5	4.2	3.4
65岁及以上	100.0	35.0	9.8	26.6	17.4	3.8	7.3
按受教育程度分组							
小学及以下	100.0	30.9	8.9	25.0	28.1	4.7	2.4
初　中	100.0	32.2	6.4	26.4	27.6	4.3	3.1
高中(中专/职高/技校)	100.0	29.1	8.7	30.5	23.6	4.6	3.5
大专、大学本科及以上	100.0	27.4	11.9	27.2	25.2	4.7	3.7
按旅游目的分组							
观光游览	100.0	28.0	13.8	25.0	21.2	10.0	1.9
度假/休闲/娱乐	100.0	24.4	9.6	27.4	28.6	6.6	3.5
商务/出差	100.0	34.8	17.0	23.2	19.4	2.0	3.5
探亲访友	100.0	29.9	3.4	32.3	28.5	2.1	3.7
健康疗养	100.0	27.6	17.5	27.7	17.9	1.9	7.5
其　他	100.0	31.1	3.6	19.5	40.9	0.8	4.2

4－3－3　农村居民国内过夜散客人均每次各项花费

单位：元/人次

	人均每次花费	交通费	住宿费	餐饮费	购物费	景区游览费	其他
调查总平均	**1 074.6**	**315.9**	**157.6**	**280.9**	**238.5**	**50.9**	**30.7**
按性别分组							
男　性	1 200.3	346.5	194.7	325.0	241.3	56.9	35.8
女　性	894.2	271.9	104.3	217.7	234.5	42.4	23.3
按年龄分组							
14 岁及以下	683.2	194.9	84.4	171.8	178.1	41.8	12.2
15～24 岁	1 156.6	312.5	169.0	311.4	263.9	68.3	31.5
25～34 岁	1 308.9	367.8	197.7	347.2	308.7	51.7	35.7
35～44 岁	1 066.9	327.2	154.7	274.6	233.6	51.6	25.2
45～64 岁	962.3	313.6	141.5	245.2	188.1	44.8	29.2
65 岁及以上	716.6	246.9	112.3	181.9	85.3	23.8	66.4
按受教育程度分组							
小学及以下	712.3	236.2	102.2	180.1	139.8	35.7	18.4
初　中	749.2	259.0	86.0	178.7	167.6	33.8	24.1
高中（中专/职高/技校）	1 110.2	307.3	156.8	319.4	242.0	53.7	30.9
大专、大学本科及以上	1 572.1	427.9	260.2	402.1	363.8	73.8	44.3
按旅游目的分组							
观光游览	1 534.9	419.1	288.1	344.8	306.9	145.4	30.6
度假/休闲/娱乐	1 225.5	320.6	218.3	296.3	266.8	87.0	36.4
商务/出差	1 615.1	512.2	414.7	374.4	243.0	32.8	38.0
探亲访友	800.5	249.7	42.5	245.0	218.0	17.4	27.8
健康疗养	830.8	215.5	199.3	229.0	126.2	17.0	43.8
其　他	768.2	249.9	91.1	183.8	220.9	14.9	7.7

4-3-4 农村居民国内过夜散客人均每次各项花费构成

单位：%

	人均每次花费	交通费	住宿费	餐饮费	购物费	景区游览费	其他
调查总平均	**100.0**	**29.4**	**14.7**	**26.1**	**22.2**	**4.7**	**2.9**
按性别分组							
男　性	100.0	28.9	16.2	27.1	20.1	4.7	3.0
女　性	100.0	30.4	11.7	24.3	26.2	4.7	2.6
按年龄分组							
14 岁及以下	100.0	28.5	12.4	25.2	26.1	6.1	1.8
15～24 岁	100.0	27.0	14.6	26.9	22.8	5.9	2.7
25～34 岁	100.0	28.1	15.1	26.5	23.6	3.9	2.7
35～44 岁	100.0	30.7	14.5	25.7	21.9	4.8	2.4
45～64 岁	100.0	32.6	14.7	25.5	19.5	4.7	3.0
65 岁及以上	100.0	34.5	15.7	25.4	11.9	3.3	9.3
按受教育程度分组							
小学及以下	100.0	33.2	14.3	25.3	19.6	5.0	2.6
初　中	100.0	34.6	11.5	23.8	22.4	4.5	3.2
高中(中专/职高/技校)	100.0	27.7	14.1	28.8	21.8	4.8	2.8
大专、大学本科及以上	100.0	27.2	16.6	25.6	23.1	4.7	2.8
按旅游目的分组							
观光游览	100.0	27.3	18.8	22.5	20.0	9.5	2.0
度假/休闲/娱乐	100.0	26.2	17.8	24.2	21.8	7.1	3.0
商务/出差	100.0	31.7	25.7	23.2	15.0	2.0	2.4
探亲访友	100.0	31.2	5.3	30.6	27.2	2.2	3.5
健康疗养	100.0	25.9	24.0	27.6	15.2	2.0	5.3
其　他	100.0	32.5	11.9	23.9	28.7	1.9	1.0

4-3-5 农村居民国内一日游散客人均每次各项花费

单位：元/人次

	人均每次花费	交通费	餐饮费	购物费	景区游览费	其他
调查总平均	**347.4**	**101.4**	**106.3**	**110.0**	**14.9**	**14.8**
按性别分组						
男　性	363.2	114.7	117.3	100.9	14.5	15.9
女　性	322.6	80.6	89.0	124.3	15.5	13.2
按年龄分组						
14岁及以下	264.4	64.1	66.8	111.4	18.1	3.9
15~24岁	403.3	101.0	157.4	103.2	21.3	20.4
25~34岁	419.7	117.8	125.4	138.6	16.7	21.1
35~44岁	348.6	122.1	93.7	105.9	13.3	13.6
45~64岁	306.1	89.6	94.5	99.4	10.6	11.9
65岁及以上	191.4	68.7	55.1	51.0	9.1	7.6
按受教育程度分组						
小学及以下	246.4	67.2	60.4	103.6	10.1	5.1
初　中	290.1	84.8	85.8	99.4	11.4	8.7
高中(中专/职高/技校)	388.5	121.5	129.2	102.6	16.8	18.3
大专、大学本科及以上	457.0	126.6	142.8	139.6	21.1	26.9
按旅游目的分组						
观光游览	347.9	103.9	112.0	85.8	39.9	6.3
度假/休闲/娱乐	372.5	83.1	116.4	135.9	22.0	15.0
商务/出差	401.3	164.3	93.4	112.4	7.7	23.4
探亲访友	326.0	90.1	115.5	100.7	6.7	13.0
健康疗养	262.4	83.6	73.3	65.8	3.9	35.7
其　他	341.1	103.9	59.8	157.3	1.0	19.1

4-3-6 农村居民国内一日游散客人均每次各项花费构成

单位：%

	人均每次花费	交通费	餐饮费	购物费	景区游览费	其他
调查总平均	**100.0**	**29.2**	**30.6**	**31.7**	**4.3**	**4.3**
按性别分组						
男　性	100.0	31.6	32.3	27.8	4.0	4.4
女　性	100.0	25.0	27.6	38.5	4.8	4.1
按年龄分组						
14 岁及以下	100.0	24.2	25.3	42.2	6.9	1.5
15～24 岁	100.0	25.1	39.0	25.6	5.3	5.1
25～34 岁	100.0	28.1	29.9	33.0	4.0	5.0
35～44 岁	100.0	35.0	26.9	30.4	3.8	3.9
45～64 岁	100.0	29.3	30.9	32.5	3.5	3.9
65 岁及以上	100.0	35.9	28.8	26.6	4.7	4.0
按受教育程度分组						
小学及以下	100.0	27.3	24.5	42.0	4.1	2.1
初　中	100.0	29.2	29.6	34.3	3.9	3.0
高中(中专/职高/技校)	100.0	31.3	33.3	26.4	4.3	4.7
大专、大学本科及以上	100.0	27.7	31.2	30.5	4.6	5.9
按旅游目的分组						
观光游览	100.0	29.9	32.2	24.7	11.5	1.8
度假/休闲/娱乐	100.0	22.3	31.3	36.5	5.9	4.0
商务/出差	100.0	40.9	23.3	28.0	1.9	5.8
探亲访友	100.0	27.6	35.4	30.9	2.1	4.0
健康疗养	100.0	31.9	27.9	25.1	1.5	13.6
其　他	100.0	30.5	17.5	46.1	0.3	5.6

责任编辑：王　军
责任印制：冯冬青

图书在版编目（CIP）数据

旅游抽样调查资料. 2014 / 国家旅游局政策法规司编. --北京：中国旅游出版社，2014. 10
ISBN 978-7-5032-5070-5

Ⅰ. ①旅…　Ⅱ. ①国…　Ⅲ. ①旅游业-抽样调查-统计资料—中国—2014　Ⅳ. ①F592-66

中国版本图书馆 CIP 数据核字（2014）第 221925 号

书　名：旅游抽样调查资料 2014

编　者：国家旅游局政策法规司
出版发行：中国旅游出版社
（北京建国门内大街甲 9 号　邮编：100005）
http：//www. cttp. net. cn　E-mail：cttp@ cnta. gov. cn
发行部电话：010-85166503
经　销：全国各地新华书店
印　刷：北京工商事务印刷有限公司
版　次：2014 年 10 月第 1 版　2014 年 10 月第 1 次印刷
开　本：787 毫米×1092 毫米　1/16
印　张：21
字　数：600 千
定　价：120. 00 元
ISBN　978-7-5032-5070-5

版权所有　翻印必究

如发现质量问题，请直接与发行部联系调换